Formative history of the social work facilities group

社会事業施設団体の形成史

戦前期の県社会課の『社会事業概要』を基盤として

井村圭壯 著

学文社

はじめに

　本書は，戦前期における県社会課の『社会事業概要』を活用し[1]，明治期から昭和戦前期までに設立された個々の社会事業施設や団体の名称，設立年月日，所在地を整理し，年代ごとの形成内容とその特色を整理・分析するものである。なお，戦前期において各道府県の施設（団体）の形成過程を検討する場合，その材料として，内務省の『社会事業要覧』（名称は年度によって異なる）が有効的である。ただし，例えば，内務省社会局『社会事業要覧（大正九年末調）』の「凡例」には「本書ノ材料ハ道府県ノ報告他ノ調査ニ基キ」[2]と規定されている。また，昭和期に入っても「本書ハ内務報告例ニ依リ道府県ヨリ報告ニ依ル昭和四年度ノ社会事業統計ヲ主トシテ」[3]と規定されている。つまり，県単位における量的比較分析には役立つが，ひとつの県の形成史の特徴を整理・分析する上では，各県単位の『社会事業概要』が量的，質的両面において有効かつ精密である。

　なお，戦前期の各県の『社会事業概要』が，現存しているかというと戦時下の中で焼失したものも多く，例えば，本書，第3章で述べる「愛媛県」においては県社会課および市社会課の『社会事業概要』は以下のものしか残っていない。『昭和十六年三月愛媛県社会事業概要』『昭和九年九月愛媛県社会事業概要』『昭和六年愛媛県に於ける社会事業施設一覧』『大正十五年九月一日松山市社会事業要覧』。本書は，上記のように数少ない『社会事業概要』『社会事業要覧』で県単位の施設（団体）の検討を行うが，「県内施設（団体）の設立年代別の推移数」「設立種類別の推移数」及び「明治期から昭和戦前期までの社会事業施設（団体）の全体像とその形成過程」は明確化できた。

　本書は，上記『社会事業概要』を使用することによって，「設立年代別」「設立種類別」「社会事業施設（団体）の全体像」を数値化することが可能であっ

た。同時に，各県別の同一の発行物を使用することによって，研究上の統一性として各県の特異性を見出すことができた。今回，採用した『社会事業概要』は項目で述べると「社会事業に関する機関」「児童保護」「経済保護」「失業救済及び防止」「救護」「医療保護」「社会教化」「釈放者保護」「その他」に区分されていた。本書で取り上げた県の状況においては，公的機関等の設置の遅れ，中央省庁との関連の虚弱性，地域・地形上の問題（海岸・山間地域等），県庁所在地への施設（団体）の一極集中型等，県によって変化がみられた。

本書で対象とした県は，「福岡県」（施設（団体）数306箇所），「大分県」（194箇所），「愛媛県」（340箇所），「高知県」（188箇所），「香川県」（156箇所），「島根県」（253箇所），「静岡県」（217箇所）である。意図的に上記の県を抽出したわけではなく，『社会事業概要』が収集可能であった県をまとめたものである。よって，日本の地方公共団体としての形成史として全国を体系的に分析できたわけではなく，地域というミクロの視点から地域（県）の施設（団体）の設立経緯，創立者，支援団体，財源，生活者，県市の地域状況等，多様なファクター（要素，要因）から文章化を行った。その意味では県の『社会事業概要』と同時に県の社会課が発行した出版物，施設（団体）の年次報告書等を加えて文章化に厚みを加えた。

本書の出版にあたっては，学文社社長田中千津子氏には大変ご尽力いただいた。私がまだ，研究者として駆け出しの頃より数々のご支援をいただき，現在，こうして本書の発刊に至ったことを深く感謝申し上げる。

〈注〉
1) 各道府県および年度によって『社会事業概要』の名称は異なる。
2) 『社会事業要覧（大正九年末調）』社会局，大正十二年五月三十日，「凡例」
3) 『第十回社会事業統計要覧』社会局社会部，昭和七年三月三十一日，「凡例」

目　次

はじめに　　　　　i

第1章　福岡県における社会事業施設・団体の形成史————1
第1節　形成過程と固有性……………………………………………… *1*
第2節　研究方法………………………………………………………… *2*
第3節　明治期から昭和戦前期までの社会事業施設
　　　　（団体）の全体像とその形成過程………………………… *4*
第4節　養老事業の近代への道程…………………………………… *41*

第2章　大分県における社会事業施設・団体の形成史————49
第1節　戦前期の施設史分析………………………………………… *49*
第2節　明治期から昭和戦前期までの社会事業施設
　　　　（団体）の全体像とその形成過程………………………… *50*
第3節　施設史の固有性の吟味……………………………………… *71*

第3章　愛媛県における社会事業施設・団体の形成史————78
第1節　戦時体制下の状況分析……………………………………… *78*
第2節　明治期から昭和戦前期までの社会事業施設
　　　　（団体）の全体像とその形成過程………………………… *79*
第3節　施設史の全体像……………………………………………… *101*

第4章　高知県における社会事業施設・団体の形成史————107
第1節　戦前期の社会事業施設の形成過程……………………… *107*

iv　目次

　　第2節　研究方法……………………………………………… *108*
　　第3節　明治期から昭和戦前期までの社会事業施設
　　　　　　（団体）の全体像とその形成過程…………………… *108*
　　第4節　戦前期社会事業施設の形成過程の統括……………… *137*

第5章　香川県における社会事業施設・団体の形成史 —— *146*

　　第1節　戦前期社会事業施設史のデータ分析………………… *146*
　　第2節　明治期から昭和戦前期までの社会事業施設
　　　　　　（団体）の全体像とその形成過程…………………… *147*
　　第3節　多角的視点からの社会事業施設史の検討…………… *160*

第6章　島根県における社会事業施設・団体の形成史 —— *163*

　　第1節　『島根県社会事業要覧』をふまえて………………… *163*
　　第2節　明治期から昭和戦前期までの社会事業施設
　　　　　　（団体）の全体像とその形成過程…………………… *164*
　　第3節　施設史の固有性の検討………………………………… *191*

第7章　静岡県における社会事業施設・団体の形成史 —— *201*

　　第1節　『静岡県社会事業要覧』をふまえて………………… *201*
　　第2節　明治期から昭和戦前期までの社会事業施設
　　　　　　（団体）の全体像とその形成過程…………………… *202*
　　第3節　施設史の全体事象の展望……………………………… *220*

おわりに　　*226*
索　　引　　*229*

第1章

福岡県における社会事業施設・団体の形成史

◆ 第1節　形成過程と固有性 ◆

　本書は，日本の社会事業形成史の解明において，全国各地の明治期から昭和戦前期までの社会事業の形成と実情とその経過を明らかにすることを基軸目的としている。筆者ら研究者が取り組んできた「『地域における社会福祉形成史の総合的研究』平成17年度科学研究費，基盤研究B（1）」[1]には，上記の基軸目的を意図に，戦前期における各府県の特に社会事業施設及び団体（以下，施設（団体））の形成過程を整理，分析する項目を設定していた。ただし，「福岡県」に関しては分析することができなかった。

　近年，地域社会福祉史に関する研究は，菊池義昭（東北），杉山博昭（山口県）らによって深みが増してきたことはよく知られている。また，各地域（地方）の地域社会福祉史学会，研究会の連絡組織である「地域社会福祉史研究会連絡協議会」（代表，長谷川匡俊）[2]が2000年に発足した。また，「東京社会福祉史研究会」（代表，松本園子）[3]が2006年に発足した。こうした地域を基盤とした社会福祉史研究が，研究組織体制の確立によって，徐々にではあるが進みつつある。なお，筆者の知る限りでは，九州地方（地区）での「地域社会福祉史」に関する研究組織の結成はみられない。つまり，「北信越社会福祉史研究会」，あるいは「中国四国社会福祉史研究会」のような「地域」「地方」に視点をあてた研究組織の存在である[4]。

　九州地方（地区）はかつて内田守によって研究がなされていた。その代表作が『九州社会福祉事業史』（日本生命済生会社会事業局，1969年）であった。内

田は『熊本県社会事業史稿』(熊本社会福祉研究所，1965年) を発表する等，県レベルの研究にも貢献した[5]。なお，九州地方(地区)において県レベルでの社会事業史研究がなされていないわけではない。例えば，『宮崎県社会事業史』(宮崎県民生労働部，1959年)，『大分県の社会福祉事業史』(大分県社会福祉協議会，1973年)，幸地努『沖縄の児童福祉の歩み』(1975年)，『沖縄の社会福祉40年』(沖縄県社会福祉協議会，1986年)，『長崎県福祉のあゆみ―長崎県社会福祉事業史―』(長崎県，1997年)等が該当する。福岡県においては『福岡県社会福祉事業史』(上巻，下巻，別冊，福岡県社会福祉協議会，1982年)が発刊されている。

筆者が本章において研究対象とする福岡県における戦前期の施設(団体)の形成過程を整理・分析する上においては，上記『福岡県社会福祉事業史』は先行研究に値し，特に戦前，戦後を通した史資料を収集した大作と位置づけている。本章は『福岡県社会福祉事業史』を参考に，福岡県における戦前期の社会事業の形成と実情とその経過を，特に施設(団体)の形成過程を通して考察するものである。その研究方法は下記に述べるが，福岡県学務部社会課が発刊した統一性のある『社会事業要覧』及び『社会事業便覧』を使用することで，施設(団体)の形成過程とその固有性を明らかにする上でひとつの「線」としての歴史性，貫通性が構築できる点を重視した。『福岡県社会福祉事業史』が多様な史資料からまとめあげられた総合的視点に歴史的有機性があるとすれば，本研究は歴史的事象を施設(団体)の形成過程と固有性に限定し，そのための材料を各年発刊された公的統制機関(福岡県学務部社会課)の史料に凝縮化することによって，歴史的データとしての有機性を意図し進めるものである。

◆ 第2節　研究方法 ◆

1. 研究目的

本章の目的は，福岡県学務部社会課の『福岡県社会事業要覧　第一輯』(1930年)から『第八輯』(1937年)および『福岡県社会事業便覧』(1940年)を使用し，明治期から昭和戦前期までに設立された施設(団体)の名称，設立

年月日，所在地等を整理し，表1-1に示すような年代ごとの形成過程の内容とその固有性を考察することにある。なお，先にも述べたが，先行研究として『福岡県社会福祉事業史』（上巻，下巻，別冊）（1982年）がある。上巻には論説3編と戦前編を，下巻は戦後編，別冊は福岡県内社会福祉施設団体を資料として収めている。本研究が各年代ごとの形成過程の内容とその固有性に視点をあてる意味では，上記の上下巻，別冊は多様な史資料からまとめられており，福岡県の戦前戦後の全体的な社会福祉事業史を考察する上で参考になる。なお，本章は，福岡県学務部社会課が発刊した『社会事業要覧』『社会事業便覧』から，表1-7に示す「明治期から昭和戦前期」という時代（時期）区分の上では統一した分析，評価が可能であり，福岡県学務部社会課という公的統制機関の刊行物に限定した研究上の意図的目的が形成過程と固有性にひとつの「線」としての歴史的統一性を持たせると考えている。同時に「点」の意味でも『社会事業要覧』『社会事業便覧』には施設（団体）の概要が示されてあり，上記の研究目的に整合性を与えるものである。

2．研究方法

上記，研究上の歴史的統一性から『福岡県社会事業要覧』第一輯から第八輯および『福岡県社会事業便覧』を使用し，明治期から昭和戦前期までの福岡県内の施設（団体）の形成史を明らかにする。なお，表1-7に示す確認年に「昭和15年」が多い理由は，上記の『要覧』『便覧』では『昭和十五年十月福岡県社会事業便覧』が戦前期の中では最も新しい史料となることによる。よって「確認年」の施設（団体）の名称を表1-7に示しているが，施設（団体）の創設当初の名称が異なっている部分もあり，本章で施設（団体）の沿革を示すことにより説明を加えた。

第3節 明治期から昭和戦前期までの社会事業施設（団体）の全体像とその形成過程

1. 明治期から1890年代までの社会事業施設（団体）の概要

1880年代であるが，この年代は明治13年から明治22年の時期である。1885（明治18）年，太政官を廃止し，内閣制が制定され，第一次伊藤博文内閣が成立した時期である。1888（明治21）年4月，市制・町村制が公布された。また，「大日本帝国憲法」（1889（明治22）年2月11日）が発布されたのもこの時期（時代）であった。慈善救済の側面においては，1880（明治13）年6月，「備荒儲蓄法」が制定され，同年7月，「伝染病予防規則」が公布された。また，1883（明治16）年1月には内務省に保健課と医事課が新設された。「行旅死亡人取扱規則」（1882年）が布告されたのもこの時期（時代）であった。各府県に「窮民救療規則」や「施療規則」「救育規則」が制定されたのもこの時期からである。

表1-1の「福岡県設立年代別の推移」において，1880年代に1箇所の施設（団体）が設立されている。これは表1-3の「福岡県内社会事業施設（団体）の設立年代別，種類別数の推移」における「軍人遺家族援護」であり，表1-7に示すとおり，「日本赤十字社福岡支部」であった。「日本赤十字社」は，地

表1-1 福岡県施設設立年代別の推移

	施設数
1880年代	1ヶ所
1890年代	2ヶ所
1900年代	5ヶ所
1910年代	22ヶ所
1920年代	78ヶ所
1930年代	161ヶ所
1940年代	15ヶ所
不明	22ヶ所
計	306ヶ所

表1-2 福岡県社会事業施設と団体の種類名

	社会事業施設と団体の種類名
社会事業機関	連絡統一，方面委員制
児童保護	産院，育児，昼間保育，孤児教育，感化教育
経済保護	小住宅，共同宿泊所，公設市場，簡易食堂，公益質屋，共済組合・互助組織
失業救済及び防止	授産，職業紹介
救護	院外救助，院内救助（養老事業），司法保護，軍人遺家族援護
医療保護	施療病院，診療所
社会教化	協和，融和
その他	隣保事業，人事相談，助葬，その他

表1-3 福岡県内社会事業施設（団体）の設立年代別，種類別数の推移

	1880年代	1890年代	1900年代	1910年代	1920年代	1930年代	1940年代	不明	合計
連絡統一					2ヶ所				2ヶ所
方面委員制					1ヶ所	6ヶ所	6ヶ所		13ヶ所
産院				1ヶ所	5ヶ所	7ヶ所			13ヶ所
昼間保育				3ヶ所	23ヶ所	29ヶ所	1ヶ所	1ヶ所	57ヶ所
育児						3ヶ所			3ヶ所
児童保護					2ヶ所				2ヶ所
孤児教育		1ヶ所	1ヶ所						2ヶ所
感化教育			1ヶ所		1ヶ所	2ヶ所			4ヶ所
小住宅				1ヶ所	3ヶ所			1ヶ所	5ヶ所
共同宿泊所					2ヶ所	3ヶ所			5ヶ所
公設市場				3ヶ所	4ヶ所	1ヶ所			8ヶ所
簡易食堂				1ヶ所	2ヶ所			1ヶ所	4ヶ所
公益質屋					5ヶ所	22ヶ所	1ヶ所		28ヶ所
共済組合・互助組織						7ヶ所	5ヶ所		12ヶ所
授産			1ヶ所		2ヶ所			9ヶ所	12ヶ所
職業紹介					2ヶ所				2ヶ所
院外救助				1ヶ所	1ヶ所	1ヶ所			3ヶ所
院内救助（養老事業）					2ヶ所	5ヶ所			7ヶ所
司法保護				6ヶ所	1ヶ所	7ヶ所			14ヶ所
軍人遺家族援護	1ヶ所		1ヶ所	1ヶ所	1ヶ所	31ヶ所	1ヶ所	1ヶ所	37ヶ所
施療病院		1ヶ所	1ヶ所	3ヶ所	2ヶ所	6ヶ所		1ヶ所	14ヶ所
診療所				1ヶ所	15ヶ所	18ヶ所		4ヶ所	38ヶ所
協和						2ヶ所			2ヶ所
融和					2ヶ所	1ヶ所			3ヶ所
隣保事業					3ヶ所				3ヶ所
人事相談				1ヶ所	1ヶ所	2ヶ所	1ヶ所	4ヶ所	9ヶ所
助葬						1ヶ所			1ヶ所
その他						3ヶ所			3ヶ所
合計	1ヶ所	2ヶ所	5ヶ所	22ヶ所	78ヶ所	161ヶ所	15ヶ所	22ヶ所	306ヶ所

表1-4　日本赤十字社設置状況

支部名	福岡	佐賀	長崎	熊本	大分	宮崎	鹿児島	沖縄
委員部設置	二一年一二月一七日	二一年五月一八日	二一年二月二四日	二二年五月三〇日	二二年九月一六日	二二年九月六日	二五年九月六日	三二年六月四日
支部設置	二七年九月七日	二八年四月六日	二七年六月八日	二七年六月二〇日	二九年七月一日	二九年七月一日	二九年七月一日	二九年七月一日

方組織として，府県に「支部」と「委員部」を置いたが，福岡県においては「委員部」が1888（明治21）年12月17日に創設された。「委員部」の任務は「専ら社員を誘導し，社費を集め，社資を本部に送ることであった」[6]。また「支部は集めた社資を本部に送らず，戦時救護の準備に保貯して，その三分の一を支部費として使用してよい」[7]ことになっていた。福岡県が「委員部」から「支部」に昇格したのは1894（明治27）年9月7日であった。初代支部長は岩崎小二郎県知事が就いた。事務は従来どおり県庁内の兵事課で執られた[8]。九州地方においては，長崎県が同年6月8日，熊本県が同年6月20日に「支部」に昇格している。なお，表1-4に示すように，九州地方において「委員部」「支部」の設置にばらつきがみられたのも事実であった。

1890年代は，明治23年から明治32年の時期である。第一次恐慌が起こり，経済界の不況が続いた。1894（明治27）年には，日本軍が朝鮮王宮を占拠し，日清戦争（1894年）へと突入していく時期でもあった。1897（明治30）年6月，「八幡製鉄所」が設立され，7月には日本最初の労働組合「労働組合期成会」が設立されたのもこの時期（時代）であった。慈善救済に関連するものとして

は，軍国化の中で「軍人恩給法」が1890（明治23）年6月に公布されている。1891（明治24）年8月には「地方衛生会規則」が公布された。1895（明治28）年には日清戦争に従軍した死亡傷痍疾病者に「特別賜金」を支給している。社会事業家の観点から述べれば，1891（明治24）年，石井亮一が東京下谷に「孤女学院」を設立，1892（明治25）年，塘林虎五郎が「熊本貧児寮」を設立，同年，宮内文作が前橋に「上毛孤児院」を設立，1893（明治26）年，林可彦が大阪市に「愛隣夜学校」を設立，同年，「カナダ外国婦人伝道会社」によって金沢市に「川上授産館」が設立，1895（明治28）年，五十嵐喜廣が「飛騨育児院」を設立，聖公会教師E.ソーントンによって東京市芝に「聖ヒルダ養老院」が設立されたのもこの時期であった。1895（明治28）年9月には「日本救世軍」が創設され，11月山室軍平が入軍している。その他，各種の施設（団体）が設立されるが，いわば，明治20年代頃から民間社会事業の専門分化，多様化が出現したといってよい。

　福岡県に視点をもどすが，1890年代は「孤児教育」が1箇所，「施療病院」が1箇所設立された。「孤児教育」とは表1-7の如く，「財団法人龍華孤児院」であった。『福岡県社会事業要覧　第一輯』（1930年）には「龍華孤児院」について次のように記されている。

「一，孤児救育事業

　　県下に於ては龍華孤児院あり，本院は明治三十二年の創立に係り寺院の一部を之に充て経営し来りたるも設備不完全にして児童育成上支障ありしを以て昭和三年度に於て御大典記念事業として院舎新築を計画し，内務省より建設資金として金壱千円，慶福会より弐千円の下附を受け一方政府の低利資金弐萬円を借り入れ，これに従来貯蓄したる建設資金を加へ福岡市大字若久に院舎を新築せり。

　　創立以来収容児童数三一〇名に達し，退院者二二七名，死亡三七名にして退院したる者中一家を構へ居るもの九七名にして，その他は各種の実業に従事せり，其の概況を示せば次の如し。

一，所在地　福岡市大字若久
二，目的及事業種類　孤児及事情之に等しき貧児を収容救済し教養するを目的とす
三，創立年月日　明治三十二年七月一日創立，同年十月五日法人許可
四，組　織　財団法人
五，代表者職氏名　院長　七里順之
六，従業員の種類別人員　院長一名（無給）　事務員二名　保母三名，以上有給
七，事業経営の状況
収容児は三部に分ち部毎に一名の専任保母を付し父母に代つて保護し学齢に達すれば本市小学校に就学せしむ」[9]

　上記の文章から福岡県においては「龍華孤児院」が本格的な孤児院事業の嚆矢と位置づけられる。『福岡県社会福祉事業史上巻』（1982年）においても，「本県では明治三十二（一八九九）年六月，博多萬行寺（真宗本願寺派）の七里順之によって創設された龍華孤児院がこの種の施設としては開拓的なものである。」[10]と位置づけている。表1-7の如く，1901（明治34）年6月には「小倉孤児院」が設立された。なお，九州地方では孤児院・育児院に該当する施設としては，1869（明治2）年に日田県（現：大分県）に「日田養育館」が設立された。また，1874（明治7）年には長崎県浦上に「婦人同志育児所」，後の「浦上養育院」が開設された。同じく長崎には1880（明治13）年「奥浦慈恵院」が開設されている。同時期として，東京では，1900（明治33）年1月，野口幽香らによって，麹町に「二葉幼稚園」が設立されている。また，津田明導によって岡山県笠岡に「甘露育児院」（1900年）が設立されたのもこの時期であった。なお，明治30年代後半から慈善救済事業の全国的な組織化が図られる趨勢がみられ，1903（明治36）年5月11日，「大阪慈善同盟会」が「全国慈善団体同盟大会」を開催したのもこの時代（時期）であった。

2. 1900年代

1900年代に入ると，表1-3の如く「孤児教育」「感化教育」「授産」「軍人遺家族援護」「施療病院」がそれぞれ1箇所設立された。「感化教育」は表1-7に示すように，「福岡県立福岡学園」であった。『福岡県社会事業要覧　第一輯』（1930年）には「感化事業」の節があり，以下のように記載されている。

「第四節　感化事業

　本県に於ける感化事業たる福岡学園は明治四十二年の創立に係はり，当時県立代用，感化院として県下眞宗本派寺院に於て経営せしが，県下に於ける不良少年少女の数は逐年其の数を増し一面斯種の施設忽諸に附すべからざるに鑑み，昭和三年四月より之を県に於て直接に経営すること丶し，同時に男子部の外に女子部を新設し且つ従来の定員を増加し，現在男子八十名女子二十名，計百名を収容し得る設備を為し家族制度に依て之が教養を行ひ，創立以来の収容人員は二百八十七名を算し居れり。

一，名　称　福岡県立福岡学園

二，所在地　福岡県福岡市大字鳥飼

三，組織及創立年月日　明治四十二年二月十八日本県代用感化院として創立同年十二月二十四日始めて生徒を収容す，爾来県下眞宗本派寺院の経営にありしが昭和三年四月一日之を県立感化院として県営移管せり。

四，園　長　　自　明治四十二年八月一日
　　　　　　　至　大正元年十二月廿五日　　七里順之

　　　　　　　自　大正元年十二月廿六日
　　　　　　　至　現　　在　　　　　　　　戸田大叡

五，現在の職員及傭人　園長一名，教諭五名，教諭心得一名，保母心得五名，書記二名，

　　　　　　　　　　嘱託教師一名，嘱託医二名，炊夫二名，小使二名」[11]

上記のように「福岡県立福岡学園」は，当初，代用感化院（私立感化院）として設立された。これは1908（明治41）年4月の「感化法」の改正により，道府県に感化院の設立が義務化されたことにより設立されたものであった。九州地方では1908（明治41）年9月に，佐賀県に「進徳学館」（私立感化院）が設立された。同年10月には宮崎県に「日州学院」（私立感化院）が設立されている。また，1909（明治42）年1月，西本願寺鹿児島別院住職安満法顕たちによって，「錦江学院」が設立された。同学院は同年4月に代用感化院の指定を受けている。また，1911（明治44）年8月に「沖縄感化院」が真宗本派大典寺住職菅深明たちによって設立された。なお，代用感化院の指定は1915（大正4）年12月であった。

次に1900年代の「軍人遺家族援護」であるが，表1-7の如く「愛国婦人会福岡県支部」であった。

「一，支部所在地　福岡市須崎裏町百三十四番地　電話一八九四番
　二，沿革　1，本会は故奥村五百子女史が北清事変の惨禍を具に視察して大いに感ずる処あり苦心惨憺の結果創設せられたるものにして当支部は明治三十四年八月，日本赤十字社福岡支部内に設置す。当時は本会の趣旨一般に普及せざりし為会員の数も頗る寥々たりしが日露戦役に刺戟せられ明治三十八年末には一萬六千百三十二人となる。2，明治三十九年六月軍人遺族並に廃兵の救護の外に保育事業を開始したり。3，明治の終りより大正年間に亘り教養生の制度を設けて之を実施せり。」[12]

上記のように「日本赤十字社福岡支部内」に設置された「愛国婦人会福岡県支部」であったが，「当時は本会の趣旨一般に普及せざりし為会員の数も頗る寥々たりし」[13]のようであった。『愛国婦人会福岡県支部記念誌』（1942年）にも「我が福岡支部が設置せられたのは明治三十四年八月であつて本会創立後五月の後である。（中略）容易に其の実績は挙がらず，支部設置当時は僅かに百七名の会員に過ぎさりし」[14]と記載されている。なお，1904（明治37）年の日

露戦争を機に会員も増加し，1905（明治38）年には「一万六千百三十二人」[15]に急増した。九州地方において，すでに熊本支部では「総会」が1902（明治35）年4月13日に実施され，「鹿児島支部発会式」が同年5月16日，「長崎支部発会式」が同年7月4日に開催されている[16]。また，「宮崎支部第一回総会」が1904（明治37）年3月9日，「沖縄支部第一回総会」が同年3月25日，「熊本支部第二回総会」が同年4月18日，「大分支部第一回総会」が同年4月30日に実施された[17]。「福岡支部第一回総会」は1910（明治43）年4月18日に「福岡市外，千代の松原内東公園」で開催されたが，同年10月29日には「長崎支部」はすでに「第五回総会」を実施しており[18]，九州地方において，「愛国婦人会福岡県支部」の活動，進展は決して早いとはいえなかった。

1900年代に1箇所「施療病院」がみられたが，表1-7の如く「九州帝国大学佛教青年会施療院」であった。その沿革を示すと次のようになる。

「沿革　本会は明治四十年五月二十九日創立せらる，当時は福岡医科大学仏教青年会と称し，主として医科大学内の教職員，学生，看護婦，患者間に佛教精神の自覚と振興とを図るものなりしが其の後総合大学として九州帝国大学完成するや現在の如く改称せり，創立当初は会長なかりしが大正七年医学部教授旭憲吉博士第一回会長に推され鋭意会の発展に努力せられ，同年八月三十一日慈善施療院を開設し自ら診療に従事し会員を督励し其の結果大に挙り仏陀の慈愛の光普く貧困者の上にも輝くに至り，斯くて会の内容漸く備はり大正十年六月六日社団法人の許可を受け大正十二年以来宮内省より御下賜金を拝受し其の都度内務省助成金及福岡県補助金を下付せらる，大正十五年三月福岡市今泉二十八番地に現在の会館及寄宿舎を建設し施療院は勿論其の他の事業を行ふことゝせり」[19]

上記のように，当初は「福岡医科大学佛教青年会」として発足したが，その後セツルメント事業として発展し，1921（大正10）年6月6日には社団法人となった1927（昭和2）年12月25日，「九州帝国大学セツルメント」と名称を

変更し,「在籍児童数八十九名にして毎夜七時半より九時半迄授業を行ふ」「児童部」と「毎週火木の二日午後七時より同九時迄」の「法律相談部」[20]を基盤事業として展開していった。この大学セツルメントは,「東京帝国大学セツルメント」が,わが国の大学セツルメントの代表的なものであり,1923（大正12）年11月に設立されている。また,1926（大正15）年7月,「関東学院セツルメント」が横浜に開設されている。なお,九州地方においては,「福岡医科大学佛教青年会」は大学セツルメントの嚆矢と位置づけられる。

3. 1910年代

1910年代,表1-3の如く,設立数と同時に種類が多くなっている。1910年代とは明治期の終わり（明治43年）から大正中期（大正8年）までを意味するが,1909（明治42）年2月に,内務省が全国の優良救済事業に奨励金を下附し,徐々に施設（団体）が増加し始める時期（時代）であった。大正期に入ると,1917（大正6）年8月,「内務省分課規程」の改正により地方局に救護課が新設され,1919（大正8）年12月には内務省地方局救護課は社会課に改称される。翌年8月には地方局社会課を独立させ,内務省に「社会局」が誕生する等,「社会事業」期へと移行する時期（時代）であった。

1910年代,福岡県内においては,表1-2における「経済保護」に該当する「小住宅」が1箇所設置された。これは「社団法人救護会福岡有隣館」である。沿革を示すと以下のようになる。

「沿革　本施設は大正五年五月十五日福岡市瓦町七番地に社団法人救護会福岡人事相談所を開設し当時の社会状勢に照応して主として窮民の居宅救助,人事相談を営み旅費,食費,生活費,生業資金給与,施療,施薬,施米等を行ひ大正十五年二月十一日紀元の佳辰を卜し宿泊施設を併置して福岡無料宿泊所と改称し同年十一月福岡市住吉南新町五十八番地に移転,成績次第に向上し建物狭隘を告ぐるに至りたる為,昭和七年四月現在の場所に宿舎を急造移転し福岡有隣館と改称せり利用者

益々増加の情勢に鑑み翌年四月更に改築し今日に及ふ」[21]

上記，「救護会」の本部は「静岡市西門町四番地」[22]にあり，福岡県支部に関しては「大正五年五月福岡市瓦町七番地に支部を設置」[23]したという経緯があった。開設当初は「院外窮民救助，人事相談等の事業」[24]を経営していたが，1926（大正15）年から「無料宿泊所」[25]を併設したのであった。

次に「司法保護」が6箇所設置されているが，これは「筑後保護会」（久留米市），「鞍手郡一心会」（直方市），「福岡致誠会」（福岡市），「早良扶接会」（福岡市），「福岡県連合保護会」（福岡市），「小倉共生会」（小倉市）であった。この内，「福岡県連合保護会」は司法保護事業団体の連絡統制機関であり，「総裁は本県知事」「会長は福岡地方裁判所検事正」[26]が担当した。

「一，名　称　財団法人福岡県連合保護会
　二，所在地　福岡市西新町八百七番地
　三，目的及事業
　　　本会は加盟各保護会十九団体を指導監督して相互の連絡統制を図り司法保護事業の向上発展を期して併て釈放者刑執行猶予者起訴猶予者等を保護する事を以て目的とす
　　　（中略）
　六，創立年月日　大正六年七月二十日
　七，代表者職氏名　会長福岡地方裁判所検事正　神谷敏行」[27]

1920年代，「公設市場」が3箇所設置されている。「大牟田市公設市場」（大牟田市），「老松町公設市場」（門司市），「久留米市公設市場」（久留米市）であった。福岡県において「公設市場」は，表1-7を見る限り1910年代，1920年代に設置されている。九州地方も同年代に設置されているが，『全国社会事業名鑑』（1937年）から九州地方を抜き出してみると表1-5のようになり，県によって設置数においてばらつきがみられた。「公設市場」は「経済保護事業」として公的に事業を展開するが，長崎県に「公設市場」が多くなっている。この点は県に「社会事業主管課」が設置されるのも九州地方では長崎県が最も早

第1章 福岡県における社会事業施設・団体の形成史

表1-5 公設市場

道府県	市場名稱	經營組織	所在地	店舗数	設立年月
福岡県	田野浦公設市場	市 立	門司市田野浦町	4	大 4. 8
	大里公設市場	市 立	門司市大里御所町1丁目	12	大 12.12
	門司市老松町公設市場	市 立	門司市老松町1,733　1,734	68	大 10.11
	大牟田市公設市場	市 立	大牟田市榮町1丁目	2	大 7.12
	福岡市公設西新町市場	市 立	福岡市西新町1丁目79ノ1 80ノ1	21	昭 5. 4
	福岡市公設因幡町市場	市 立	福岡市因幡町46ノ1,47ノ1,48ノ1 45ノ2,3,4,5	40	大 9. 1
	飯塚市公益市場	市 立	飯塚市飯塚町白水橋東水面	23	昭 4.11
	久留米市公設日用品市場	市 立	久留米市日吉町25	54	大 8.12
佐賀県	佐賀市公設市場	市 立	佐賀市松原町 水ヶ江町	17	大 3. 7
長崎県	佐世保市宮田町市場	市 立	佐世保市宮田町	3	大 12. 6
	佐世保市京町簡易市場	市 立	佐世保市京坪町小佐世保川面上		昭 10. 3
	佐世保市太田町市場	市 立	佐世保市太田町	7	大 12.10
	佐世保市白南風町市場	市 立	佐世保市白南風町	7	大 12.10
	佐世保市公設卸賣市場	市 立	佐世保市港町市有地	單一制	大 8. 6
	長崎市館内町公設市場	市 立	長崎市館内町	6	大 8.12
	長崎市本石灰町公設市場	市 立	長崎市本石灰町	9	大 11. 4
	長崎市公設中央市場	市 立	長崎市本下町	20	大 13.10
	長崎市錢座町公設市場	市 立	長崎市錢座町	3	大 11. 3
	長崎市水ノ浦公設市場	市 立	長崎市水ノ浦町	3	昭 5.11
	長崎市大浦公設街路市場	市 立	長崎市大浦町相生町 上田町	3	昭 8.11
	長崎市築町公設卸市場	市 立	長崎市築町	1	大 10. 3
	長崎市八幡町公設市場	市 立	長崎市八幡町	6	大 6.12
熊本県	熊本市鋤身崎公設市場	市 立	熊本市北千反畑町	8	大 7. 3
大分県	大分市公設市場	市 立	大分市大分548	20	大 9.11
鹿児島県	鹿児島市公設市場	市 立	鹿児島市山下町	32	
	鹿屋町公設市場	町 立	肝屬郡鹿屋町中名4,720	15	大 13. 5
	名瀬町公設市場	町 立	大島郡名瀬町金久濱金久1	10	昭 7. 4

出所：『全国社会事業名鑑（昭和12年版）』より作成

く，1920（大正9）年であり，次いで1922（大正11）年に福岡県，大分県，鹿児島県に設置された。こうした地方行政の進行状況が公設（公営）の社会事業に直接的に反映，影響を受けることは否定できないであろう。

　1910年代，表1－7に示す「恩賜財団済生会福岡病院」が開設している。『福岡市社会事業要覧』(1936年) からその概要を示すと以下のようになる。

「一，名　称　恩賜財団済生会福岡県福岡病院

　二，所在地　福岡市薬院堀端七

　三，目的及事業　聖旨を奉戴し無告の窮民に対し施薬救療をなすを目的とす

　四，敷地坪数及建物構造並建坪数，延坪数

　　　　敷地坪数　四九五坪一八　　　建物坪数　二五五坪五三九

　　　　延坪数　　二八八坪五三九　　建物構造　木造二階建

　五，沿革の大要　本県に於ける救療事業は明治四十四年創立当時は専ら委託診療のみなりしが逐年患者の増劇に鑑み大正八年三月福岡県診療所を開始し次で大正十二年七月病棟増設，福岡病院と改称，昭和三年五月更に拡張し今や救護事業の徹底を期するに至れり

　六，創立年月日　大正八年三月二十一日

　七，代表者職氏名　院長　熊谷　修

　八，組織　総裁には　閑院宮殿下を奉戴し会長徳川公爵，副会長現職内務大臣，松平伯爵，理事長馬淵氏，其他顧問，理事，評議員等朝野多数の名士枢機に参せり。」[28]

「恩賜財団済生会」は1911（明治44）年に内務省に設置された。正確に言えば，東京市麹町区大手町一番地，内務省に事務所を置いた。また「其の事業は道，府，県庁に委嘱して，一切之を執行」[29]しており，福岡県においても，1911（明治44）年に支部が置かれた。なお，本格的な施薬救療，医療事業は，上記の如く，1919（大正8）年に「福岡県診療所」を開設してからであった。

　表1－7の如く，1910年代に3箇所の常設保育所（昼間保育所）が設置され

ている。「風師保育園」(門司市),「城北保育園」(小倉市),「浅野保育所」(門司市)であった。福岡県の常設保育所,託児所の特徴として,鉱山,セメント等の会社の経営した保育所が機能していたが,「浅野保育所」は「浅野セメント株式会社」30)が経営しており,福岡県の特徴の一端を窺い知ることができる。なお,鉱山等の会社による保育所,託児所を強調して述べれば以下のものが存在した。

「赤池炭坑附属託児所」(経営主体,明治鉱業株式会社信和会赤池支部,設立年月日,大正9年10月),「浅野保育所」(浅野セメント株式会社門司支店,大正8年6月20日),「大隈鉱業所幼児預り所」(大隈鉱業株式会社大隈鉱業所,大正7年8月),「大辻炭砿保育所」(大辻炭砿,明治45年8月1日),「大之浦炭鉱保育所」(貝島鉱業株式会社,大正12年9月),「海軍燃料廠採炭部託児所」(海軍燃料廠採炭部,明治43年8月),「貝島鉱業株式会社託児所」(貝島鉱業株式会社,明治43年8月),「鐘紡三池支店保育所」(鐘紡三池支店,大正8年10月20日),「上三緒鉱業所託児所」(株式会社麻生商店,大正3年7月30日)のほか,「上山田炭坑保育所」「蔵内鉱業所峰地一坑託児所」「大正鉱業株式会社中鶴一,二,三,泉水抗託児所」「帝国炭業株式会社木屋瀬鉱業所託児所」「鯰田炭坑託児所」「古河鉱業株式会社下山田炭坑託児所」「豊国鉱業所保育所」「三井田川鉱業所託児所」「三菱筑豊鉱業所方城炭坑保育所」「明治鉱業所託児所」「芳雄山内鉱業所幼児預り所」31)などである。

このように炭鉱に付設した託児所が設置され,鉱工業の発展と労働者の確保を目的とした機能を持っていた。炭坑と託児所との関係は福岡県の保育事業の特徴といえる。

4. 1920年代

1920年代は,大正9年から昭和4年の時期である。先にも述べたが1920 (大正9) 年8月,内務省官制の改正により内務省に社会局が設置された。これは地方局社会課を独立させるものであったが,国家による社会事業の強化を意図

する狙いがあった。1920（大正9）年10月には内務省は各道府県の理事官，嘱託，市区助役等約160名を集めて「社会事業打合会」を実施した。この年から各道府県に社会事業主管課が設置され，九州地方では，同年，長崎県に設置された。福岡県は2年後の1922（大正11）年に社会事業主管課が設置された。

　1921（大正10）年1月，「社会事業調査会官制」が公布された。なお，1924（大正13）年4月には「社会事業調査会」は廃止されている。これは「帝国経済会議」に社会事業関係が包含されたことによる。また，1921（大正10）年3月には「中央慈善協会」が「社会事業協会」へと改称された。いわば1920年代，特に前期は「社会事業」期であるとともに，1930年代からの十五年戦争に突入する前哨戦の時代であった。

　福岡県に視点をもどすが，表1－3に示すように，1920年代から施設（団体）の設置数とともに種類の増加がみられた。「連絡統一」として1922（大正11）年10月に「福岡県学務部社会課」が置かれた。また，1927（昭和2）年11月には「社会課」内に「福岡県社会事業協会」が創設された。また，「方面委員制」として，1928（昭和3）年7月，福岡市役所社会課内に「福岡市方面事業助成会」が設置された。1920年代に入ると各道府県において方面委員，方面委員規程等が設けられていった。例えば，1920（大正9）年9月，広島市に方面委員設置規定が設けられ，同年11月には東京市に方面委員規程が設けられた。1927（昭和2）年10月には「中央社会事業協会第一回全国方面委員講習会」が開催されている。こうした時流の中で「福岡市方面事業助成会」は創設された。概要を示せば以下のようになる。

「一，名　称　　福岡市方面事業助成会
　二，所在地　　福岡市役所社会課内
　三，目的及事業
　　　　救済事業として市内窮民の一時生活扶助，埋葬費，医療費の給与，生業資金無利子貸与及郷里送還等を為し，防貧事業として細民の失業者に職を与へ或は福利増進の一助として低廉に葬具の斡旋を為し又は中産階級

以下に対する人事相談を為す等本市方面事業の発展を助成するを以て目的とす。

四，敷地坪数及建物構造並建坪数延坪数　福岡市役所社会課内の一部を使用す

五，沿　革　本会は本市方面事業助成の為昭和三年七月十八日創立し漸次事業の発展に伴ひ資金を募集し市内細民の救済に努め昭和七年九月防貧事業として福岡市住吉南新町松本無料住宅に作業所を設け紙袋及状袋の作業を開始せしが狭隘を告ぐるに至りたるを以て昭和九年八月市内薬院露切町二十三番地に敷地を買収し新に作業所を建築し更に原糸作業及屑織帯作業部を増設す昭和八年五月葬具取扱所を開設して一般市価を策制調和し昭和十年十一月人事相談所を設けて法律人事百般の相談に応じ市民の福利増進に努む

六，創立年月日　昭和三年七月十八日

七，代表者職氏名　会長　市長

八，組　織　会員

九，従事者種別人員有給無給の別　会長一名　副会長一名　理事七名　以上無給

　　　　　　　　　　　　　　　　書記二名　有給　　嘱託書記二名無給」[32]

上記，「福岡市方面事業助成会」は1928（昭和3）年7月に創設されたが，前年の1927（昭和2）年には表1-6の如く，「久留米市方面事業助成会」をはじめ，小倉市，若松市に「方面事業助成会」が創設されていた。また，方面委員に関しては次のような沿革が記されてあり，福岡市が県内において嚆矢ではなかった。

「本県に於ては柴田知事の時代大正十四年採用せられ，先づ門司市及び大牟田市に委員十九名の任命を見，翌大正十五年に至り久留米，福岡，若松，小倉，戸畑及本市に委員を儲け，委員数は計六十名となり超えて昭和二年飯塚

表1−6　方面事業助成会

會名	組織	設立年月日	事業種別	資産	収入	同上中市町村補助	支出	収入	同上中市町村補助	支出
					昭和十四年度決算			昭和十五年度予算		
福岡市方面事業助成會	會員	昭三、七、一八	一般救護職業補導	二〇,〇〇〇圓	四四,一一二圓	―	三七,一四四	四六,六六二圓	―	四七,一一二圓
門司市方面事業助成會	同	昭一一、一、八	葬具取扱　一般救護	七,九六七	一七,四七〇	九〇〇	九,五〇三	一三,四五〇	九〇〇	一三,四五〇
小倉市方面事業助成會	同	昭二、九、三〇	養老院経営　一般救護季節扶助　無料住宅	―	一六,七八七	―	四,五六七	一二,二二〇	―	五,〇〇〇
若松市方面事業助成會	同	昭二二、一一、一	一般救護季節扶助　産院経営	一一,八〇八	一四,三七二	―	六,三四一	七,五三六	―	七,五三六
戸畑市方面事業助成會	同	昭四、九、一	同、葬具取扱	九,九五	三一,七四〇	二〇〇	二四,七六六	四〇,五八四	二〇〇	四〇,五八四
八幡市方面事業助成會	同	昭三、九、一	同、資金貸付人事相談	二二,五三五	二四,九四八	四〇〇	一一,八七六	一〇,七一六	四〇〇	一〇,七一六
直方市方面事業助成會	同	昭九、四、一	同、養老院経営常設託児事業	三三,九五〇	九,五四一	二〇〇	四,五九八	一七,二三〇	二〇〇	一七,二三〇
飯塚市方面事業助成會	同	昭三、一二、二六	同、軍人遺家族慰問	四,八三三	五,四四四	五〇〇	三,八五〇	三,八七三	五〇〇	三,八七三
久留米市方面事業助成會	同	昭二、四、一	同、季節扶助追悼會	四,五〇九	七,四五八	二〇〇	四,三三三	七,三七七	二〇〇	七,三七七
大牟田市方面事業助成會	同	昭三、二、六	同、養老院経営資金貸付	二三,八六八	二二,〇一〇	―	二,二九二	一六,九二五	―	一六,九二五

出所：『昭和十五年十月　福岡県社会事業便覧』より作成

方面に翌三年以降郡部に及ぼし最近の本市六月末現在では県下の方面委員定数は十市二十八ヶ町村に二百四十九名内婦人方面委員十余名を数ふるに至つた。」33)

ここで言う上記の「本市」とは八幡市を指しており，県内の主要な市を基盤に，「婦人方面委員」も含め，各市町村に方面委員が置かれていった。また，1940（昭和15）年8月末日までには，108の「方面事業助成会」が県内の市町村に設置されていった34)。

次に，1920年代「児童保護」として「海員児童保護事業」を挙げておく必要がある。これは表1−7に示すように，「若松市海員児童寄宿舎」「門司港艀船自衛組合附属船員児童収容所」が該当する。これらの施設は「海上労働者の学齢児童を収容寄宿せしめ之に保護教養を加ふる目的の為に設置せられたるもの」35)であり，概要を示すと以下のようになる。

「一，名　称　若松市海員児童寄宿舎
　二，所在地　若松市大字藤木亀首百七十番地ノ一
　三，創立年月日　昭和四年六月二十日
　四，組　織　若松市営
　五，代表者職氏名　若松市長
　六，昭和十一年度予算　一一，五七一円」36)

「門司港艀船自衛組合附属船員児童収容所
　一，名　称　門司港海員学童収容所
　二，所在地　門司市舊門司三丁目三千四百十一番地
　三，創立年月日　昭和三年五月五日
　四，組　織　門司港在住の艀船乗組船舶員約五百名を以て組織す
　五，代表者職氏名　門司港艀船自衛組合長　川口國蔵
　六，昭和十年度予算　弐千七百参拾五円
　七，事業成績　（昭和九年度）収容実人員　　　　九五三人
　　　　　　　　　　　　　　　収容延人員　二四，五九九人」37)

上記の「児童寄宿舎」「児童収容所」を設置する実情には以下の理由（福岡県学務部社会課の発言）があった。「若松市海員児童寄宿舎」を例として示しておく。
　「若松港には当時碇繋せる船舶二千五百余隻を算し船内の生活者八千五百を下らず就学児童亦三百余に上れるも船員の多くは殆んど伝統的職業にして社会との接触少く文化の恵に浴せざる関係上比較的知識低級にして子弟教育の念薄く就学成績極めて不良なり加ふるに是児童の為，何等の施設あらざる」[38]とのことであった。その為，行政上の観点から「若松市営」で運営されたのであった。
　1920年代，表1-7の如く「感化教育」として「福岡学園有終会」が設立された。これは「福岡学園」の後援組織団体[39]であるが，その沿革，概要は以下の如くであった。
「一，名　　称　　福岡学園有終会
　二，所在地　　福岡市草ヶ江本町二丁目一，二八八福岡県立福岡学園内
　三，目的及事業　本会は，福岡県立福岡学園の事業を後援し教護教育並に児童保護事業の徹底を期するを以て目的とす
　四，敷地坪数其他敷地建物を有せず
　五，沿　　革　　本会は昭和三年三月私立福岡学園が県立に移管せらるに際し私立福岡学園の基金四千三百余円に尚有志の寄附を仰ぎて同年七月十一日創立し十月二日事業を開始す，当時の福岡学園長を会長に任じ私立福岡学園の後援者及県市の当事者中より理事を専任し会長及福岡学園職員事業を経営す，昭和八年五月会長戸田大叡氏辞任，現福岡学園長会長に就任し今日に至る
　六，創立年月日　　昭和三年七月十一日
　七，代表者職氏名　　福岡学園有終会長　　鶴岡光次
　八，組　　織　　会員
　九，従事者種別人員　　会長　一名，副会長　一名，理事　一五名，書記　一

名，内書記　一名　有給　他は総て無給
　但以上は役員にして福岡県立福岡学園職員会長の指揮を承て直接業務に従事す
十，事業状況　本会は学園の事業を後援し教護，教育並児童保護事業の徹底を期する為努力し園児走逃の調査，医療救護，被服費の給与，生徒の慰安等を為しつゝあり」[40]

　上記，後援組織が地域化する中で県立の感化院，その後の「少年教護法」によって法制上は少年教護院となるが，県内に於て官民一体の運営が実施されていったのであった[41]。

　1920年代，表1－7に示すように，「連絡統一」として1927（昭和2）年11月，福岡県学務部社会課内に「福岡県社会事業協会」が創設された。その沿革大要を示せば以下のようになる。

　「福岡県社会事業協会沿革大要　　昭和二年三月三十日開催の第一回県下社会事業関係者協議会に於て県は『県下に於ける社会事業の連絡統一に関する良法如何』を同会議に諮問したるに，同会は其の答申として『社会の情勢に鑑み県下社会事業の連絡統一を図る良法としては福岡県社会事業協会を設立するを最も適当なりと認む，県は速に之が創設に努力せられむことを望む』と決議したり，依て県はその決議に基き昭和二年十一月十九日第二回県下社会事業関係者協議会を機とし本会創立総会の内容として社会事業の普及発達を促し其の連絡統一を図るを目的とし其の目的を達する為めに社会事業の調査研究，連絡統一，指導奨励，施設経営，行政翼賛，其の他必要と認むる事項を行ふ事を事業の内容としてその成立を見たり。」[42]

　上記，「社会事業の調査研究，連絡統一，指導奨励，施設経営，行政翼賛」機能は，当時の府県の社会事業協会としては一般的なものであり，固有性があるとはいえない。なお，九州地方に限定してみると，既に熊本県では1899（明治32）年に「熊本県社会事業協会」の前身である「肥後慈済会」が設立されていた[43]。また，「長崎県社会事業協会」は1920（大正9）年8月，「鹿児島県社

会事業協会」は1922（大正11）年9月に創立しており，県によって協会が確立する時期にばらつきがみられた。「福岡県社会事業協会」は1930（昭和5）年，「生活困難なる者の為めに其の生計を潤沢ならしむるため授産並に職業の補導をなす目的」[44]として「八幡市興産所」を，また「生活困難なる者の為めに授産並に職業の補導をなす目的」[45]として「小倉興産所」を設置した。これは1929（昭和4）年，世界恐慌の影響により糸価暴落等，経済不況の中での「興産所」の設置と考えられる。1927（昭和2）年2月には八幡市で「官業労組総同盟」の大会が開かれる等，「興産所」の設置は北九州地区の経済不況と関連性があったと考えられる。

　表1-3に示すように，1920年代，「産院」が5箇所開設されている。表1-7に示しているが以下の如くであった。「愛国婦人会大牟田巡回産婆駐在所」（大牟田市），「愛国婦人会戸畑巡回産婆駐在所」（戸畑市），「愛国婦人会若松巡回産婆駐在所」（若松市），「福岡市産婆会附属無料産院」（福岡市），「門司港艀船自衛組合附属無料産院」（門司市）。『福岡県社会事業要覧　第一輯』（1930年）の「妊産婦保護事業」の節には以下のように記されている。

「妊産婦の健康は胎児及乳児の発育上極めて緊要にして妊産婦保護は児童保護の根幹なり，県下に於ける施設としては福岡市産婆会附属無料産院，愛国婦人会福岡県支部の巡回産婆，門司産院，門司港艀船自衛組合附属無料産院等の施設あり」[46]

　ここでは「福岡市産婆会附属無料産院」[47]と「門司港艀船自衛組合附属無料産院」の概要を示しておく。

「一，福岡市産婆会附属無料産院
　　一，所在地　福岡市大字春吉西中洲八五八番地ノ一五
　　二，目的及事業種類　家計不如意なる妊産婦を無料にて入院せしめ分娩を助け母子の救済を為す
　　三，創立年月日　大正十四年二月一日
　　四，組　織　会員

五，代表者職氏名　　院長　福田キク
　　六，従業員の種類別人員　院長一名，副院長一名，幹事十名，（以上無給），主任産婆一名，産婆助手一名，事務員一名，主任保母一名，保母助手一名，洗濯婦一名，賄婦一名，（以上有給）
　　七，事業経営の状況　本院は福岡市及市付近の居住者にして家計不如意の妊産婦を無料にて収容分娩せしめ又家庭，職業其他の事情に依り自家に於て分娩するの困難を感ずる者は希望に依り食費其の他一切を含み一日一円を徴収して収容し其の成績良好にして漸次事業進展しつゝあり

　　　　（中略）

　　十三，沿革の大要　大正十一年三月内務省衛生局主催の妊産婦及児童衛生講習会開催せられ，福岡市産婆会を代表して溝部シゲ，櫛橋サダの両名出席せしが該講習会の趣旨に基き生活に窮乏し而も臨月に及びて産むに場所なく助産婦の手当さへ受くるの資力なき憐むべき境遇にある婦人並に之等の運命の下に出生する薄幸の児童を救済せむとするの目的を以て本院創設の議を同年十月秋季総会に諮り決議したるに濫觴を発す。爾来全会員二年有余に渉り或は有志を訪問し或は路傍に花売を為し熱心に篤志家の同情を求めて設立資金を募集し産婆会の基金を加へ更に恩賜財団慶福会の助成金を仰ぎ又市より建設資金の補助を受け之等を合して敷地を買収し院舎を新設して諸般の設備を整へ大正十四年二月一日開院を見るに至れり。」[48]

「二，門司港艀船自衛組合附属無料産院

一，名　称　門司港艀船自衛組合附属無料産院
二，所在地　門司市舊門司三丁目三千四百十一番地
三，目的及事業　門司港艀船々頭及家族ニツキ救済及保護ノ為メ無料産院
四，創立年月日　大正十四年二月十一日
五，代表者職氏名　組合長　島村恒次
六，組　織　組合組織
七，従事者ノ種別人員　書記兼会計　一名　　小使い　一名
八，事業ノ概況　本産院ハ一般施設セル産院トハ其ノ趣ヲ異ニシ入院スル妊産婦ガ入院スレバ必ズ其ノ家族モ全部同伴入院シテ産婦ノ退院迄ハ共ニ宿泊スル有様ニテ船内居住ノ関係上止ムヲ得ザルナリ，入院者多キトキハ全室満員ニシテ多数ノ児童ヲ以テ充サレ全ク数家族ノ集合隊ヲナシ極メテ和気靄々タルモノアリ，尚在院期間ニ於テモ短キハ三週間長キハ十週間ニ渉モノアリ併シ支障ナキ限リハ之ヲ認諾シ其ノ希望ニ添ハシメ居ルニ付一度入院シタル者ニハ頗ル好感ヲ与ヘ従ツテ現今組合員ノ家族ハ進ンデ当産院ニ入院シツヽアル状態ナリ

　　　（中略）

十二，沿革ノ大要　本産院ハ大正十四年一月十五日創設ニ着手シ仝年二月十一日紀元節ノ佳辰ヲトシ開院式ヲ挙ゲ茲ニ九年ノ星霜ヲ過グ自衛組合創立当時ヨリ組合員救済事業中ノ船内生活者ノ妊産婦並ニ就学児童ノ保護救済ノ最モ急ナルヲ認メ就中妊産婦ガ起居不便且危険ナル艀船内ニ於ケル産前産後ノ苦痛ハ人道上黙過スルニ忍ビズ尚一面経済関係ヨリスルモ分娩ノ暁ハ絶対静養ヲ要スル為メ数日間繋船ノ上休業ノ巳ムナキニ依リ船主及取扱店等ニ及ボス経済上ノ損害甚シキモノアリ其ノ実状黙視ス

ル能ハズ時隅産院トシテ適当ナル現在ノ家屋ヲ借受ケ創設費約九百円ヲ投ジ応急修理ヲ加へ開院シ今日ニ到レリ」[49]

　上記の「無料産院」は生活困窮者（妊産婦）の助産，救済を目的としたものであった。「福岡市産婆会附属無料産院」の「沿革の大要」において「大正十一年三月内務省衛生局主催の妊産婦及児童衛生講習会開催せられ，福岡市産婆会を代表して溝部シゲ，櫛橋サダの両名出席」とあるように，1922（大正11）年3月22日から内務省は上記の「講習会」を実施し，国民衛生，妊産婦の保護事業を強化していった。また，同年5月には「日本赤十字社」が産婆養成所を開設した。

　1920年代，「共同宿泊所」として，表1-7の如く「財団法人日本海員会館戸畑海員ホーム」が設置された。

「一，所在地　戸畑市清水町四丁目二，二三八

　二，目的及事業　無料宿泊

　三，創立年月日　昭和三年二月四日

　四，代表者職氏名　日本海員組合長　堀内長榮

　五，組　　織　　会員

　六，事業経営の状況

　　（イ）宿泊所　原則として宿泊は一切無料とし食事は朝食弐拾銭，夜食参拾銭の実費を徴収し入浴料は徴収せず。

　　（ロ）宿泊人の慰安方法　毎月二日茶話会を開催し海員自身の教養に資し又随時玉突室，図書室，囲碁室，談話室，浴室を開放し娯楽慰安に供し居れり。

　七，事業成績　昭和十年中に於ける宿泊延人員四，九六一人　実人員一九六人

　八，経営維持方法　同ホーム経営に関する維持費は日本海員組合経常費中に於て負担す

九，宿泊人の資格　宿泊人は日本海員組合員及其の家族に限り宿泊を許す。
一〇，敷地，建物坪数　本館八十六坪四合，別館百八坪六勺敷地四〇〇坪」[50]

「海員ホーム」は「日本海員組合」が経営しており，1930年代に「共同宿泊所」は多数設置されていくが，海員関係であり，且つ北九州地区に集中する特徴があった。

1920（大正9）年5月10日，博多の富豪太田清藏（1863～1946）が私財50万円を提供し，財団法人の設立認可を得ている[51]。これが「太田家報徳会」である。高石史人によると「大正の半ばから昭和前期にかけて，福岡県下の社会事業史上にもっとも大きな足跡を残したのは太田家報徳会とその多岐に亘る活動であるといってよいであろう」[52]と指摘している。表1-7には「財団法人太田家報徳会福岡社会館」（大正9年），「財団法人太田家報徳会福岡隣保館」（大正9年）を示しているが，その他にも「財団法人太田家報徳会は大正十一年一月職業紹介法に基き福岡職業紹介所を市役所内に設置し紹介事務を開始したる」[53]との記録も残っている。

次に，表1-2の「経済保護」である「公益質屋」が昭和の初期に誕生した。なお「公益質屋」は「大正元年十一月，宮崎県南那珂郡細田村では，当時，半農半漁で非常に貧しい村民の窮状を救済するため，村長であった隅本和平が内務省，宮崎県当局を説得し資金五〇〇〇円で村営質庫を開設した。」[54] これが公益質屋の始まりであるといわれている。また，第一次世界大戦後の国内産業界の不況は，大量の失業者を発生させ社会不安の増大を招いた。このような背景もあって関東大震災以後，公益質屋は全国的に普及していった[55]。1927（昭和2）年3月には「公益質屋法」が成立し，8月に施行された。このような状況のもと，福岡県においても1927（昭和2）年9月10日に「八幡市尾倉質庫」が設置され，表1-7の如く，若松市，福岡市に1920年代，5箇所の公益質屋が誕生した。なお，運転資金として「政府社会事業資金及簡易保険積立金」[56]が借入資金として充てられた。また，「八幡市尾倉質庫」「大牟田質庫」「福岡市大濱公益質屋」「福岡市今泉公益質屋」は，「生業資金貸付」も行われ[57]，

「公益質屋」が多機能化していた。

　1920年代,「院内救助(養老事業)」として2箇所の施設が設置されている。表1-7の如く「福岡養老院」と「小倉市西山寮」であった。「小倉市西山寮」は「大正十五年七月創立。極貧鰥寡ニシテ自活不能者ヲ収容保護スベキ施設ナカリシガ,隅々同年一月市立伝染病院仮病舎ヲ売却セントスル機ニ於テ養老院建設ノ計画ヲ定メ小倉市慈善会ニ於テ該建物ノ保管ヲ受ケ経営。昭和二年十二月小倉婦人会ニ依リ之ガ維持経営ヲ為シ,同七年七月救護施設ノ認可ヲ受ケ」[58]た施設であり,養老事業の施設であった。また,同じく1920年代に表1-7の如く「福岡養老院」が1922(大正11)年12月に開設された。「福岡養老院」[59]の沿革を示せば以下のようになる。

「大正十一年十二月福岡仏心会の事業として福岡市南港町に民家を借入れ創立。爾来入院希望者の増加に伴ひ拡張し,昭和二年九月,組織を財団法人に改めて経営し,予て院舎敷地として購入してゐた福岡市大字原は,交通が不便であるから,これを売却し,交通便利の地を選びて更に院舎建築の計画を立て,現在の大字平尾に新敷地を購入し,官公署,慈善財団の補助助成,並に一般特志家の寄付により,昭和四年現院舎の新築を竣りて移転,同七年一月礼拝堂の建設を以て第一回の事業計画を終つたのであります。然るに一特志家より礼拝堂建築の指定寄付に接したので十年二月よりこれが建築工事に着手し又同年八月病室建築の工事を起し共に十二月落成今日に至る」[60]

　上記,「福岡養老院」は福岡県において養老院の嚆矢であり,福岡市内の曹洞宗寺院住職とその団信徒,有志によって組織された「福岡仏心会」の事業として開始された。また,1926(大正15)年10月,「曹洞宗連合婦人会」が発足し1928(昭和3)年10月に「星華婦人会」と改称し,「福岡養老院」を支援した。上記「福岡養老院」の沿革を示した『財団法人福岡養老院事報』が発刊された1937(昭和12)年には既に「全国養老事業協会」(1932年)が創設されていた。「全国養老事業協会」は事務局を東京の「浴風園」に置き,官僚色の強い組織ではあったが,1933(昭和8)年9月から雑誌『養老事業』を発行し,

また1939（昭和14）年から1942（昭和17）年まで年に一回，「実務者講習会」を開く等，養老事業の近代化に貢献した。なお，「全国養老事業協会」が設立され，1932（昭和7）年7月20日「第二回全国養老事業大会」が内務省社会局大会議室を主会場として開催されたが，福岡県からは「福岡養老院」主事，古野義雄が出席した記録が残っている[61]。

5. 1930年代

1930年代は，昭和5年から昭和14年の時期である。この1930年代は「満州事変」（1931年9月18日）が起こり，1932（昭和7）年1月28日「上海事変」，同年3月1日「満州国建国宣言」，1933（昭和8）年3月27日「国際連盟脱退」，1937（昭和12）年7月7日「日華事変」，1939（昭和14）年9月1日には「第二次世界大戦」が始まるという戦時下の時代であった。

1937（昭和12）年9月，近衛内閣は内閣告諭号外及び内閣訓令号外を出して「挙国一致，尽忠報国，堅君持久」の三指標を掲げ国民精神総動員運動を開始した。この国民精神総動員運動は，「国家総動員法」の議会通過と運用に正当性を与える役割を果たしたと位置づけられている[62]。

「国家総動員法」が公布された1938（昭和13）年4月には，社会事業領域では「社会事業法」が公布され，7月1日から施行されている。木村武夫はこの「社会事業法」について次のように述べている。「この法律は，『従来概ね個人の創意に依って行はれ』，発展してきた社会事業を，『時局の国民生活に及ぼす影響』が『複雑多岐』となりつつあるが故に，『適当なる指導監督を加え，連絡統一の進歩を促し，以て社会事業の機能を一層適正有功に発揮せしめ』るために制定されたのであると，その『制定の趣旨』で述べられている。要するに社会事業全般にわたって国家統制のために，この法律は制定されたといえよう。」[63]
上記の指摘からもわかるように，1930年代は社会事業の国家管理の強化と同時に国家総動員体制の厚生事業へ移行する時期（時代）であった。

福岡県に視点をもどすが，1936（昭和11）年9月，福岡県学務部社会課に「福

岡県方面事業連合助成会」が設置された。福岡県における方面委員制度の拡充化を『福岡県社会福祉事業史上巻』(1982年) から整理すると以下のようになる。

「大正十四年，本県にも方面委員制度が創設され，(中略) 昭和七年救護法の実施をみるまでの各市町村毎の方面事業の開拓，模索期，併せて県下方面委員網の第一次拡張，完成期，次いで七年以降十二年頃までの，方面常務委員を中核とした県下三地方（北部，筑豊，南部）連絡統制態勢の確立のもとでの本格的活動，そして十二年の盧溝橋事件，国民精神総動員運動以降の軍事援護，銃後後援を至上目的として方面委員網を急速に県下全町村に及ぼした膨張，迂回期（第二次完成期）の三期」[64] である。

上記から考えられることは，福岡県下の1930年代の方面事業は，「救護法」施行以降，戦時下の中におかれた「膨張，迂回期（第二次完成期）」に位置づけられる。「救護法」と方面委員の関係については，1930（昭和5）年に展開した社会事業関係者と方面委員による「救護法実施期成同盟会」の陳情活動が物語ってくれる。同時に方面委員の活動は，「救護法」の実施によって市町村長の補助機関として位置づけられ，その後の公私の二面性からの事業活動が「救護法」によって推進され，結果的に1936（昭和11）年11月，「方面委員令」の公布へと繋がっていった。つまり，上記，「福岡県方面事業連合助成会」は福岡県下の方面事業の「第二次完成期」にあった「方面事業助成会」の連絡調整，統一機関として1936（昭和11）年に設置されたものであった。

次に，1930年代，「共同宿泊所」が3箇所設置されている。「戸畑金原寮」「日本海員会館」「八幡宿泊所」であるが，『福岡県社会事業要覧　第八輯』には「戸畑金原寮」と「八幡宿泊所」が記載されているがので示しておく。

「一，名　称　戸畑金原寮

　二，所在地　福岡県戸畑市金原町一町目五一〇四番地

　三，目的及事業の種類　失業者に低廉に宿泊せしめ人事相談，職業紹介をなす

　四，創立年月日　昭和五年七月廿一日

五，代表者職氏名　戸畑金原寮長　籾井芳三郎
六，敷地及建物　敷地二四三坪　建物一五〇坪
七，事業の状況　宿泊料は一人一泊十銭にして六歳未満は無料六歳以上十歳未満は半額とし食費は一人に付夕食九銭朝食六銭とす。附帯事業として生業資金貸付後授産，職業紹介人事相談及理髪器具備付をなし娯楽教化の施設をなす。」[65]

「一，名　称　八幡宿泊所
二，所在地　八幡市大字枝光字根頃三八七
三，目的及事業　失業者救済，宿泊保護，軽易労働賦課，生業資金貸付職業斡旋，人事相談
四，創立年月日　昭和八年六月十六日
五，代表者　八幡市長　図師兼貳
六，組　織　市営
七，事業成績　（昭和十年度）宿泊実人員　八六一　延人員　一六,二五九
八，昭和十一年度予算高　八,三〇八円
九，敷地及建物坪数　敷地六六四坪　建物二六五.五坪
十，沿革の大要　昭和七年六月三井家寄付金に依り失業労働者救助施設として用地費，建築費約二萬円を以て建設せられたるものにして昭和八年五月之が完成を見たり延建坪二三九坪宿泊収容定員一七〇余人なり爾来県に於て経営せしが昭和十年度より之を八幡市に移管せり。」[66]

一般に共同宿泊所には，貧困者救護を目的とした無料宿泊所と，失業者及び労働者のために低廉な宿泊施設を提供する労働宿舎の2つのタイプがあるが[67]，上記の施設は後者に該当した。また，上記の施設は「附帯事業」として「生業資金貸付後授産，職業紹介人事相談」「職業斡旋」等を行っていた。経営主体の側面からみてみると，「戸畑金原寮」が「福岡県社会事業協会」，「八幡宿泊所」が「八幡市」，「日本海員会館」が「日本海員組合」[68]と異なっているが，

県下においては北九州地区に集中していた。1920年代に共同宿泊所として「財団法人日本海員会館戸畑海員ホーム」が設置されたが[69]，これも戸畑市であった。表1-7がそのことを物語っている。

次に1930年代，養老院の増加がみられた。1932（昭和7）年に「救護法」が実施されたことにより，公的救護施設が法制化された点，同時に「全国養老事業協会」の存在が多分に影響していると考えられるが，ここでは表1-7の「若松養老院」「直方市養老院」を概説しておく。これらの施設は『福岡県社会事業要覧 第八輯』（1937年）において救護施設の項に位置づけられていた。

「一，名　称　直方市方面委員助成会養老院
　二，所在地　直方市大字下境一七九四
　三，事業種目　養老事業（院内救助）
　四，創立年月日　昭和九年六月十四日
　五，組　織　会員組織
　六，代表者　直方市長
　七，昭和十一年度予算　一，四一八円
　八，事業成績　創業以来取扱人員　一四人　延人員　三，四一四人
　九，敷地及建物坪数　敷地　五四〇坪　建物　一二三坪
　十，沿革ノ大要　本会ハ昭和九年一月鰥寡孤独ノ老者ノ安息所トシテ養老院ノ設置ヲ計画シ市内各方面ノ同上ニ依リ本会ニ対シ資金三千円ヲ得同年六月之ガ建設ヲ見タルモノナリ」[70]

「一，名　称　若松養老院
　二，所在地　若松市大字小石字原一四七
　三，目的及事業　救護法該当ノ老衰者収容救護
　四，創立年月日　昭和九年九月一日
　五，代表者職氏名　若松市長　田中無事生
　六，組　織　市設
　七，事業ノ概況　収容室十ノ外仏間，応接室，事務室，食堂，事務員室，浴

室,小使室,物置,倉庫ヲ備ヘ約二十七名収容スルコトヲ得
八,敷地坪数　七〇六坪
九,沿革ノ大要　身寄ナキ孤独ノ老衰者ノ収容救助ノ為昭和八年七月市会ノ議決ヲ経テ昭和九年八月壱萬壱千余円ノ建設費ヲ以テ小石ニ建設ス」[71]

　上記,養老院は1934(昭和9)年に創設されているが,全国に視点をあてると,先に示したように1932(昭和7)年1月「全国養老事業協会」が設立された。小笠原祐次は「全国養老事業協会」に関して「遅れているといわれた養老事業を発展させる一つの中心的な役割を担ってきた」[72]と指摘しているが,孤児院の事業に比較すると,年代においては昭和期に養老院の増設がみられており,多彩な事業を展開した「全国養老事業協会」の存在は養老事業の近代化に繋がったといってよい。一例をあげれば,戦前期に3回の「全国養老事業調査」を行い,全国の施設の状況分析にあたっている。

　次に1930年代,表1-7の如く福岡市に2箇所の「職業紹介」が設置された。「福岡市労働紹介所」と「福岡市職業紹介所」である。『福岡県社会事業要覧第七輯』(福岡県学務部社会課)によると,上記の両紹介所ともに「組織」は「市」[73]であり,「目的」は「福岡市労働紹介所」が「日雇労働者紹介」,「福岡市職業紹介所」が「失業者紹介」[74]であり,事業目的が異なっている。また,『昭和十一年三月　福岡市社会事業要覧』において,「福岡市労働紹介所」の「目的及事業」は「日雇労働者の職業紹介を目的」[75]と規定されているのに対し,「福岡市職業紹介所」の「目的及事業」は「労務需給調節の産業的使命,失業防止,失業保護の社会的使用の達成を目的とし日雇労働以外の一般職業の紹介」[76]と規定されていた。このことから上記の事業目的を整理すると,「福岡市労働紹介所」は日雇労働者救済対策,「福岡市職業紹介所」は職業紹介事業対策と位置づけられる[77]。

　1937(昭和12)年3月,「軍事救護法」を廃止し,「軍事扶助法」が成立した。この法律は「単なる名称の改正にとどまらず,傷痍兵の範囲の拡張や扶助

表1-7　福岡県の明治期から昭和戦前期までの社会事業施設と団体一覧

種類		施設団体の名称	設立年月日	所在地	確認年
社会事業に関する機関	連絡統一	福岡県学務部社会課	1922（大正11）年10月	福岡市天神町一番地	昭和15年
		財団法人福岡県社会事業協会	1927（昭和2）年11月19日	福岡県学務部社会課内	昭和15年
	方面委員制	福岡市方面事業助成会（県内108ヶ所）	1928（昭和3）年7月18日	福岡市役所社会課内	昭和11年
		福岡県方面事業連合助成会	1936（昭和11）年9月	福岡県学務部社会課内	昭和15年
		嘉穂・飯塚郡市方面委員連盟	1938（昭和13）年4月25日	飯塚市役所内	昭和15年
		田川郡方面委員連盟	1939（昭和14）年5月24日	田川郡後藤寺町役場内	昭和15年
		遠賀郡方面委員連盟	〃　　　　10月6日	遠賀郡折尾町役場内	昭和15年
		朝倉郡方面委員連盟	〃　　　〃　30日	朝倉郡宮野村役場内	昭和15年
		三瀦郡方面委員連盟	〃　　　　12月25日	三瀦郡大川町役場内	昭和15年
		京都郡方面委員連盟	1940（昭和15）年1月13日	京都郡行橋町役場内	昭和15年
		筑紫郡方面委員連盟	〃　　　　2月12日	筑紫郡二日市町役場内	昭和15年
		築上郡方面委員連盟	〃　　　　3月9日	築上郡矢尾町役場内	昭和15年
		浮羽郡方面委員連盟	〃　　　　4月5日	浮羽郡御幸村役場内	昭和15年
		山門・三池郡方面委員連盟	〃　　　〃　13日	山門郡瀬高町役場内	昭和15年
		鞍手・直方郡方面委員連盟	〃　　　　5月14日	直方市役所内	昭和15年
児童保護	産院	愛国婦人会門司産院	1912（大正元）年1月17日	門司市庄司元町	昭和15年
		愛国婦人会大牟田巡回産婆駐在所	1921（大正10）年7月10日	大牟田市大正町	昭和15年
		愛国婦人会戸畑巡回産婆駐在所	〃　　　　〃	戸畑市明治町三丁目	昭和15年
		愛国婦人会若松巡回産婆駐在所	〃　　　　〃	若松市老松町九丁目裏	昭和15年
		福岡市産婆会附属無料産院	1925（大正14）年2月1日	福岡市大字春吉858ノ15	昭和15年
		門司港艀舶自衛組合附属無料産院	〃　　　　〃　11日	門司港艀舶自衛組合	昭和15年
		愛国婦人会久留米産院	1932（昭和7）年2月7日	久留米市梅満町字鹽漬字立石	昭和15年
		八幡産院	1934（昭和9）年5月5日		昭和15年
		若松産院	〃　　　　9月1日	若松市小石147	昭和15年
		愛国婦人会直方産院	1936（昭和11）年6月12日	直方市末広町	昭和15年
		愛国婦人会犀川巡回産婆駐在所	〃　　　　9月5日	京都郡犀川村本庄	昭和15年
		愛国婦人会小倉記念産院	〃　　　　12月23日	小倉市大字砂津字富野口	昭和15年
		愛国婦人会山田産院	1938（昭和13）年4月12日	嘉穂郡山田町	昭和15年
	昼間保育	風師保育園	1915（大正4）年7月3日	門司市葛葉百済町四丁目	昭和15年
		城北保育園	1917（大正6）年4月14日	小倉市上城野699	昭和15年
		浅野保育所	1919（大正8）年6月	門司市白木崎	昭和15年
		愛国護法永照寺婦人会東部託児所	1920（大正9）年4月1日	小倉市米町116	昭和15年
		本願寺託児所	1921（大正10）年6月1日	門司市楠町一丁目1ノ1875	昭和15年
		神嶽正善寺保育園	〃　　　　9月10日	小倉市足原神嶽町	昭和15年
		若松保育園	1922（大正11）年6月2日	若松市稲荷町353	昭和15年
		戸畑市西部託児所	〃　　　　8月12日	戸畑市明治町三丁目	昭和15年
		浄邦保育園	〃　　　　9月15日	小倉市篠崎	昭和15年
		大里育児園	〃　　　　11月2日	門司市大里白金町27	昭和15年
		光澤寺保育園	〃　　　〃　3日	小倉市大字板櫃字日明	昭和15年
		愛国護法永照寺婦人会西部託児所	1924（大正13）年2月28日	小倉市田町310ノ6	昭和15年
		大里幼育園	1924（大正13）年3月1日	門司市大里	昭和15年
		清高保育園	〃　　　　6月1日	築上郡八屋町大字八尾1539	昭和15年
		愛国三萩野託児園	〃　　　　9月16日	小倉市三萩野	昭和15年
		八幡市尾倉託児所	1925（大正14）年11月26日	八幡市尾倉1748	昭和15年
		和光保育園	1928（昭和3）年2月1日	築上郡八屋町大字八尾1910	昭和15年
		香春町立託児所	〃　　　　4月1日	田川郡香春町753	昭和15年
		芦屋幼育園	〃　　　　5月1日	遠賀郡芦屋町大字芦屋185	昭和15年
		昭和保育園	〃　　　　6月1日	築上郡東吉富町大字小丈丸40	昭和15年
		八幡市枝光託児所	〃　　　　7月2日	八幡市枝光1757ノ2	昭和15年
		添田保育園	1929（昭和4）年4月1日	田川郡添田町1324	昭和15年

第3節　明治期から昭和戦前期までの社会事業施設（団体）の全体像とその形成過程　　35

種　類	施設団体の名称	設立年月日	所　在　地	確認年
	松本保育園	〃　　　　5月5日	福岡市住吉南新町592番地	昭和15年
	ナーランダ学園幼児部	〃　　　　〃	福岡市下州崎町38番地	昭和15年
	崇徳保育園	〃　　　　12月1日	福岡市東公園1119ノ2	昭和15年
	〃　　幼児部	〃　　　　〃	馬出1129番地	昭和11年
	甘木保育所	1930（昭和5）年3月27日	朝倉郡甘木町大字甘木	昭和15年
	昭和保育園	〃　　　　9月13日	門司市小森江観音町三丁目	昭和15年
	愛の園託児所	1931（昭和6）年4月14日	福岡市地行西町171	昭和15年
	双葉保育園	〃　　　　〃 29日	福岡市大学通1番地	昭和15年
	宮田町常設託児所	1932（昭和7）年4月1日	鞍手郡宮田町大字宮田79ノ4	昭和15年
	八幡市中央託児所	〃　　　　10月20日	八幡市尾倉910ノ5	昭和15年
	中間保育園	〃　　　　12月1日	遠賀郡中間町	昭和15年
	日本赤十字社篤志看護婦会行橋託児所	1933（昭和8）年4月1日	京都郡行橋町1043	昭和15年
	聖テレジア園	〃　　　　5月1日	京都郡祓郷村大字徳永天水244ノ4	昭和15年
	福岡幼児園	〃　　　　10月6日	福岡市明治町三丁目659ノ1	昭和11年
	愛国婦人会大牟田託児所	〃　　　　11月16日	大牟田市中町一丁目	昭和15年
	マリアの園	1934（昭和9）年1月2日	福岡市荒戸町34ノ3	昭和15年
	清水保育園	〃　　　　3月2日	福岡市中学通19	昭和15年
	椎田保育園	〃　　　　5月1日	築上郡椎田町大字椎田	昭和15年
	聖徳保育園	〃　　　　〃	築上郡三毛門村920	昭和15年
	若松幼花園	〃　　　　5月7日	若松市辻ヶ谷	昭和15年
	犀川幼育園	〃　　　　6月1日	京都郡犀川村本庄	昭和15年
	金龍幼育園	1935（昭和10）年3月10日	福岡市西町110	昭和15年
	信愛保育園	〃　　　　〃	門司市楠町八丁目	昭和15年
	筑紫保育園	〃　　　　4月1日	福岡市筑紫町	昭和15年
	聖テレジア園	〃　　　　4月7日	三井郡太刀洗村大字上高橋1592	昭和15年
	西徳寺保育園	〃　　　　5月1日	直方市大字山部540	昭和15年
	子供の国	〃　　　　6月5日	福岡市姪濱町4280	昭和15年
	若松与仁保育園	1936（昭和11）年11月1日	若松市藤木字松尾開	昭和15年
	聖母託児所	1937（昭和12）年9月20日	久留米市日吉町2ノ75	昭和15年
	和光保育園	〃　　　　10月1日	飯塚市大字飯塚1267	昭和15年
	戸畑市東部託児所	〃　　　　4月1日	戸畑市二坂町二丁目5202	昭和15年
	日の丸幼児園	〃　　　　〃	門司市大里中大門五丁目	昭和15年
	金平保育園	〃　　　　10月15日	福岡市金平町	昭和15年
	八幡市黒崎託児所	1940（昭和15）年2月1日	八幡市大字藤田	昭和15年
	季節保育所（県内331ヶ所）			昭和15年
育　児	福岡育児院	1932（昭和7）年2月20日	福岡市堅粕東新町144ノ19	昭和15年
	マリアノ園	1934（昭和9）年1月2日	福岡市荒戸町34ノ3	昭和15年
	愛国女子学院	〃　　　　3月25日	粕屋郡白村1752ノ14	昭和15年
児童保護	門司港艀船自衛組合附属船員児童収容所	1928（昭和3）年5月5日	門司市舊司三丁目3411	昭和15年
	若松市海員児童寄宿舎	1929（昭和4）年6月	若松市大字藤木亀首170	昭和15年
孤児教育	財団法人龍華孤児院	1899（明治32）年7月1日	福岡市大字若久67番地	昭和15年
	小倉孤児院	1901（明治34）年6月	小倉市堅町	昭和2年
感化教育	福岡県立福岡学園	1909（明治42）年9月23日	福岡市草ヶ江本町二丁目	昭和15年
	福岡学園有終会	1928（昭和3）年7月11日	福岡市草ヶ江本町二丁目	昭和15年
	福岡県立少年鑑別所	1937（昭和12）年10月12日	福岡市草ヶ江本町二丁目	昭和15年
	百道寮	1938（昭和13）年5月10日	福岡市西新町百道	昭和15年

第1章 福岡県における社会事業施設・団体の形成史

種　類		施設団体の名称	設立年月日	所　在　地	確認年
経済保護	小住宅	社団法人救護会福岡有隣館（開設時：社団法人救護会福岡人事相談所）	1916（大正5）年5月15日	福岡市大飼字松本179番地ノ8	昭和11年
		公営住宅（県内13ヶ所　大正9年～昭和8年）			昭和15年
		松本無料住宅	1926（大正15）年5月	福岡市大字住吉南新町592番地	昭和15年
		小倉市東山寮	1929（昭和4）年10月	小倉市大字富野750勅使ヶ谷	昭和15年
		住宅組合（県内103ヶ所）			昭和15年
	共同宿泊所	社団法人救護会福岡有隣館	1926（大正15）年2月11日	福岡市犬飼字長市546番地	昭和15年
		財団法人日本海員会館戸畑海員ホーム	1928（昭和3）年2月4日	戸畑市清水町2238番地	昭和15年
		戸畑金原寮	1930（昭和5）年7月21日	戸畑市金原町一丁目5104番地	昭和15年
		日本海員会館	1931（昭和6）年10月1日	門司市祝町3126	昭和15年
		八幡宿泊所	1933（昭和8）年6月16日	八幡市大字枝光387	昭和15年
	公設市場	大牟田市公設市場	1918（大正7）年12月20日	大牟田市	昭和15年
		老松町公設市場	1919（大正8）年9月25日	門司市老松町	昭和15年
		久留米市公設市場	〃　　　12月25日	久留米市	昭和15年
		因幡町公設市場	1920（大正9）年1月20日	福岡市因幡町45, 46, 79ノ1	昭和15年
		大里公設市場	1923（大正12）年2月18日	門司市大里町	昭和15年
		直方市公設市場	1928（昭和3）年9月1日	直方市西町733ノ1	昭和15年
		飯塚市公設市場	1929（昭和4）年11月8日	飯塚市	昭和15年
		西新町公設市場	1930（昭和5）年4月5日	福岡市西新町一丁目79-1, 80-1	昭和15年
	簡易食堂	久留米市簡易食堂	1919（大正8）年12月15日	久留米市日吉町25	昭和15年
		福岡市公衆食堂	1924（大正13）年5月1日	福岡市因幡町5	昭和15年
		久留米市公衆食堂	1929（昭和4）年7月5日	久留米市両替町一番地	昭和15年
		門司市簡易食堂		門司市老松町	昭和15年
	公益質屋	八幡市尾倉質庫	1927（昭和2）年9月10日	八幡市	昭和15年
		市営若松質庫	1928（昭和3）年12月15日	若松市	昭和15年
		若松屋質舗	〃	若松市	昭和15年
		八幡市枝光質庫	1929（昭和4）年3月1日	八幡市	昭和15年
		大濱公益質屋	〃　　　9月13日	福岡市	昭和15年
		大牟田質庫	1930（昭和5）年2月4日	大牟田市	昭和15年
		市営飯塚屋質舗	1931（昭和6）年8月14日	飯塚市	昭和15年
		戸畑市公益質庫	1932（昭和7）年9月5日	戸畑市	昭和15年
		北崎村公益質屋	〃　　　12月15日	北崎村	昭和15年
		大任村公益質屋	〃　　　　　28日	大任村	昭和15年
		小倉市西部，東部公益質屋	〃	小倉市	昭和15年
		津屋崎町公益質屋	1933（昭和8）年1月6日	津屋崎町	昭和15年
		後藤寺町公益質屋	〃　　　　　11日	後藤寺町	昭和15年
		宮田町公益質屋	〃　　　　　20日	宮田町	昭和15年
		沖端村公益質屋	〃　　　3月4日	沖端村	昭和15年
		若宮村公益質屋	〃　　　　　20日	若宮村	昭和15年
		公益質屋瀬高屋	〃　　　5月20日	瀬高町	昭和15年
		山田町公益質屋	1934（昭和9）年2月9日	山田町	昭和15年
		今泉公益質屋	1934（昭和9）年3月30日	福岡市今泉一丁目33番地	昭和11年
		神湊町公益質屋	〃　　　　　30日	神湊町	昭和15年
		松ヶ江村公益質屋	〃　　　4月1日	松ヶ江村	昭和15年
		上広川村公益質屋	〃	上広川村	昭和15年
		採銅所村公益質屋	〃　　　4月30日	採銅所村	昭和15年

第3節　明治期から昭和戦前期までの社会事業施設（団体）の全体像とその形成過程

種　類		施設団体の名称	設立年月日	所　在　地	確認年
失業救済及び防止	共済組合・互助組織	伊田町公益質屋	1935（昭和10）年4月1日	伊田町	昭和15年
		志免村公益質屋	〃　　　　　15日	志免村	昭和15年
		八尾町公益質屋	〃　　　　7月2日	八尾町	昭和15年
		門司市公益質屋	1938（昭和13）年12月17日	門司市	昭和15年
		直方市公益質屋	1940（昭和15）年8月1日	直方市	昭和15年
		久原村国民健康保険組合	1938（昭和13）年10月25日	粕屋郡久原村役場内	昭和15年
		小野信用購買販売利用組合	〃　　　　　〃	粕屋郡小野村大字米多比1511	昭和15年
		古月信用購買販売利用組合	〃　　　　　30日	鞍手郡古月村大字木月1181	昭和15年
		勝浦村国民健康保険組合	1939（昭和14）年3月20日	宗像郡勝浦村2274	昭和15年
		御笠村国民健康保険組合	〃　　　　7月29日	筑紫郡御笠村大字吉木2562	昭和15年
		大島村国民健康保険組合	〃　　　　　〃	宗像郡大島村1012	昭和15年
		吉武村国民健康保険組合	〃　　　　11月20日	宗像郡吉武村大字吉留3515	昭和15年
		池野村国民健康保険組合	1940（昭和15）年2月26日	宗像郡池野村大字池田128	昭和15年
		桂川町国民健康保険組合	〃　　　　　〃	嘉穂郡桂川町大字土居421	昭和15年
		神興村国民健康保険組合	〃　　　　3月11日	宗像郡人興村大字津丸	昭和15年
		高田村国民健康保険組合	〃　　　　6月17日	三池郡高田村大字濃施281	昭和15年
		瀬高町国民健康保険組合	〃　　　　10月	山門郡瀬高町大字下庄2460	昭和15年
	授　産	福岡県聾唖教育慈善会	1909（明治42）年7月1日	福岡市新開町二丁目22	昭和15年
		福岡市立授産所	1930（昭和5）年5月16日	福岡市今泉町一丁目22	昭和15年
		福岡市方面事業助成会家庭職業補導所	1932（昭和7）年9月	福岡市薬院露切町23	昭和15年
		小倉興産所		小倉市富野	昭和15年
		八幡興産所		八幡市大字藤田	昭和15年
		福岡県社会事業協会　門司授産所		門司市本村町一丁目	昭和15年
		福岡県社会事業協会　若松授産所		若松市濱六番丁四丁目	昭和15年
		福岡県社会事業協会　直方授産所		直方市大正町一丁目	昭和15年
		福岡県社会事業協会　飯塚授産所		飯塚市中本町区	昭和15年
		福岡県社会事業協会　大牟田授産所		大牟田市不知火町二丁目	昭和15年
		福岡県社会事業協会　久留米授産所		久留米市東町字南	昭和15年
		不具者更生会		遠賀郡岡垣村海老津	昭和15年
	職業紹介	福岡市労働紹介所	1930（昭和5）年4月10日	下恵比須町12番地	昭和11年
		福岡市職業紹介所	1935（昭和10）年4月1日	因幡町5番地	昭和11年
救護	院外救助	財団法人嘉穂郡慈善会	1918（大正7）年11月1日	飯塚市大字徳前125	昭和15年
		太田家報徳会	1920（大正9）年6月1日	福岡市大字犬飼595	昭和15年
		財団法人林田家報恩会	1936（昭和11）年11月13日	田川郡伊田町大字伊田3330	昭和15年
	院内救助（養老事業）	財団法人福岡養老院	1922（大正11）年12月1日	福岡市大字平尾630番地	昭和15年
		小倉市西山寮	1926（大正15）年7月18日	小倉市大字板櫃610	昭和15年
		八幡養老院	1932（昭和7）年12月4日	八幡市大字黒崎字熊千字上茶賓1871	昭和15年
		若松養老院	1934（昭和9）年9月1日	若松市大字小石字原147	昭和15年
		門司市清風園	1936（昭和11）年3月1日	門司市大字大里5646	昭和15年
		大牟田市延命寮	1937（昭和12）年8月10日	大牟田市若宮町87	昭和15年
		直方市養老院	1938（昭和13）年4月	直方市大字下境1794	昭和15年
	司法保護	筑後保護会	1911（明治44）年4月	久留米市篠山町395	昭和15年
		鞍手郡一心会	〃　　　　10月	直方市直方区裁判所検事局内	昭和15年
		福岡致誠会	1911（大正元）年9月13日	福岡市桝木屋町14	昭和15年
		早良扶接会	1917（大正6）年7月1日	福岡市弥生町三丁目44	昭和15年
		福岡県連合保護会	〃　　　　20日	福岡市西新町807	昭和15年
		小倉共生会	〃　　　　11月	小倉市鋳物師町95	昭和15年
		嘉穂宏済会	1926（大正15）年3月	飯塚市飯塚区裁判所検事局内	昭和15年
		九州更新会	1936（昭和11）年10月	門司市末広町一丁目	昭和15年

第1章 福岡県における社会事業施設・団体の形成史

種　類	施設団体の名称	設立年月日	所　在　地	確認年
	直方少年工業塾	1938（昭和13）年12月	直方市上新入町	昭和15年
	野間製陶童園		福岡市屋形原 1042	昭和15年
	福岡同仁会	1939（昭和14）年4月	福岡市長浜町二丁目 57	昭和15年
	筑紫少女苑	〃　　　　　　6月	福岡市西新町 805	昭和15年
	田川少年訓練所	〃　　　　　　7月	田川郡後藤寺町大字大藪 1604	昭和15年
	福正会	〃　　　　　12月	福岡市西新町 807	昭和15年
軍人遺家族援護	日本赤十字社福岡支部（委員部）	1888（明治21）年12月17日	福岡市須崎裏町	昭和15年
	〃　　　　支部（M27.9.7)			
	愛国婦人会福岡県支部	1901（明治34）年8月	福岡市須崎裏町	昭和15年
	恩賜財団済生会	1911（明治44）年	福岡県学務部社会課内	昭和15年
	恩賜財団軍人援護会福岡県支部	1928（昭和3）年12月1日	福岡県学務部社会課内	昭和15年
	福岡県国防会	1933（昭和8）年3月20日	福岡県学務部社事兵事課内	昭和15年
	市町村銃後奉公会軍事援護相談所		各市町村役場内	昭和15年
	福岡県中央軍事援護相談所	1938（昭和13）年5月	福岡県学務部社会課内	昭和15年
	大日本傷痍軍人会福岡県支部	〃　　　　　7月16日	福岡県学務部社会課内	昭和15年
	大日本傷痍軍人会福岡分会	〃	福岡市役所兵事課内	昭和15年
	大日本傷痍軍人会久留米分会	〃　　　　　〃　13日	久留米市篠山町 385	昭和15年
	大日本傷痍軍人会門司分会	〃	門司市八幡通馬場町 3130	昭和15年
	大日本傷痍軍人会小倉、企救分会	〃	小倉市片町本町 753 ノ 1	昭和15年
	大日本傷痍軍人会若松分会	〃	若松市山手通五丁目	昭和15年
	大日本傷痍軍人会大牟田分会	〃	大牟田市不知火町一丁目	昭和15年
	大日本傷痍軍人会八幡分会	〃	八幡市千年町	昭和15年
	大日本傷痍軍人会戸畑分会	〃	戸畑市大字戸畑 4531	昭和15年
	大日本傷痍軍人会直方、鞍手分会	〃	鞍手郡西川村新地	昭和15年
	大日本傷痍軍人会飯塚、嘉穂分会	〃	飯塚市鯰田 1701	昭和15年
	大日本傷痍軍人会粕屋分会	〃	粕屋郡大川村江辻 204	昭和15年
	大日本傷痍軍人会宗像分会	〃	宗像郡神湊町江口	昭和15年
	大日本傷痍軍人会遠賀分会	〃	遠賀郡香月町 3396	昭和15年
	大日本傷痍軍人会朝倉分会	〃	朝倉村夜須町三牟田	昭和15年
	大日本傷痍軍人会筑紫分会	〃	筑紫郡二日市町武蔵	昭和15年
	大日本傷痍軍人会糸島分会	〃	糸島郡前原町加布里	昭和15年
	大日本傷痍軍人会三井、浮羽分会	〃	三井郡三国村大保	昭和15年
	大日本傷痍軍人会三瀦分会	〃	三瀦郡木室村大橋	昭和15年
	大日本傷痍軍人会八女分会	〃	八女郡下広川村一條	昭和15年
	大日本傷痍軍人会山門分会	〃	山門郡大和村中島	昭和15年
	大日本傷痍軍人会三池分会	〃	三池郡高田村江浦町	昭和15年
	大日本傷痍軍人会田川分会	〃	田川郡後藤寺町奈良	昭和15年
	大日本傷痍軍人会京都分会	〃	京都郡黒田村下黒田	昭和15年
	大日本傷痍軍人会築上分会	〃	築上郡椎田町 1656	昭和15年
	福岡県傷痍軍人相談所	〃　　　　　〃	福岡県学務部社会課	昭和15年
	福岡県久留米傷痍軍人相談所	〃　　　　12月27日	久留米市公会堂	昭和15年
	福岡県小倉傷痍軍人相談所	1939（昭和14）年1月5日	小倉市役所内	昭和15年
	福岡県飯塚傷痍軍人相談所	〃	飯塚市公会堂内	昭和15年
	大日本傷痍軍人会早良分会	1940（昭和15）年3月	早良郡金武村飯盛	昭和15年
医療保障	施療病院 前原町立病院		糸島郡前原町	昭和15年
	市立小倉病院施療部	1898（明治31）年2月13日	小倉市馬借 135	昭和15年
	九州帝国大学佛教青年会施療院（開設時：福岡医科大学佛教青年会）	1907（明治40）年5月29日	福岡市今泉町 28	昭和15年
	財団法人若松救療会	1914（大正3）年5月22日	若松市外町	昭和15年
	財団法人嘉穂郡慈善会	1918（大正7）年11月1日	飯塚市大字徳前 125	昭和15年
	恩賜財団済世会福岡病院	1919（大正8）年3月21日	福岡市薬院堀端 7	昭和15年
	福岡市立屋形原病院	1926（大正15）年6月10日	福岡市屋形原 354	昭和15年

第3節　明治期から昭和戦前期までの社会事業施設（団体）の全体像とその形成過程

種　類		施設団体の名称	設立年月日	所　在　地	確認年
		恩賜財団済生会八幡病院	1927（昭和2）年4月29日	八幡市大字尾倉992ノ2	昭和15年
		身延深敬病院九州分院	1930（昭和5）年12月1日	早良郡壱岐村下山門1276	昭和15年
		福岡市立第一病院	1931（昭和6）年6月10日	福岡市西堅粕569	昭和15年
		福岡市立第二病院	〃	福岡市桝木屋町44ノ1	昭和15年
		小野村共立病院	1932（昭和7）年4月1日	粕屋郡小野村米多比1518	昭和15年
		臨時医療救護施設	〃　10月1日		昭和11年
		福岡市立西新病院	1937（昭和12）年5月1日	福岡市西新町637	昭和15年
診療所		恩賜財団済生会大牟田診療所	1919（大正8）年3月27日	大牟田市川路尻	昭和15年
		日本赤十字社福岡支部久留米診療所	1920（大正9）年5月10日	久留米市梅満町	昭和15年
		日本赤十字社福岡支部小倉診療所	〃　〃 18日	小倉市足立東山寮	昭和15年
		日本赤十字社福岡支部若松診療所	〃　〃	若松郡修多羅	昭和15年
		日本赤十字社福岡支部大牟田診療所	〃　〃 21日	大牟田市大正町7ノ18ノ29	昭和15年
		日本赤十字社福岡支部福岡診療所	〃　〃	福岡市須崎裏町134	昭和11年
		日本赤十字社福岡支部八幡診療所	〃　7月20日	八幡市枝光新町五丁目	昭和15年
		日本赤十字社福岡支部門司診療所	〃　10月1日	門司市庄司元町	昭和15年
		日本赤十字社福岡支部葛葉出張所	〃　〃	門司市葛葉町一丁目	昭和15年
		門司労働共済会実費診療所	1921（大正10）年3月15日	門司市港町三丁目	昭和15年
		日本赤十字社福岡支部戸畑診療所	1922（大正11）年12月1日	戸畑市明治町3	昭和15年
		三井郡社会財団	1923（大正12）年1月26日	三井郡北野町今山	昭和15年
		庄司戸主会	1926（大正15）年4月1日	嘉穂郡幸袋町大字庄司232	昭和15年
		日本赤十字社福岡支部犀川診療所	〃　5月	京都郡犀川村	昭和15年
		福岡県立筑紫保養院	1927（昭和2）年	筑紫郡大宰府町	昭和15年
		日本赤十字社福岡支部今津療養院	1929（昭和4）年7月	糸島郡今津町	昭和15年
		直方市下境診療所	1930（昭和5）年5月1日	直方市下境4444	昭和15年
		直方市新入診療所	〃　3月	直方市上新入1980	昭和15年
		八幡市診療所	〃　10月1日	福岡市大字前田1211	昭和15年
		日本赤十字社福岡支部宮田診療所	1931（昭和6）年8月	鞍手郡宮田町	昭和15年
		日本赤十字社福岡支部大里出張所	1932（昭和7）年11月20日	門司市大里白金町	昭和15年
		一貴山村診療所	〃　12月3日	糸島郡一貴山村大字石崎17	昭和15年
		八幡市東部診療所	1933（昭和8）年2月1日	福岡市大字槻田1230	昭和15年
		日本赤十字社福岡支部行橋診療所	〃　4月8日	京都郡行橋町	昭和15年
		愛婦福岡県支部式蔵温泉保養所	〃　7月1日	筑紫郡二日市町	昭和15年
		日本赤十字社福岡支部岡垣診療所	〃　9月18日	遠賀郡岡垣内浦	昭和15年
		勝浦村診療所	〃　9月25日	宗像郡勝浦村3154	昭和15年
		福岡市立月隈診療所	1936（昭和11）年11月17日	福岡市西堅粕569ノ1	昭和15年
		日本赤十字社福岡支部曽根診療所	1937（昭和12）年2月21日	企救郡曽根町	昭和15年
		日本赤十字社福岡支部伊田診療所	〃　3月22日	田川郡伊田町	昭和15年
		大牟田市診療所	〃　6月15日	大牟田市有明町48	昭和15年
		福岡市立臼井診療所	〃　9月8日	福岡市西堅粕569ノ1	昭和15年
		日本赤十字社福岡支部山田診療所	1938（昭和13）年4月12日	嘉穂郡山田町	昭和15年
		日本赤十字社福岡支部中山診療所	1939（昭和14）年6月	京都郡泉村	昭和15年
		久喜宮村共済組合診療所		朝倉郡久喜宮村	昭和15年
		御笠村診療所		筑紫郡御笠村	昭和15年
		津野村診療所		田川郡津野村	昭和15年
		新宮村診療所		粕屋郡新宮村	昭和15年
社会教化	協　和	八幡協和館	1937（昭和12）年5月1日		昭和15年
		福岡県協和会（支会県内30ヶ所）	1939（昭和14）年9月12日		昭和15年
	融　和	福岡相愛会本部	1925（大正14）年5月15日		昭和11年
		福岡県親善会（支部県内31ヶ所）	1928（昭和3）年9月10日		昭和15年
		福岡市融和会	1938（昭和13）年9月25日		昭和15年

種　類	施設団体の名称	設立年月日	所　在　地	確認年
その他 隣保事業	財団法人太田家報徳会福岡社会館	1920（大正9）年5月10日		昭和15年
	財団法人太田家報徳会福岡隣保館	〃　　　　　6月1日		昭和15年
	九州帝国大学セツルメント	1927（昭和2）年12月25日		昭和15年
人事相談	救護会福岡有隣館人事相談所（開設時：救護会福岡人事相談所）	1916（大正5）年5月15日	福岡市大字犬飼字長市546	昭和15年
	大川町人事相談所	1920（大正9）年12月1日	三潴郡大川町	昭和15年
	戸畑金原寮人事相談所	1930（昭和5）年7月22日	戸畑市金原一丁目24	昭和15年
	福岡市方面事業助成会人事相談所	1935（昭和10）5月10日	薬院町露切23番地作業所内	昭和11年
	久留米市方面事業助成会人事相談所	1940（昭和15）年4月1日	久留米市役所社会課内	昭和15年
	門司基督青年会人事相談所		門司市	昭和15年
	岩戸村人事相談所		筑紫郡岩戸村	昭和15年
	山口村人事相談所		筑紫郡山口村	昭和15年
	前原町人事相談所		糸島郡前原町	昭和15年
助　葬	福岡市方面事業助成会葬具取扱所	1933（昭和8）年5月	因幡町45番地	昭和11年
その他	社団法人九州帝国大学仏教青年会法律扶助部	1932（昭和7）年8月31日	今泉大字金田28番地	昭和11年
	福岡市貸家紹介所	1935（昭和10）年4月1日	因幡町5市役所構内	昭和11年
	婦女就職資金	〃　　　　　7月4日		昭和15年

の条件の緩和等，文字通り一般窮民救済法規としての救護法と比較して『扶助』立法としての性格を先取り」[78]したものであった。同年9月からは軍人遺家族児童に就学臨時奨励費の支給が始まり，軍事優先態勢は益々強化されていった。1937（昭和12）年10月には「国民精神総動員中央連盟」が成立し，翌年4月，「国家総動員法」が公布され軍事教練が強化されていく時代であった。

表1-3に「軍人遺家族援護」として31箇所の施設（団体）を示しているが，これらは軍国化の中での象徴的な厚生事業対策であった。1938（昭和13）年9月に「財団法人大日本傷痍軍人会」[79]が設立され，全国にその支部，分会が設置されたが，福岡県においても表1-7に示す如く，福岡県学務部社会課内に「大日本傷痍軍人福岡県支部」が置かれ，各市及び町村に分会が設置された。また「市町村銃後奉公会軍事援護相談所」が各市町村役場に置かれ，福岡県学務部社会課内に「福岡県中央軍事援護相談所」が設置された。上記「大日本傷痍軍人福岡県支部」「福岡県中央軍事援護相談所」は1938（昭和13）年に設置されたが，翌年9月，日本は第二次世界大戦へと突入していった。まさに戦時

下の厚生事業対策の象徴が軍人遺家族援護事業であった。

◆ 第4節　養老事業の近代への道程 ◆

　本章は，「研究方法」のところで述べたように，研究上の歴史的統一性から『福岡県社会事業要覧』『福岡県社会事業便覧』を使用し，明治期から昭和戦前期までの福岡県内の施設（団体）の形成史を明らかにした。「第4節」においては，これまで本章で指摘した福岡県の固有性，特性及び全体的事象を整理し，今後より細分化された研究に貢献できるようにまとめておく。

　わが国は明治20年代頃から民間社会事業の専門分化，多様化が出現したと考えられる。福岡県においては，1890年代，「孤児教育」が誕生した。この「孤児教育」とは「龍華孤児院」のことであるが，福岡県においては「龍華孤児院」が本格的な孤児院事業の嚆矢と位置づけられる。1900年代の「軍人遺家族援護」は「愛国婦人会福岡県支部」であった。なお，「福岡支部第一回総会」は1910（明治43）年4月18日に開催されたが，九州地方では「長崎支部」が同年には既に「第五回総会」を実施していた。「宮崎支部第一回総会」は1904（明治37）年3月9日，「沖縄支部第一回総会」は1904（明治37）年3月25日，「熊本支部」の「第二回総会」が1904（明治37）年4月18日であり，九州地方において「福岡支部」の活動，進展は決して早いほうではなかった。

　1912（明治45）年5月29日に「福岡医科大学仏教青年会」が創設された。これは，後の「九州帝国大学セツルメント」であるが，九州地方においては大学セツルメントの嚆矢であった。「公設市場」は「経済保護事業」として公的に事業を展開するが，長崎県に「公設市場」が多くなっている。この点は，県に「社会事業主管課」が設置されるのも九州地方では長崎県が最も早く，1920（大正9）年であり，次いで1922（大正11）年に福岡県，大分県，鹿児島県に設置された。こうした地方行政の進行状況が公設（公営）の社会事業に直接的に反映，影響を受けることになる。

　福岡県の常設保育所の特徴は，鉱山，セメント等の会社により経営された保

育所が機能していたことであった。「浅野セメント株式会社」が経営した「浅野保育所」はその典型であった。

　1920年代から施設（団体）の設置数とともに種類の増加がみられた。1920（大正9）年8月，内務省官制の改正により，内務省に「社会局」が設置され，国家による社会事業の強化が図られた。同年，各道府県に社会事業主管課が設置された。福岡県では1922（大正11）年10月に「福岡県学務部社会課」が設置された。また，1927（昭和2）年11月に「社会課」内に「福岡県社会事業協会」が置かれた。「福岡県社会事業協会」は1930（昭和5）年，「八幡興産所」「小倉興産所」を設置した。「興産所」の設置は北九州地区の経済不況と関連性があった。1920年，1930年代に「共同宿泊所」が設置されていくが，海員関係の宿泊所であり，かつ，北九州地区に集中する傾向があった。

　1920（大正9）年10月，博多の富豪太田清藏が私財50万円を提供し，財団法人の認可を得ている。これが「太田家報徳会」である。「太田家報徳会」は福岡県の社会事業史上において多岐にわたる活動を行い社会事業に貢献した。1927（昭和2）年3月には，「公益質屋法」が成立，8月に施行された。福岡県においては1927（昭和2）年9月，「八幡市尾倉質庫」が設置され，1920年代5箇所の公益質屋が置かれた。なお，「生業資金貸付」等，公益質屋の多機能化がみられた。福岡県において養老院の嚆矢は「福岡養老院」であった。また，「福岡養老院」は福岡市内の曹洞宗寺院住職とその団信徒，有志によって組織された「福岡仏心会」の事業として発展した。「福岡養老院」の沿革を示した『財団法人福岡養老院事報』が1937（昭和12）年に発刊されたが，すでに1932（昭和7）年に「全国養老事業協会」が事務局を東京の「浴風園」に置き，事業を展開していた。「全国社会事業協会」は官僚色の強い組織であったが，全国の養老事業の近代化に貢献した。

〈注〉
1)「地域における社会福祉形成史の総合的研究　研究成果報告書」2006年6月,

pp. 1-465
2)「地域社会福祉史研究会連絡協議会」は2005（平成17）年3月，『地域社会福祉史研究』創刊号を発刊した。編集委員は菊池義昭，土井直子である。
3)「東京社会福祉史研究会」は2007（平成19）年5月，『東京社会福祉史研究』創刊号を発刊した。編集委員は，小笠原祐次，寺脇隆夫，中村満紀男，野口武悟である。
4)「北信越社会福祉史研究会」は2002年に『北信越社会福祉史研究』創刊号を発刊した。また，「中国四国社会福祉史研究会」は2002年に『中国四国社会福祉史研究』創刊号を発刊した。なお，両研究会とも名称は学会と変更されている。
5) 内田守は『ユーカリの実るを待ちて』（リデル・ライト記念老人ホーム，1976年）等，人物史も手掛けている。
6)『人道―その歩み―日本赤十字社百年史』日本赤十字社，1979年，p. 417
7) 同上書，p. 421
8)『赤十字福岡九十年史』日本赤十字社福岡支部，1980年，p. 43
9)『福岡県社会事業要覧　第一輯』福岡県学務部社会課，昭和五年三月三十日，pp. 101-103
10)『福岡県社会福祉事業史上巻』福岡県社会福祉協議会，1982年，p. 318
11) 同上書，pp. 111-112
12)『福岡県社会事業要覧　第八輯』福岡県学務部社会課，昭和十二年三月三十一日，pp. 96-97
13) 同上書，p. 96
14)『愛国婦人会福岡県支部記念誌』愛国婦人会福岡県支部清算事務所，昭和十七年六月八日，p. 4
15) 前掲，『福岡県社会事業要覧　第八輯』p. 96
16) 三井光三郎『愛国婦人会史』愛国婦人会史発行所，大正二年一月二十日，pp. 73-77
17) 同上書，pp. 176-183
18) 同上書，pp. 325-337
19)『昭和十一年三月福岡市社会事業要覧』福岡市役所，昭和十一年三月，p. 104
20) 同上書，p. 183
21) 同上書，p. 15
22)『福岡県社会事業要覧　第六輯』福岡県学務部社会課，昭和十年三月三十日，p. 140
23) 同上書，p. 140
24) 同上書，p. 140
25) 同上書，p. 140
26) 前掲，『昭和十一年三月福岡市社会事業要覧』p. 157

27）同上書，pp. 157-158
28）同上書，pp. 95-96
29）『恩賜財団済生会志』恩賜財団済生会，昭和十二年四月一日，p. 49
30）前掲，『昭和十一年三月福岡市社会事業要覧』p. 24
31）『福岡県下常設託児所ニ関スル調査』福岡県社会事業協会，昭和五年一月二十五日，pp. 65-131
32）同上書，pp. 3-4
33）『八幡市の方面事業』八幡市方面事業助成会，昭和八年十一月，p. 11
34）『昭和十五年十月福岡県社会事業便覧』福岡県学務部社会課，昭和十五年十月，pp. 6-12
35）前掲，『福岡県社会事業要覧　第八輯』p. 155
36）同上書，p. 155
37）同上書，p. 156
38）同上書，p. 154
39）「福岡学園有終会規則」を示すと以下のようになる。
　　「福岡学園有終会規則
　　　第一条　本会ハ福岡学園有終会ト称ス
　　　第二条　本会ハ事務所ヲ福岡市草ヶ江本町二丁目，福岡県立福岡学園内ニ置ク
　　　第三条　本会ハ福岡県立福岡学園ノ事業ヲ後援シ少年教護，児童保護ノ徹底ヲ期スルヲ以テ目的トス
　　　第四条　本会ハ前條ノ目的ヲ達スル為メ左ノ事業ヲ行フ
　　　　一，福岡県立福岡学園ノ後援
　　　　二，少年教護ニ関スル調査研究
　　　　三，児童保護上必要ナル事項
　　　第五条　本会ハ左ノ会員ヲ以テ組織ス
　　　　但シ本会組織以前福岡学園ニ対シ金拾円以上ヲ寄附シ又ハ本事業ニ対シ特殊ノ関係ヲ有スル者ハ会員トス
　　　　一，正会員　　本会ニ対シ毎年金壱円ヲ寄附シ又ハ一時ニ金拾円以上ヲ寄附シタルモノ
　　　　一，特別会員　本会ニ対シ一時ニ金五拾円以上ヲ寄附シタルモノ
　　　　一，名誉会員　本会ニ対シ特殊ノ関係ヲ有スルモノ又ハ学識経験ヲ有スル篤志者ニシテ会長ノ推薦ニ係ルモノ
　　　第六条　本会ニ左ノ役職員ヲ置ク
　　　　　　　会長　一名　　副会長　一名　　理事　若干名　　書記　若干名
　　　第七条　会長ハ理事会之ヲ推薦ス，副会長ハ会長ノ推薦ニ依リ理事会之ヲ定ム，理事ハ本会々員中ヨリ会長之ヲ推薦ス書記ハ会長之ヲ任免ス
　　　第八条　会長ハ本会ノ事務ヲ統理シ本会ヲ代表ス，副会長ハ会長ヲ補佐シ会

第4節　養老事業の近代への道程

　　　　　長事故アルトキハ其ノ職務ヲ代理ス，理事ハ本会ノ重要事務ニ関与ス，
　　　　　書記ハ会長ノ指揮ヲ受ケ庶務会計ニ従事ス
　　　第九条　会長，副会長，理事ノ任期ハ四ケ年トス但補欠ニ依ル者ノ任期ハ前
　　　　　任者ノ残任期間トス　前項ノ任期満了後ト雖其ノ後任者ノ就任スル
　　　　　マデハ前任者ニ於テ其ノ職務ヲ行フ　官公職ニ在ル者退職休職転任
　　　　　シタルトキハ本会役員ヲ退キタルモノトス
　　　第十条　本会ニ顧問ヲ置キ会長之ヲ推戴ス
　　　　　顧問ハ本会ノ枢機ニ参シ会長ニ意見ヲ開陳スルコトヲ得
　　　第十一条　理事会ハ必要ニ応ジ会長之ヲ開会ス　理事会ニ於テ審議スベキ事
　　　　　項左ニ如シ
　　　　一，予算決算ニ関スル事項
　　　　一，事業計画ニ関スル事項
　　　　一，財産ノ管理及処分ニ関スル事項
　　　　一，其他重要ナル事項
　　　第十二条　本会ノ基金ハ左ノ財産ヲ以テ之ヲ充ツ
　　　　一，代用感化院福岡学園県移管当時現存セル基本金
　　　　一，指定寄附金
　　　　一，前年度剰余金
　　　第十三条　本会ノ経費ハ左ノ資産ヲ以テ之ヲ支弁ス
　　　　一，基金ヨリ生ズル収入
　　　　一，事業ニ伴フ収入
　　　　一，補助金
　　　　一，寄附金
　　　　一，其ノ他ノ収入
　　　第十四条　基金管理方法ハ左ノ通リトス
　　　　一，確実ナル銀行預金
　　　　一，国債証券
　　　　一，有価証券
　　　第十五条　本会ノ会計年度ハ四月一日ニ始リ翌年三月三十一日ニ終ル
　　　　附　則
　　　第十六条　本則施行上必要ナル規定ハ会長之ヲ定ム」
　　　（『昭和十一年四月一日福岡県立福岡学園要覧』昭和十三年四月一日，pp. 53
　　　－57）
40）前掲，『昭和十一年三月福岡市社会事業要覧』pp. 152－153
41）井村圭壯「地域単位（市）での社会事業施設と団体の形成史研究—福岡市の明
　　治期から昭和戦前期までの形成史を通して—」『日本福祉図書文献学会研究紀要』
　　第5号，2006年，p. 85

42)『昭和十年八月福岡県社会事業協会要覧』昭和十年八月, p. 2
43)『全国社会事業名鑑（昭和12年版）』中央社会事業協会社会事業研究所, 昭和十二年四月二十六日, p. 33
44) 前掲,『昭和十年八月福岡県社会事業協会要覧』p. 61
45) 同上書, p. 65
46) 前掲,『福岡県社会事業要覧　第一輯』p. 81
47)「福岡市産婆会附属無料産院規則」を示せば以下の如くである。
　「福岡市産婆会附属無料産院規則
　　　第一章　総則
　第一条　本院ハ福岡市産婆会附属無料産院ト称ス
　第二条　本院ハ福岡市大字春吉八五八番地ノ十五ニ置ク
　第三条　本院ハ福岡市現住者ニシテ家計不如意ノ妊産婦ヲ無料ニテ収容シ分娩
　　　　セシムルヲ以テ目的トス
　　　第二章　役員
　第四条　本院ニ左ノ役員ヲ置ク
　　　　　院長　一名　　副院長　一名　　幹事　若干名　　顧問　二名
　　　　　相談役　一名
　　　　　主任産婆　一名　　看護婦及ヒ賄婦　若干名
　　　　　但シ院長, 副院長, 幹事及ヒ顧問, 相談役ハ名誉職トス
　第五条　本院々長以下役員ハ福岡市産婆会役員ヲ以テ之ニ充ツ
　第六条　院長ハ本院ニ関スル事務ヲ掌理シ会議ノトキハ議長トナル
　第七条　副院長ハ院長を補佐シ院長事故アルトキハ其ノ職務ヲ代理ス, 院長副
　　　　院長事故アルトキハ幹事中ノ年長者之ヲ代理ス
　第八条　院長ハ幹事ヲシテ院務ヲ分掌セシム
　第九条　院長ハ事務員, 賄婦其ノ他使用人ヲ任免ス
　　　第三章　維持経営
　第十条　本院ハ産褥汚物処分費, 官公署補助金及ヒ篤志家ノ寄附ニヨリ経営ス
　第十一条　本院ノ会計年度ハ四月一日ニ始リ翌年三月三十一日ヲ以テ終ル
　第十二条　本院ニ対スル金品ノ寄贈ハ会長之ヲ受理シ総会ニ報告スルモノトス」
　（『昭和三年十一月　福岡市産婆会附属無料産院一班』福岡市産婆会, 昭和五年十一月十五日, pp. 18-19）
48) 前掲,『福岡県社会事業要覧　第六輯』pp. 252-255
49) 同上書, pp. 255-256
50) 前掲,『福岡県社会事業要覧　第八輯』p. 91
51) 前掲,『福岡県社会福祉事業史上巻』p. 436
52) 同上書, p. 436
53) 前掲,『昭和十一年三月福岡市社会事業要覧』p. 64

54) 厚生省五十年史編集委員会編『厚生省五十年史（記述篇）』厚生問題研究会，1988年, p. 287
55) 同上書, p. 287
56) 『福岡県社会事業要覧　第七輯』福岡県学務部社会課, 昭和十一年三月三十日, pp. 82-83
57) 同上書, pp. 82-83
58) 「全国養老事業調査（第二回）」全国養老事業協会, 昭和十三年十二月二十五日, p. 93
59) 「福岡養老院」に関する論文には次のものがある。井村圭壯「福岡養老院の支援組織の形成と活動」『福祉文化研究』Vol.10, 日本福祉文化学会, 2001年, 井村圭壯「社会事業法成立から戦時下の高齢者施設に関する研究」『日本の地域福祉』第14巻, 日本地域福祉学会, 2001年
60) 『昭和十一年度財団法人福岡養老院事報』昭和十二年六月二十日, p. 3
61) 「昭和七年七月第二回全国養老事業大会報告書」全国養老事業協会, 昭和七年七月, p. 41
62) 高澤武司「翼賛体制と社会事業の軍事的再編成」『社会福祉の歴史―政策と運動の展開―〔新版〕』有斐閣, 2001年, p. 278
63) 木村武夫『日本近代社会事業史』ミネルヴァ書房, 1964年, p. 133
64) 前掲,『福岡県社会福祉事業史上巻』p. 877
65) 前掲,『福岡県社会事業要覧　第八輯』p. 85
66) 同上書, pp. 93-94
67) 前掲書,『福岡県社会福祉事業史上巻』p. 629
68) 前掲,『昭和十五年十月福岡県社会事業便覧』p. 54
69) 同上書, p. 54
70) 前掲,『福岡県社会事業要覧　第八輯』p. 60
71) 同上書, pp. 60-61
72) 小笠原祐次「全国養老事業協会の事業と養老院」『老人福祉施設協議会五十年史』全国社会福祉協議会老人福祉施設協議会, 1984年, p. 74
73) 『福岡県社会事業要覧　第七輯』福岡県学務部社会課, 昭和十一年三月, p. 120
74) 同上書, p. 120
75) 前掲,『昭和十一年三月福岡市社会事業要覧』p. 55
76) 同上書, p. 64
77) 井村圭壯「地域単位（市）での社会事業施設と団体の形成史研究―福岡市の明治期から昭和戦前期までの形成史を通して―」『日本福祉図書文献学会研究紀要』第5号, 2006年, pp. 93-94
78) 前掲,『福岡県社会福祉事業史上巻』p. 996
79) なお,「大日本傷痍軍人会」は1938（昭和13）年11月に「帝国軍人後援会」及

び「振武育英会」と統合し、「恩賜財団軍人援護会」となった。

〈参考文献〉
『大正十一年十月職業紹介所案内』門司市職業紹介所、大正十一年十月二十五日
『農村台所改善ノ現状』福岡県学務部社会課、昭和三年二月二十日
『福岡市産婆会附属無料産院一班』福岡市産婆会、昭和五年十一月十五日
『昭和十四年五月農繁期託児所経営手引』福岡県社会事業協会、昭和十四年五月
『農繁期託児所　第四輯』福岡県学務部社会課、昭和六年二月二十五日
『愛国婦人会福岡県支部記念誌』愛国婦人会福岡県支部清算事務所、昭和十七年六月八日
『昭和四年三月方面事業年報』福岡県学務部社会課、昭和四年三月
『昭和十二年六月福岡県職業関係事業要覧』福岡県学務部職業課、昭和十二年六月十五日
『昭和十八年版福岡市勢要覧』福岡市役所、昭和十八年十二月七日
『昭和十二年十二月開眼診療報告書』福岡県社会事業協会、昭和十二年十二月二十日
『福岡市市制施行五十年史』福岡市役所、昭和十四年三月十五日
『昭和五年四月八幡市社会事業便覧』八幡市社会課、昭和五年四月
『福岡市野間多賀町沿革誌』昭和十五年十二月十五日
『昭和六年三月末調福岡県立福岡学園要覧』福岡県立福岡学園、昭和六年三月
『昭和十三年四月一日福岡県立福岡学園要覧』福岡県立福岡学園、昭和十三年四月一日
『昭和十二年七月福岡県社会事業協会要覧』福岡県社会事業協会、昭和十二年七月
『福岡県下常設託児所ニ関スル調査』福岡県社会事業協会、昭和五年一月二十五日
『八幡市の方面事業』八幡市方面事業助成会、昭和八年十一月
『福岡裁縫女学校校友会第二十三回報告』福岡裁縫女学校校友会、昭和五年一月一日
『福岡県社会事業協会総会社会事業関係者協議会要綱』福岡県社会事業協会、昭和十五年三月一日
『財団法人福岡養老院事報』昭和十二年

第2章

大分県における社会事業施設・団体の形成史

◆ 第1節 戦前期の施設史分析 ◆

　本章の目的は，大分県社会課の『大分県社会事業概要』を活用し[1]，明治期から昭和戦前期までに設立された個々の社会事業施設や団体の名称，設立年月日，所在地等を整理し，年代ごとの形成過程の内容とその特色を整理することにある。なお，現時点では，『昭和十六年五月大分県社会事業の概況』が戦前期の中では最新のものである。この点を踏まえ，表2-3に示す「大分県の明治期から昭和戦前期までの社会事業施設と団体一覧」を基軸に文章化を行い，他の第一次史料及び第二次史料で施設（団体）の形成内容の補充を行った。

　なお，戦前期において各道府県の施設（団体）の形成過程を検討する場合，その材料として，内務省の『社会事業要覧』（名称は年度によって異なる）が有効的である。ただし，例えば，内務省社会局『社会事業要覧（大正九年末調）』の「凡例」には「本書ノ材料ハ道府県ノ報告其他ノ調査ニ基キ」[2]と規定されている。また，昭和期に入っても，「本書ハ内務報告例ニ依リ道府県ヨリ報告ニ係ル昭和四年度ノ社会事業統計ヲ主トシ」[3]と規定されている。つまり，県単位における比較分析には役立つが，ひとつの県の形成史を整理する上では，各県単位の『社会事業概要』が精密的である。よって，本章は『大分県社会事業概要』等の第一次史料を基本として分析を行った。

　なお，先行研究として『大分の社会福祉』(1990)[4]がある。ただし，本書は戦前の大分市の沿革について一部書かれているが，全体として大分市社会福祉協議会の組織とその変遷についてまとめたものである。つまり，戦後の社会福

祉協議会（社協）の歴史であり、戦前の施設（団体）を整理する上では有効でない。また、先行研究として『大分県の社会福祉事業史』(1973)5)がある。ただし、本書は大友宗麟の時代、つまり江戸時代以前からの通史であり、大部分は昭和20年代からの大分県の戦後史が書かれている。本書では、戦前期の施設（団体）の年代ごとの形成過程の内容を明らかにするものであり、その意味では戦前期の大分県社会課の『大分県社会事業概要』を基本として分析することが有効であると考える。

第2節 明治期から昭和戦前期までの社会事業施設（団体）の全体像とその形成過程

1. 明治期から1900年代までの社会事業施設（団体）の概要

1890年代であるが、明治23年から明治32年の時期である。この時代は第一次恐慌が起こり、経済界の不況が続いた。また、1894（明治27）年7月、日清戦争が始まる時代であった。1894（明治27）年1月には大阪天満紡績工場でストライキがあり、1897（明治30）年7月には、日本最初の労働組合「労働組合期成会」が設立されている。同年6月には「八幡製鉄所」が設立された。慈善救済に関しては、軍国化の中で1890（明治23）年6月、「軍人恩給法」が公布された。翌1891（明治24）年8月には「地方衛生会規則」が公布された。1892（明治25）年3月には和歌山県で貧窮民救療を定めた「都市医服務心得」が制定された。同年3月、岡山市では「窮民施療規則」が制定された。1894（明治27）年12月には京都府で「行旅死亡人及行旅病人取扱心得」が定められた。また、戦時下において1895（明治28）年10月、日清戦争に従事した死亡傷痍疾病の者に特別賜金を支給している。1897（明治30）年7月には日清戦争に従事し死亡した者の遺族に特別賜金を支給した。1899（明治32）年3月には「罹災救助基金法」が公布され、同月「行旅病人及行旅死亡人取扱法」が公布された。民間社会事業においては、1890（明治23）年1月、小橋勝之助によって兵庫県赤穂に「博愛社」が設立された。翌1891（明治24）年12月石井亮一が東

京下谷に「孤女学院」を設立した。同年12月，米国宣教師 A. P. アダムスが「岡山博愛会」を設立した。1892 (明治25) 年6月には宮内文作によって群馬県前橋に「上毛孤児院」が設立されている。1893 (明治26) 年6月には，田中泰輔らによって京都に「平安徳義会」が創立された。同年11月には「大阪慈恵育女院」が設立された。1895 (明治28) 年9月には「日本救世軍」が創設され，同年11月に山室軍平が入軍している。1896 (明治29) 年3月には福田平治によって「松江育児院」が設立された。その他，各種の施設（団体）が設立されるが，いわば，明治20年代頃から民間社会事業の専門分化，多様化が出現した時代であった[6]。

　大分県に視点をもどすと，1890年代は「司法保護」で1箇所，団体が創設された。正確には「釈放者保護」であり，「大分県保護会」（大分市大字大分）が該当する。「大分県保護会」の「沿革概要」を示すと次のようになる。「明治三十二年六月三十日教誨師及附近住職四十六ヶ寺発起トナリ創設大分県保護会ト名ク明治三十五年四月一日司法大臣ノ認可ヲ受ケ財団法人組織トナシ明治四十四年間接保護機関トシテ県下各郡市ニ二十七ノ郷黨団ノ設立ヲ見大正二年十一月各保護団ヲ統轄スルニ至レリ」[7]

　上記のように「大分県保護会」は1899 (明治32) 年に教誨師および附近住職の発起によって設立された。同会は県下において明治，大正，昭和初期を通して着実に発展し，県下の各保護団の統一機関として一定の地位を確立した。『昭和十一年七月大分県社会事業概要』に記されている「大分県保護会寄附行為」の一部を示すと次のようになる。「第一条　本会ハ釈放者ヲ保護シ自治ノ途ヲ得セシメ且県下各保護団ノ保護事業ノ統一ヲ図リ其発展ヲ期スルヲ以テ目的トス（中略）第四条三，本会ノ為又ハ県下各保護団ニ代リ奨励金ヲ請求シ若クハ補助金，寄附金ヲ収容シ又ハ之ヲ分配スルコト四県下保護団ヘ役員ヲ出張セシムルコト（中略）第七条　本会ニ左ノ役員ヲ置ク　一，総裁一名　二，理事五名以内　三，監事三名以内　四，評議員若干名　五，主事三名以内　第八条　総裁ハ大分県知事ノ職ニ在ル者ヲ推戴ス　理事ノ内一名ハ会長トシ大分地

方裁判所検事正ノ職ニ在ル者ヲ一名ハ副会長トシテ大分刑務支所長ノ職ニ在ル者ヲ以テ之ニ任シ其ノ他ノ理事及監事ハ評議員会ニ於テ之ヲ選挙ス」[8]。上記から理解できるように県下の各保護団の財源面を支援しており，また，組織役員は知事，大分地方裁判所検事正等が担っており，明治，大正，昭和初期を通じて，釈放者保護事業の統一および県下の管理機関として機能していた。

1900年代に入ると「育児」が2箇所設置された。「慈善奉公会教養院」（別府市春日通）と「大分育児院」（大分市東新町）であった。「慈善奉公会教養院」の「沿革ノ概要」を示すと次のようになる。「南豊眞宗本願寺派寺院協同ニテ慈善奉公会ヲ組織シ出征軍人遺孤児ヲ収容教養シ明治三十八年授産部ヲ併設シタルモ後中止セリ　明治三十九年戦役ノ功ニ依リ銀盃ヲ下賜セラル　昭和元年十二月末ニ於ケル収容児ハ十二名ニシテ内里子四名其他三名計七名ハ他ニ委託シ院内生五名ナリ」[9]。

これに対し「大分育児院」の「起源及沿革の大要」を示すと次のようになる。「大院は明治三十七年十二月十一日の創立にして，無告の孤児及事情之に等しき不遇の児童を収容し父母に代り温和なる家庭主義を以て教養し善良なる一国民ならしめ独立自営を得せしむるを以て目的とす。創立の当初は恰も日露戦役中にて萬寿寺住職足利紫山を始め県内禪臨済宗僧侶同志数十名と共に県下各地を巡錫講演し，又出征軍人の各家庭慰問の傍ら托鉢をなし其得たる所の金

表2-1　大分県施設設立年代別の推移

	施設数
1890年代	1ヶ所
1900年代	4ヶ所
1910年代	4ヶ所
1920年代	25ヶ所
1930年代	92ヶ所
1940年代	32ヶ所
不明	36ヶ所
計	194ヶ所

品を軍人遺家族に贈ると共に陸海軍恤兵部に献納し，尚其一部の残金を以て出征軍人遺族の貧児を収容教養する事に勉めたるものなり。（中略）昭和十二年一月七日開園，東光わかば園と命名す。昭和十四年四月在席者六十名，開園以来延人員一千四百七十人」[10]。上記から理解できるように臨済宗僧侶足利紫山（あしかがしざん）の尽力は大きかった。「大分婦人会」が中心となって積極的な募金運動が行われた。こうした民間の孤児院あるいは養老院には「婦人会」等の支援組織が形成される傾向があった。1920年代の部分で述べるが，1925（大正14）年に設立された「別府養老院」には「養老婦人会」が経営母体となって運営されていた。

　上記のように「大分育児院」は孤児院経営と同時に常設保育所の経営にも携わっており，『昭和十六年五月大分県社会事業の概況』によると，「職員数」五，「収容定員」八〇，「現在人員」八三となっていた[11]。「大分育児院」は「大分婦人会」の支援組織が形成され，恩賜財団慶福会，大分県補助金等の財源上の支援もあり，事業は拡大化し，1934（昭和9）年3月26日に「救護法」の「救護施設」の認可を受けている[12]。

　1900年代，「盲聾教育」として「大分県立盲唖学校」が1907（明治40）年6月に創立された。「沿革」を示すと次のようになる。「明治四十年六月五日　日露戦役失明軍人現校長森清克ハ志柿佐吉外二名ト本県ニ完全ナル盲唖学校ヲ設立センコトヲ計リタルヲ以テ創立ノ濫觴トス　明治四十一年六月四日　大分県私立大分盲唖学校ト称シ大分市大字大分ニ於テ授業開始　明治四十一年十一月　大分市中島ニ移転　明治四十三年十月　大分県教育会ノ設立ニ改ム　明治四十四年四月　大分県教育会附属大分盲唖学校ト改称（中略）大正十年四月　大分県立ニ移管，大分県立盲唖学校ト改称ス」[13]。この「大分県私立大分盲唖学校」が創設された当時は，全国的にも盲唖関係の学校・施設が設置されており，例えば，1905（明治38）年3月，金子徳十郎によって新潟県に「長岡盲唖学校」が設立された。同年5月，福田ヨシによって「松江盲唖学校」が設立された。同年9月には群馬県の「上野教育会」が失明した出征軍人のための訓盲所を設

表 2-2 大分県内社会事業施設（団体）の設立年代別，種類別数の推移

	1890 年代	1900 年代	1910 年代	1920 年代	1930 年代	1940 年代	不明	合計
連絡統一				2ヶ所	3ヶ所		2ヶ所	7ヶ所
助成			1ヶ所					1ヶ所
方面委員制					15ヶ所	10ヶ所		25ヶ所
産婆					5ヶ所		4ヶ所	9ヶ所
産院				1ヶ所				1ヶ所
乳児保護					2ヶ所			2ヶ所
昼間保育				4ヶ所	15ヶ所	5ヶ所		24ヶ所
育児		2ヶ所			1ヶ所			3ヶ所
盲聾教育		1ヶ所						1ヶ所
感化教育		1ヶ所						1ヶ所
小住宅				7ヶ所				7ヶ所
公設市場			2ヶ所					2ヶ所
公益質屋				1ヶ所	17ヶ所			18ヶ所
授産				7ヶ所	1ヶ所	2ヶ所		10ヶ所
職業紹介				1ヶ所	3ヶ所			4ヶ所
院内救助（養老事業）				1ヶ所				1ヶ所
盲唖保護				1ヶ所				1ヶ所
司法保護	1ヶ所		1ヶ所					2ヶ所
軍人遺家族援護					1ヶ所	1ヶ所	5ヶ所	7ヶ所
施療病院					1ヶ所			1ヶ所
診療所					13ヶ所		10ヶ所	23ヶ所
結核療養所						13ヶ所		13ヶ所
教化（民衆啓蒙，矯風）				2ヶ所				2ヶ所
協和					1ヶ所	1ヶ所		2ヶ所
融和				1ヶ所	2ヶ所			3ヶ所
隣保事業				2ヶ所	1ヶ所	7ヶ所		10ヶ所
移住組合				2ヶ所				2ヶ所
その他					5ヶ所	7ヶ所		12ヶ所
合計	1ヶ所	4ヶ所	4ヶ所	25ヶ所	92ヶ所	32ヶ所	36ヶ所	194ヶ所

立した。1906（明治39）年8月には盲人貧困者の救済を目的として「神戸盲唖院」が設立された。同年10月には「真宗本派慈善会財団」が築地別院事務所内に「東京盲人教育会」を設立した。同年11月，「福島県教育会」が「磐城訓盲院」を設立した。翌1907（明治40）年4月，「大阪市立盲唖学校」が開設した。同年5月には「東京盲唖学校」で「第一回日本盲唖学校教員大会」が開催された。同年8月，「下関博愛婦人会」が「下関博愛盲唖学校」を設立した。同年12月，森正隆が「茨城盲唖学校」を設立した。同じく12月，「北陸訓盲院」が設立された[14]。

1900年代,「感化教育」として「大分少年教護院（旧大分県代用感化院）」が設立された。概要を示すと次のようになる。

「一,名称　大分少年教護院　二,所在地　大分市大字上野　三,目的　十四歳未満ノ者ニシテ不良行為ヲナシ又ハ不良行為ヲナス虞アル者ヲ入院セシメ教化遷善スルヲ以テ目的トス　四,組織　大分県下眞宗本願寺派寺院住職協同設立　五,設立年月日　明治四十一年十月一日　六,沿革ノ大要　明治四十年六月本県知事ヨリ北海部郡神崎村教尊寺住職藤音晃超氏ニ感化事業ニ関シ意見ヲ求メラレタルニ付此ノ事業ハ宗教ヲ以テ感化教育スルノ妥当ナル旨ヲ求べ知事ヨリ新刑法実施ト共ニ感化院ノ創設ヲ促シ明治四十一年十月大分県代用感化院ニ指定サレ専ラ不良児ノ感化教育ニ努メツツアリシガ昭和九年十月少年教護法実施ト共ニ認可少年教護院トナリ名称ヲ大分少年教護院ト改称以テ今日ニ至ル」[15]

上記のように「大分少年教護院」は,当初,代用感化院（私立感化院）として設立された。これは1908（明治41）年4月の「感化法」の改正により,道府県に感化院の設立が義務化されたことにより設立されたものであった。この点をより詳しく説明すると,藤音晃超らの経営する「循誘学館」を「大分県代用感化院」に指定した。「当初,新たな入館者は一人もなく,翌四十二年一月になって初めて一人,六月七日に各二人,十月,十一月,十二月に各一人づつの入館者があったのみであった。」[16] その後,入館者は増加し,1912（大正元）年,大分市上野の旧制大分中学の隣接地に移転し,新しく同年12月に着工し,翌大正2年4月に竣工をみた[17]。

九州地方では1908（明治41）年9月に,佐賀県に「進徳学館」（私立感化院）が設立された。同年10月には宮崎県に「日州学院」（私立感化院）が設立されている。また,1909（明治42）年1月,西本願寺鹿児島別院住職安満法顕たちによって「錦江学院」が設立された。同学院は同年4月に代用感化院の指定を受けている。また,1911（明治44）年8月に「沖縄感化院」が真宗本派大典寺住職菅深明たちによって設立された。なお,代用感化院の指定は1915（大正4）

年12月であった[18]。

2. 1910年代

1910年代とは明治期の終わり（明治43年）から大正中期（大正8年）までを意味する。1909（明治42）年2月に，内務省が全国の優良救済事業に奨励金を下附し，徐々に施設（団体）が増加し始める時期（時代）であった。大正期に入ると，1917（大正6）年8月，「内務省分課規程」の改正により地方局に救護課が新設され，1919（大正8）年12月には内務省地方局救護課は社会課に改称される。翌年8月には地方局社会課を独立させ，内務省に「社会局」が誕生する等，「社会事業」期へと移行する時期（時代）であった[19]。

大分県においては，1910年代として挙げられるものに「恩賜財団済生会」（明治45年）がある。「恩賜財団済生会」は全国組織としては1911（明治44）年5月30日に設立された。会長は桂太郎であり，以降，府県に各支部を設置していった。明治44年当時は「感化救済事業」期であるが，「日露戦争の戦中・戦後を通して，財政難に苦しむ政府は，絶対君主制のもとで絶大な権力と財力をもつ天皇を中心に家族国家観の浸透を目指す感化救済事業を推進した。この感化救済事業は，基本的に国に負担をかけない道徳主義・自己責任主義的な救済であり，その主要な活動として，恩賜財団済生会の創設による救療事業の実施があげられる」[20]のであった。

『昭和十一年七月大分県社会事業概要』には次のように記載されている。「恩賜財団済生会ニテハ明治四十五年以来施薬救療ニ関スル地方事業ノ施行ハ之ヲ内務大臣ニ委託シ内務大臣ヨリ更ニ其ノ取扱方ヲ地方長官ニ訓達シテ施行セシメツツアリ。本県ニ於テハ大正元年八月恩賜財団済生会大分県救療規程ヲ定メ治療券ヲ発行シ県内公私立病院並一般開業医師ニ之ヲ委託治療セシメツツアリ。尚政府ニ就テハ各府県ヘ対シ昭和七年ヨリ特別救療費ヲ配布シ救療セシメツツアリ本県ニ於テハ右費用ヲ以テ県下無医村ニ対スル無料巡回診療ヲナシツツアリ。」[21]

上記からわかるように，1911（明治44）年に設立された「恩賜財団済生会」であったが，大分県内においては翌1912（明治45）年から救療事業を実施した。なお，「恩賜財団済生会」は，昭和期を中心に診療所を開設するが，九州地方では以下のようであった。「済生会福岡県大牟田診療所」（福岡県大牟田市，昭和8年3月創立），「済生会唐津診療所」（佐賀県唐津市，昭和9年10月創立），「済生会佐世保診療所」（長崎県佐世保市，昭和5年8月創立），「済生会延岡診療所」（宮崎県延岡市），「済生会沖縄支部」（沖縄県社会課内，昭和6年7月）[22]。大分県においての診療所の開設は遅れ，1939（昭和14）年であった。『昭和十六年五月　大分県社会事業の概況』によると，「月平均取扱人員二五〇」「一日平均実人員八人」[23] であった。

　1910年代，大分県に初めて「公設市場」が設置された。「大分市公設市場」（1918年11月，大分市細工町）と「佐伯公設市場」（1919年2月，南海部郡佐伯町）であった。1918（大正7）年の「米騒動」がひとつの契機となって「社会事業」は成立したと考えられるが，当時，公的社会事業として，「生活困難への応急的対策として，米騒動後，公設市場，簡易食堂，公益質屋，公営住宅，公営浴場，共同宿泊所など」[24] が続々と設置されていった。「大分市公設市場」の概要を示すと次のようになる。「公設市場ハ一致民衆ノ日常生活必需品ヲ廉価ニ供給シ併テ小売物価ノ調節ヲ図ル目的ノ下ニ市町村其ノ他公益団体ノ経営スル市場ナリ政府ニ於テハ之ガ設立ノ普及ヲ奨励スル為其設立ニ要スル経費ニ対シ低利資金ヲ融通シツツアリ本県下ニ於ケル右施設ハ僅カニ大分市一ヶ所ニシテ其概況左ノ如シ　一，位置　大分市細工町五百四十八番地　一，名称　大分市公設市場　一，設立年月日　大正七年十一月一日　一，経営者　大分市長　一，職員　主事一（兼）　一，販売品　日用必需品」[25]。また，「佐伯公設市場」の概要は次のようになる。「一，位置　南海部郡佐伯町九七番地　一，名称　佐伯公設市場　一，設立年月日　大正八年二月十七日　一，経営者　佐伯町長　一，沿革概要　大正八年二月十七日物価調節ノ目的ヲ以テ大分県農会ニ依リ開設　大正十年四月一日佐伯町ノ経営ニ移ス」[26]。これら「公設市場」は

大正初期中期頃から設立されていくようになるが,例えば1918(大正7)年7月に京都市に「公設市場」が3箇所設立された[27]。九州地方では大正期に設置された「公設市場」を『全国社会事業名鑑(昭和12年版)』から抽出すると以下のようになった。「門司市老松町公設市場」(市立,門司市,大正8年),「大牟田市公設市場」(市立,大牟田市,大正7年),「福岡市公設因幡町市場」(市立,福岡市,大正9年),「久留米市公設日用品市場」(市立,久留米市,大正8年),「佐賀市公設市場」(市立,佐賀市,大正3年),「佐世保市宮田町市場」(市立,佐世保市,大正12年),「佐世保市太田町市場」(市立,佐世保市,大正12年),「佐世保市白南町市場」(市立,佐世保市,大正12年),「佐世保市公設卸売市場」(市立,佐世保市,大正8年),「長崎市館内町公設市場」(市立,長崎市,大正8年),「長崎市石灰町公設市場」(市立,長崎市,大正11年),「長崎市公設中央市場」(市立,長崎市,大正13年),「長崎市銭座町公設市場」(市立,長崎市,大正11年),「長崎市築町公設卸市場」(市立,長崎市,大正10年),「長崎市八幡町公設市場」(市立,長崎市,大正6年),「熊本市鋤身崎公設市場」(市立,熊本市,大正7年),「大分市公設市場」(市立,大分市,大正7年),「鹿屋町公設市場」(町立,肝属郡鹿屋町,大正13年)[28]。

上記,『全国社会事業名鑑(昭和12年版)』が正確なデータといえるかわからないが,各県によって「公設市場」の設置数にはひらきがあることがわかる。

3. 1920年代

1920年代は,大正9年から昭和4年の時期である。1920(大正9)年8月,内務省官制の改正により内務省に社会局が設置された。これは地方局社会課を独立させるものであったが,国家による社会事業の強化を意図する狙いがあった。1920(大正9)年10月には内務省は各道府県の理事官,嘱託,市区助役等約160名を集めて「社会事業打合会」を実施した。この年から各府県に社会事業主管課が設置され,九州地方では,同年,長崎県に設置された。大分県は2年後の1922(大正11)年に社会事業主管課が設置された。

1921（大正10）年1月，「社会事業調査会官制」が公布された。なお，1924（大正13）年4月には「社会事業調査会」は廃止された。これは「帝国経済会議」に社会事業関係が包含されたことによる。また，1921（大正10）年3月には「中央慈善協会」が「社会事業協会」へと改称された。いわば1920年代，特に前期は「社会事業」期であるとともに，1930年代からの十五年戦争に突入する前哨戦の時代であった[29]。

大分県に1926（大正15）年7月，学務部社会課が設置された。「社会課ノ沿革」は以下のようになる。

「本県ニ於ケル社会事業関係事務ハ其ノ大部分ヲ従前ノ内務部地方課ニテ取扱ヒタリシモ（移植民事業ハ農務課，恩賜財団済生会事務ハ衛生課，元匪力涵養事務ハ商工水産課ニテ）時勢ノ推移ニ伴ヒ社会事業施設ノ複雑ヲ来タシタル為一課ヲ設クルノ必要ニ迫ラレ大正十一年七月元内務部内ニ社会課ヲ設置シ社会事業及社会教育ニ関スル事務ヲ管掌（社会教育事務ハ元内務部学務兵事課ニテ）大正十五年七月学務部独立ニ伴ヒ同部所属トナリ以テ今日ニ及ブ。」[30]

上記のように1926（大正15）年7月に「学務部社会課」となったが，その「社会事業ニ関スル事項」は多岐にわたっていた。「社会事業ニ関スル事項　1，一般救護事務ニ関スル件　2，行旅病人行旅死亡人精神病者救護ニ関スル件　3，罹災救助及水難救護ニ関スル件　4，軍事救護並ニ軍事扶助ニ関スル件　5，方面事業其ノ他隣保事業ニ関スル件　6，住宅組合並住宅ノ改善ニ関スル件　7，県営住宅ニ関スル件　8，公益質屋其ノ他福利施設ニ関スル件　9，社会事業低利資金ニ関スル件（中略）15，恩賜財団済生会ニ関スル件　16，託児所及乳幼児保護ニ関スル件　17，少年救護事業ニ関スル件（中略）19，地方改善並融和事業及内鮮融和ニ関スル件（以下，略）」[31]。なお，大分県学務部社会課が設置された時点では，主要な県の社会課では社会事業調査が実施されていた。例えば，1926（大正15）年には，兵庫県社会課が県下主要官公衙・銀行・商店406箇所に対し知識階級者雇用状況及び中等学校以上75校の卒業生就職状況調査を実施した。また，同年，愛知県社会課では貧困母子世帯調査，不良住宅

地区に関する調査，広島県社会課では『青少年労働者生活状態』『乳幼児死亡率及乳児死亡の社会的要因』を発刊した[32]。

1920年代，「産院」が1箇所設置された。「日本赤十字社大分支部産院」（1923（大正12）年6月）であった。『社会事業概要』（大分県学務部社会課，昭和2年）には次のように記されている。「日本赤十字社大分支部ニ於テハ同構内ニ大正十二年六月二十五日産院ヲ開設シタルカ其診断ハ県内一般無料トシ入院ハ資産薄弱ナル者ヲ主トシ空床アル場合ハ実費弁償ヲモ収容スルコトトシ一日ノ収容定員八名トス」[33]。前掲の『社会事業概要』には開院当時の入院者数等が記載されているので記しておく。「入院者」「自十二年六月至全十二月」「無料」一六「有料」一二，「十三年」「無料」八七「有料」二九，「十四年」「無料」九三「有料」五八，「十五年」「無料」七九「有料」四八，「外来者」「自十二年六月至全十二月」四四，「十三年」一八二，「十四年」二四二，「十五年」二二一[34]。なお，この当時，1922（大正11）年5月9日には日本赤十字社に産婆養成所が開設された。また，同年3月22日には内務省が妊産婦及び児童衛生講習会を開催した。

大分県内では大正15年あたりから農繁期託児所が設置され始めた。全ての農繁期託児所の開設時は明確ではないが，『昭和十一年七月大分県社会事業概要』によると「大正十五年五月」に「宇佐郡封戸村」に「個人」経営で開設されていた[35]。その後，各地で開設されるが，経営主体は「市立」「私立」「愛国婦人会」「組合婦人会」「国防婦人会」「仏教婦人会」「寺院」「青年団」「小学校」等，多様であった[36]。「ちなみに，農村社会事業のなかで医療施設とともに，一定の進展をみせていたものに農繁期託児所があるが，それは二一年の四か所から二九（昭和四）年の一四〇〇か所余へと，昭和初期に急増している。」[37] との指摘もあるが，大分県においても大正末期から昭和初期に増設されていった。上記『昭和十一年七月大分県社会事業概要』においても「県下ニ於ケル農繁期託児所ハ大正十五年五月宇佐郡封戸村ニ開設セラレシヲ嚆矢トシ，ソノ後（ママ）年ヲ遂ウヲ漸次ソノ数ヲ増シテ来タ」[38] と記載されていた。

1920年代，1箇所「公益質屋」が設置された。「森町公益質屋」（玖珠郡森町大字森七四七，昭和四年七月五日）であった[39]。大分県においては，1920年代の「公益質屋」はこの1箇所だけであったが，これは1927（昭和2）年3月31日に「公益質屋法」が公布され，同年8月10日に施行されたことによるものであった。九州地方においても「佐賀市公益質屋」（市立）が1928（昭和3）年4月に業務を開始している。同じく佐賀県で「湊村公益質屋」（村立）が1928（昭和3）年8月に業務を開始している。熊本県でも「熊本市坪井公益質舗」（市立）が1928（昭和3）年10月から事業開始している。なお，長崎県は「公益質屋法」の公布より幾分早く，1924（大正13）年4月に「奈良尾村公益質屋」（村立），1925（大正14）年4月に「奈留島村営質庫」（村立），1926（大正15）年2月に「浜ノ浦村質庫」（村立）が業務開始した[40]。

「職業紹介」として1928（昭和3）年9月15日「別府市職業紹介所」が設置された。「失業保護の柱は職業紹介事業と労働宿泊所などの施設，公共土木事業，事業主による保護，そして帰農策であった」[41]が，1921（大正10）年4月に「職業紹介法」が公布された。これにより，「各地の都市に公営職業紹介所が設置」[42]された。九州地方で1920年代に設置された「職業紹介所」を『全国社会事業名鑑（昭和12年版）』から抽出してみると以下のようになった。「門司市職業紹介所」（市立，大正10年），「小倉市職業紹介所」（市立，大正12年），「若松市職業紹介所」（市立，大正12年），「戸畑市職業紹介所」（市立，大正15年），「久留米市職業紹介所」（市立，昭和2年），「八幡市職業紹介所」（市立，昭和2年），「大牟田市職業紹介所」（市立，昭和3年），「直方市職業紹介所」（市立，昭和3年），「飯塚市職業紹介所」（市立，昭和4年），「佐賀市職業紹介所」（市立，大正13年），「長崎市職業紹介所」（市立，大正11年），「佐世保市職業紹介所」（市立，大正11年），「島原町職業紹介所」（町立，昭和4年），「熊本市職業紹介所」（市立，大正15年），「別府市職業紹介所」（市立，昭和3年），「宮崎市職業紹介所」（市立，昭和2年），「延岡市職業紹介所」（市立，昭和3年），「笠砂村職業紹介所」（村立，大正11年），「志布志町職業紹介所」（町立，昭和4

年),「首里市職業紹介所」(市立, 昭和4年)[43]。上記のことからいえることは, 九州地方では福岡県の特に北九州市地区に集中して「職業紹介所」が設置されたということである。

1920年代,「院内救助(養老事業)」として1925 (大正14) 年2月に「別府養老院」が創設された。「別府養老院」は大分県内の養老院の嚆矢であった。「別府養老院の沿革」を示すと以下のようになる。

「大正十三年六月十三日より設立発願者矢野嶺雄は独立自営の方針の下に速見郡朝日村南山荘園の開墾に従事し蔬菜等を栽培し其収益を以て収容すべく着々実行せしも, 同地は養老者唯一の慰安たる温泉と水とに少なからず不便を感じ, 十二月八日より別府市海門寺境内に移り, 十四年二月十五日収容を開始し, 同月二十三日開院式を挙ぐ, 同七月二十五日養老婦人会を組織し其の後援により市内北町に移転し, 同十二月二十五日総会の決議により養老婦人会の事業として経営する事となれり。」[44]

「別府養老院」は「養老婦人会」を経営母体として運営されることになった。「養老婦人会」の会長は当時の市長夫人神澤キワ子であった。大正期, 昭和初期に創設された養老院の特徴として支援組織, 支援母体が組織されていた。「佐世保養老院」には「佐世保仏教婦人救護会」が,「福岡養老院」には「福岡仏心会」が,「長崎養老院」には「長崎大師会」が,「佐賀養老院」には「佐賀仏教婦人会」が組織されていた[45]。

4. 1930年代

1930年代は, 昭和5年から昭和14年の時期である。この1930年代は「満州事変」(1931年9月18日) が起こり, 1932 (昭和7) 年1月28日「上海事変」, 同年3月1日「満州国建国宣言」, 1933 (昭和8) 年3月27日「国際連盟脱退」, 1937 (昭和12) 年7月7日「日華事変」, 1939 (昭和14) 年9月1日には「第二次世界大戦」が始まるという戦時下の時代であった[46]。

1937 (昭和12) 年9月, 近衛内閣は内閣告諭号外及び内閣訓令号外を出して

「挙国一致，尽忠報国，堅君持久」の三指標を掲げ国民精神総動員運動を開始した。この国民精神総動員運動は，「国家総動員法」の議会通過と運用に正当性を与える役割を果たしたと位置づけられている47)。

「国家総動員法」が公布され1938（昭和13）年4月には社会事業領域では「社会事業法」が公布され，7月1日から施行されている。木村武夫はこの「社会事業法」について次のように述べている。「この法律は，『従来概ね個人の創意に依って行はれ』，発展してきた社会事業を，『時局の国民生活に及ぼす影響』が『複雑多岐』となりつつあるが故に，『適当なる指導監督を加え，連絡統一の進歩を促し，以て社会事業の帰農を一層適正有効に発揮せしめ』るために制定されたのであると，その『制定の趣旨』で述べられている。要するに社会事業全般にわたって国家統制のために，この法律は制定されたといえよう。」48) 上記の指摘からもわかるように，1930年代は社会事業の国家管理の強化と同時に国家総動員体制の「厚生事業」へ移行する時期（時代）であった49)。

大分県に視点をもどすが，「連絡統一」として「大分県社会事業協会」が1935（昭和10）年2月に創立された。県の社会事業協会の創立としては遅いほうであった。因みに九州地方の創立年を調べてみると，「福岡県社会事業協会」（昭和2年11月創立），「佐賀県社会事業協会」（大正13年1月創立），「長崎県社会事業協会」（大正9年8月創立），「熊本県社会事業協会」（昭和2年創立），「宮崎県社会事業協会」（昭和4年5月創立），「鹿児島県社会事業協会」（大正11年9月創立）であった50)。

1930年代，「方面事業後援団体」の成立をみた。『昭和十一年七月大分県社会事業概要』には次のように記されている。「昭和七年一月救護法実施以来県ニ於テハ方面事業ノ団体発達ヲ期シ県下各市町村ニ之ガ後援団体ノ設置奨励ニ努タル結果左記ノ通設置ヲ見ルニ至レリ。」51)。「方面事業後援会」とは以下の如くであった。「大分市方面事業後援会」（昭和七年一月，大分市役所内），「別府市方面事業後援会」（昭和八年九月，別府市役所内），「中津市方面事業後援会」（昭和八年五月，中津市役所内），「佐伯町方面事業後援会」（昭和八年十二月，佐

伯町役場内),「日出町方面事業後援会」(昭和八年十二月, 日出町役場内),「三重町方面事業後援会」(昭和十年一月, 三重町役場内),「佐賀関町方面事業後援会」(昭和十年一月, 佐賀関町役場内),「戸次町方面事業後援会」(昭和十一年四月, 戸次町役場内)[52]。

1936(昭和11)年11月14日,「方面委員令」が公布され, 翌年1月15日に施行された。大分県においても「方面委員令」によって方面委員設置規定の改正もみられたのでその「沿革」を整理しておく。

「昭和二年五月大分県令第四十三号ヲ以テ方面委員設置規程公布同年十月大分市ニ於テ始メテ方面委員制度ヲ実施セリ,(中略)昭和七年一月ヨリ実施セラレタル救護法施行令第四条ニ依リ選任セラレタル委員ヲ以テ之ニ充ツル,(中略)本年一月十五日ヨリ方面委員令施行セラレタル結果従来ノ大分県方面委員規程ヲ廃止シ新ニ方面委員令ニ基ク大分県方面委員設置規程ヲ客年十二月大分県令第六十五号ヲ以テ公布シ各市町村ニ本制度ヲ実施二百五十六方面委員数九百五十一名ヲ数フルニ至レリ」[53]。

1930年代,「産婆」として「公設産婆」が大分県内に設置された。『全国社会事業名鑑(昭和12年版)』には1933(昭和8)年に5箇所の「公設産婆」が示されているが, 全国的に大分県の「公設産婆」の設置は遅かったといえる。例えば, 長崎県をみると,「北魚目村公設産婆」(大正13年6月),「久賀島村公設産婆」(明治44年10月),「岐宿村公設産婆」(昭和3年),「奈留島村公設産婆」(大正14年11月)[54]となっている。また, 愛媛県を見てみると,「波止浜公設産婆」(大正15年8月),「乃万村公設産婆」(大正10年4月),「桜井町公設産婆」(大正8年5月),「小西村公設産婆」(大正15年4月),「中川村公設産婆」(大正15年9月),「石城村公設産婆」(大正14年4月)等となり[55], すでに大正期には「公設産婆」が設置されていた。

大分県において「公益質屋」の嚆矢は, 1920年代のところで述べたように,「森町公益質屋」(昭和4年7月)であったが, 1920年代はわずかこの1箇所のみであった。1930年代に入り,『昭和十一年七月大分県社会事業概要』には17

箇所の「公益質屋」が記載されている。「本県ニ於テハ昭和四年七月玖珠郡森町ニ設置セラレタルヲ初メトシ昭和七年度以降全九年度迄政府奨励匡救事業ノ一トシテ十七ヶ町村ニ設立ヲ見ルニ至リ全年十八ヶ所トナレリ」[56]。なお，九州地方の他県との比較では，大分県に設置された「公益質屋」は町村立の経営主体であり，「市立」がなかった。因みに九州地方の「市立」を抽出してみると以下のようになる。「八幡市尾倉質庫」(市立，昭和2年)，「八幡市枝光質庫」(市立，昭和4年)，「市営若松質庫」(市立，昭和3年)，「大濱公益質屋」(市立，昭和4年)，「今泉町公益質庫」(市立，昭和9年)，「大牟田質庫」(市立，昭和5年)，「市営飯塚屋質舗」(市立，昭和6年)，「戸畑市公益質庫」(市立，昭和7年)，「小倉市公益質屋」(市立，昭和7年)，「佐賀市公益質屋」(市立，昭和3年)，「佐世保市公益質屋」(市立，昭和9年)，「長崎市公益質屋」(市立，昭和10年)，「熊本市坪井公益質屋」(市立，昭和3年)，「都城市公益質屋」(市立，昭和5年)，「宮崎市公益質屋」(市立，昭和6年)，「鹿児島市公益質舗」(市立，昭和4年)[57]。上記の「市立」経営は昭和の初期に創設されており，全般的に大分県の「公益質屋」の創設年月日よりも早い時期に誕生したといえる。

5. 1940 年代以降

1940年代以降とは，昭和15年以降を指すが，1940 (昭和15) 年10月「大政翼賛会」が発足，翌年 1941 (昭和16) 年12月にはハワイ真珠湾を奇襲攻撃，太平洋戦争が始まる時代であった。「国民徴用令」(1939年)，「国民労働手帳法」(1941年)，「国民勤労報国協力令」(1941年)，「労務調整令」(1942年)，閣議決定「生産増強勤労緊急対策要綱」(1943年)，「重要事業場労務管理令」(1942年) など，労務動員計画は限度にきてしまい，内地での労働力の不足から，子女，老女，学童まで調達が及んだ[58]。また，朝鮮人の強制連行が進み，また，1942 (昭和17) 年，閣議決定「華人労務者内地移入ニ関スル件」によって大量の中国人が強制連行されていったのもこの時期であった[59]。

全国的にみても，施設 (団体) の新たな設置，創立は 1935 (昭和10) 年頃か

ら減少するが、それでも1941（昭和16）年11月には「日本保健婦協会」が設立、12月には「日本小児保健報国会」が結成された。1942（昭和17）年2月には「日本母性保護会」が、同年5月、高木憲次によって東京板橋に「整肢療護団」が設立された。

　大分県に視点をもどすが、1940年代は施設（団体）の新設が急激に減少している。「昼間保育」は、1930年代は15箇所の新設がみられたが、1940年代は5箇所の新設にとどまった。「あかつき愛子園」（昭和15年、大分郡判田村）、「豊川村愛育会」（昭和15年、宇佐郡豊川村）、「河内村愛育会」（昭和15年、西国東郡河内村）、「暁光園」（昭和16年、北海部郡津久見町）、「富来保育園」（昭和16年、東国東郡富来町）であり、大分郡、宇佐郡、西国東郡、北海部郡、東国東郡の町村に設立された。なお、これらの「昼間保育」（常設保育所）は『昭和十六年五月大分県社会事業の概況』大分県社会課では「児童保護事業」として位置づけられており[60]、戦時下における単なる「昼間保育」として機能しているのではなかった。やがて同年（昭和16年12月）にはハワイ真珠湾を奇襲、太平洋戦争が起こり、日本は第二次世界大戦に突入するが、戦争が激化するようになってからは新たな保育園の設立はみることができなかった[61]。

　1940（昭和15）年11月、厚生省社会局長と内務省地方局長連名で方面委員制度と部落会町内等の関係に関する件通牒があり、戦下の中で方面事業の強化が図られていった。『昭和十六年五月大分県社会事業の概況』（大分県社会課）には次のような文章が記載された。「昭和十二年一月全県下に普及を見た委員は二五六方面、九五一名であるが其の後市町村の合併あり従つて方面数も相当異動し且又定員も年々に変更する所あつて昭和十五年度に於ては委員定数一、〇〇〇に及んでいた。然し乍ら市町村の事業の実際から見て、又適材の有無から見て徒に人員増加の必要性も考えられる」[62]。また、上記の概況には「方面事業の運営は方面事業後援機関の設置協力及社会中心たる方面寮又は方面事務所の設置等に依りて組織的な活動を為す傾向に在ることは時局柄然るべきことであると思ふ。」[63]と記載されていた。確かに、大分県では、1940年代は「方

表2-3 大分県の明治期から昭和戦前期までの社会事業施設と団体一覧

種　類		施設団体の名称	設立年月日	所　在　地	確認年
社会事業に関する機関	連絡統一	大分県学務部社会課	1926（大正15）年7月		昭和2年
		大分県教化団	1927（昭和2）年6月	大分県庁社会課内	昭和2年
		大分県方面委員連盟	1933（昭和8）年3月	大分県庁社会課内	昭和12年
				大分市	昭和16年
		大分県社会事業協会	1935（昭和10）年2月	〃	昭和11年
		恩賜財団軍人援護会大分県支部			昭和16年
		大日本傷痍軍人会大分県支部			昭和16年
	助　成	恩賜財団済生会	1912（明治45）年		昭和11年
	方面委員制	大分県方面事業後援会	1932（昭和7）年1月	大分市役所内	昭和11年
		大分市方面委員（158ヶ市町村）	〃　　　　4月～		昭和11年
		中津市方面事業後援会	1933（昭和8）年5月	中津市役所内	昭和11年
		大分県方面委員連盟	〃　　　　6月	大分県庁社会課内	昭和12年
		別府市方面事業後援会	〃　　　　9月	別府市役所内	昭和12年
		佐伯町方面事業後援会	〃　　　　12月	佐伯町役場内	昭和12年
		日出町方面事業後援会	〃　　　　〃	日出町役場内	昭和12年
		三重町方面事業後援会	1935（昭和10）年1月	三重町役場内	昭和12年
		佐賀関町方面事業後援会	〃　　　　〃	佐賀関町役場内	昭和11年
		戸次町方面事業後援会	1936（昭和11）年4月	戸次町役場内	昭和11年
		大分市中島方面事務所	1939（昭和14）年	大分市中島	昭和16年
		大分市春日方面事務所	〃	大分市春日町	昭和16年
		大分市大道方面事務所	〃	大分市大道町	昭和16年
		香々地方面事業後援会	〃	香々地町	昭和16年
		中津市方面事業後援会	〃	中津市	昭和16年
		直見村方面寮	1940（昭和15）年	南海部郡直見村	昭和16年
		呉崎村方面寮	〃	西国東郡呉崎村	昭和16年
		高並村方面寮	〃	宇佐郡高並村	昭和16年
		津久見町方面事業後援会	〃	北海部郡津久見町	昭和16年
		大分市中島校区方面事業所	〃　　　　3月	大分市濱町	昭和16年
		大分市春日校区方面事業所	〃　　　　〃	大分市生石町	昭和16年
		大分市大道校区方面事業所	〃　　　　〃	大分市大道町	昭和16年
		高田村方面事業後援会	〃	大分郡高田村	昭和16年
		高瀬方面事業後援会	〃	日田市	昭和16年
		植田方面事業後援会	〃	大分郡植田村	昭和16年
児童保護	産　婆	田野村婦人会公設産婆	1933（昭和8）年	大野郡田野村	昭和12年
		合川信用購買販売利用組合附設産婆	〃	大野郡合川村	昭和12年
		東中浦村公設産婆	〃	南海部郡東中浦村	昭和12年
		小佐井村婦人会公設産婆	〃	北海部郡小佐井村	昭和12年
		東都甲村公設産婆	〃	西国東郡東都甲村	昭和12年
		青山村公設産婆	〃	南海部郡青山村	昭和12年
		杵築町公設産婆	〃	速見郡杵築町	昭和12年
		谷村公設産婆	〃	大分郡谷村	昭和12年
		蟇嶽村公設産婆	〃	直入郡蟇嶽村	昭和12年
	産　院	日本赤十字社大分支部産院	1923（大正12）年6月		昭和2年
	乳児保護	河内村愛育会	1939（昭和14）年	河内村	昭和16年
		豊川村愛育会	〃　　　　3月	豊川村	昭和16年
	昼間保育	農繁期託児所（昭和10年調）53ヶ所	1926（大正15）年5月～		昭和11年

第2章　大分県における社会事業施設・団体の形成史

種　類		施設団体の名称	設立年月日	所　在　地	確認年
		別府保育園	1928（昭和3）年5月	別府市文武通り	昭和11年
		生石保育所	〃	大分市大字生石	昭和11年
		新川保育所	〃	大分市大字勢家	昭和11年
		山下保育所	1930（昭和5）年4月	東国東郡来浦町	昭和11年
		吉武保育園	1931（昭和6）年8月	東国東郡上伊美村野田	昭和11年
		伊美保育園	〃	伊美村	昭和12年
		早苗保育園	1932（昭和7）年	東国東郡作田津町	昭和16年
		日田報恩社託児所	1933（昭和8）年4月	日田郡日田町南豆田	昭和12年
		三芳昭和園	1934（昭和9）年4月	日田郡三芳村鬼竹	昭和12年
		大道保育所	〃　　　　10月	大分市大道町	昭和11年
		別府市本願寺託児所二葉園	1935（昭和10）年2月	別府市別府876ノ2	昭和12年
		若竹保育園	〃　　　　9月	玖珠郡森町	昭和16年
		鷹巣園	1936（昭和11）年4月	玖珠郡森町	昭和16年
		三重双葉園	〃　　　　7月	大野郡三重町	昭和16年
		東光わかば園	1937（昭和12）年1月	大分市東新町	昭和16年
		内鮮協和会第一託児所	〃	大分市生石	昭和16年
		内鮮協和会第二託児所	〃	大分市南大分	昭和16年
		川原木村保育所	1939（昭和14）年	南海部郡川原木村	昭和16年
		あかつき愛子園	1940（昭和15）年	大分郡判田村	昭和16年
		豊川村愛育会	〃	宇佐郡豊川村	昭和16年
		河内村愛育会	〃	西国東郡河内村	昭和16年
		暁光園	1941（昭和16）年5月	北海部郡津久見町	昭和16年
		富来保育園	〃　　　　10月	東国東郡富来町	昭和16年
	育　児	慈善奉公会教養院	1904（明治37）年5月	別府市春日通1丁目　本願寺内	昭和12年
		大分育児院	〃　　　　12月	大分市東新町1609	昭和12年
		別府小百合愛児園	1933（昭和8）年	別府市田ノ口	昭和16年
	盲聾教育	大分県立盲唖学校	1907（明治40）年6月	大分市金池町3096	昭和11年
	感化教育	大分少年教護院（旧大分県代用感化院）	1908（明治41）年10月	大分市上野546	昭和11年
経済保護	小住宅	住宅組合（県内24ヶ所）	1921（大正10）年3月〜		昭和11年
		大分県営住宅	1922（大正11）年3月		昭和11年
		大分市営住宅	1923（大正12）年3月	大分勢家821外24ヶ所	昭和11年
		鶴崎町営住宅	〃　　　　10月	大分郡鶴崎町城町	昭和11年
		佐伯町営住宅	〃　　　　12月	南海部郡佐伯町	昭和11年
		四日市町営住宅	1925（大正14）年4月	宇佐郡四日市町	昭和11年
		森町営住宅	〃　　　　11月	玖珠郡森町	昭和11年
	公設市場	大分市公設市場	1918（大正7）年11月	大分市細工町548	昭和11年
		佐伯公設市場	1919（大正8）年2月	南海部郡佐伯町97	昭和2年
	公益質屋	森町公益質屋	1929（昭和4）年7月	玖珠郡森町大字森747	昭和11年
		安岐町公益質屋	1933（昭和8）年1月	東国東郡安岐町大字下原2722	昭和11年
		野上村公益質屋	〃	玖珠郡野上村大字右田	昭和11年
		富来村公益質屋	〃　　　　3月	東国東郡富来町大字来浦1574	昭和11年
		国東公益質屋	〃	東国東郡国東町田深357	昭和11年
		竹田町公益質屋	〃	直入郡竹田町向丁2001ノ6	昭和11年
		長洲町公益質屋	〃	宇佐郡長洲町大字長洲3699	昭和11年
		佐賀関町公益質屋	〃　　　　8月	北海部郡佐賀関町大字関2232ノ110	昭和11年
		由布村公益質屋	〃　　　　12月	速見郡由布院村字中川1051	昭和11年

第 2 節　明治期から昭和戦前期までの社会事業施設（団体）の全体像とその形成過程

種　類		施設団体の名称	設立年月日	所　在　地	確認年
		宮砥村公益質屋	1934（昭和9）年3月	直入郡宮砥村大字次倉4719ノ1	昭和11年
		直見村公益質屋	〃	南海部郡直見村大字上直見2262ノ1	昭和11年
		西谷村公益質屋	〃	下毛郡西谷村字雲谷寺3050ノ1	昭和11年
		武蔵町公益質屋	〃	東国東郡武蔵町大字古布680ノ1	昭和11年
		佐伯町公益質屋	〃　8月	南海部郡佐伯町字中村1572	昭和11年
		杵築町公益質屋	1935（昭和10）年3月	速見郡杵築町大字杵築367	昭和11年
		下入津村公益質屋	〃　4月	南海部郡下入津村大字行野河内	昭和11年
		三浦村公益質屋	〃	西国東郡三浦村大字堅木4998ノ1	昭和11年
		姫嶋村公益質屋	〃　5月	東国東郡姫嶋村字松原2025ノ1	昭和11年
失業救済及び防止	授　産	軍事援護縫製授産場	1938（昭和13）年	西国東郡香々地町	昭和16年
		傷痍軍人職業指導所	〃	別府市濱脇	昭和16年
		香々地村縫製授産所	〃	西国東郡香々地町	昭和16年
		高田村農産加工漬物授産場	1939（昭和14）年	大分郡高田村	昭和16年
		高津方面事業後援会製函授産場	〃	日田市高瀬	昭和16年
		南大分共同作業所	〃	大分市	昭和16年
		南大分製縄授産所	〃	大分市	昭和16年
		日出町隣保協会授産所	1940（昭和15）年	速見郡日出町	昭和16年
		鷹巣園隣保協会授産所	〃	玖珠郡森町	昭和16年
		高瀬製缶授産所（森永製菓と契約）	〃	日田市	昭和16年
	職業紹介	別府市職業紹介所	1928（昭和3）年9月	別府市北新地	昭和11年
		大在村職業紹介所	1930（昭和5）年4月	北海部郡大在村役場構内	昭和12年
		中津市職業紹介所	〃　5月	中津市三ノ丁	昭和11年
		大分市職業紹介所	1931（昭和6）年5月	大分市役所内	昭和11年
救護	院内救助（養老事業）	別府養老院	1925（大正14）年2月	別府市福永町1295番地	昭和11年
	盲唖保護	大分県盲人協会	1924（大正13）年4月	大分市金池町3096　盲唖学校内	昭和12年
	司法保護	大分県保護会	1899（明治32）年6月	大分市大字大分2099	昭和12年
		泉都和合会	1912（明治45）年2月	別府市海門寺内	昭和12年
	軍人遺家族援護	大分県軍事扶助地方委員会	1934（昭和9）年11月	大分市荷揚町1	昭和12年
		帝国軍人後援会大分支部			昭和11年
		帝国在郷軍人会大分支部			昭和11年
		帝国在郷軍人会久留米支部			昭和11年
		帝国在郷軍人会日郡連合分会			昭和11年
		大日本国防婦人会大分支部			昭和11年
		軍人援護相談所	1941（昭和16）年		昭和16年
医療保障	施療病院	光の園病院	1936（昭和11）年	別府市鶴見	昭和16年
	診療所	上津江村診療所	1935（昭和10）年4月	日田郡上津江村大字川原2688	昭和11年
		東谷村診療所	〃	下毛郡東谷村1183	昭和11年
		中野村診療所	〃　5月	南海部郡中野村大字波寄	昭和11年
		山浦診療所	〃	速見郡山浦村大字山浦2663ノ1	昭和11年
		直見村診療所	〃　6月	南海部郡直見村大字直見1921	昭和11年
		朝田村診療所	〃　7月	西国東郡朝田村大字俣水	昭和11年

種類	施設団体の名称	設立年月日	所在地	確認年
	夜明村診療所	1935（昭和10）年7月	日田郡夜明村祝原	昭和11年
	雨川村診療所	〃　　　　　10月	宇佐郡雨川村	昭和12年
	明治村診療所	1936（昭和11）年3月	大分郡明治村	昭和11年
	今市村診療所	〃　　　　　〃	大野郡今市村	昭和11年
	恩賜財団済生会別府診療所	1939（昭和14）年		昭和16年
	大分市実費診療所	〃		昭和16年
	別府市軽費診療所	〃　　　　　8月		昭和16年
	緒方村産業組合診療所			昭和16年
	雨川村医		宇佐郡雨川村	昭和12年
	明治村医		大分郡明治村	昭和12年
	八幡村医		玖珠郡八幡村	昭和12年
	直見村医		南海部郡直見村	昭和12年
	中野村医療組合		南海部郡中野村	昭和12年
	東都甲村医		西国東郡東都甲村	昭和12年
	下ノ江村医		北海部郡下ノ江村	昭和12年
	上廣玉村医		西国東郡上廣玉村	昭和12年
	上津江村医		日田郡上津江村	昭和12年
結核療養所	二豊荘			昭和16年
	光の園病院			昭和16年
	鳥潟保養院			昭和16年
	粟病院			昭和16年
	畑病院			昭和16年
	佐伯病院			昭和16年
	阿南病院			昭和16年
	木村医院			昭和16年
	伊藤病院			昭和16年
	濱脇病院			昭和16年
	足達病院			昭和16年
	高岡医院			昭和16年
	佐多医院			昭和16年
社会教化 教化（民衆啓蒙・矯風）	基督教婦人矯風会別府支部	1920（大正9）年12月	別府市	昭和12年
	大分県教化団	1927（昭和2）年3月	大分県庁社会課内	
協　和	大分県協和会	1939（昭和14）年11月		昭和16年
	大分県協和会支部（19箇所）	1940（昭和15）年		昭和16年
融　和	大分県親和会	1924（大正13）年8月	大分県庁社会課内	昭和11年
	大分県内鮮民友会	1930（昭和5）年2月	大分市	昭和11年
	宇佐郡南部融和連盟	1935（昭和10）年7月	宇佐郡	昭和12年
その他 隣保事業	日田報恩舎	1927（昭和2）年		昭和16年
	別府隣保館	1928（昭和3）年	別府市	昭和16年
	鷹巣園	1936（昭和11）年	玖珠郡	昭和16年
	豊川村隣保協会	1940（昭和15）年	宇佐郡	昭和16年
	河内村隣保協会	〃	西国東郡	昭和16年
	明日堅田村隣保協会	〃	南海部郡	昭和16年
	野上村隣保協会	〃	玖珠郡	昭和16年
	日出町隣保協会	〃	速見郡	昭和16年
	植田村隣保協会	〃	大分郡	昭和16年
	光岡隣保協会	〃	日田市	昭和16年
移住組合	大分県海外移住組合	1927（昭和2）年3月	大分市大分1番地	昭和11年
	大分県海外協会	1928（昭和3）年12月	大分県庁内	昭和11年
その他	西都甲村国民健康保険組合	1938（昭和13）年12月		昭和16年

種　類	施設団体の名称	設立年月日	所　在　地	確認年
	熊毛村国民健康保険組合			昭和 16 年
	下郷村国民健康保険組合	1939（昭和 14）年 2 月		昭和 16 年
	八幡村国民健康保険組合	〃　　　　　12 月		昭和 16 年
	眞坂村国民健康保険組合	〃　　　　　〃		昭和 16 年
	宇佐郡八幡村国民健康保険組合	1940（昭和 15）年 2 月		昭和 16 年
	西中浦村国民健康保険組合	〃　　　　　5 月		昭和 16 年
	上井田村国民健康保険組合	〃　　　　　8 月		昭和 16 年
	野上村国民健康保険組合	〃　　　　　〃		昭和 16 年
	三浦村国民健康保険組合	〃　　　　　〃		昭和 16 年
	切畑村国民健康保険組合	〃　　　　　12 月		昭和 16 年
	三重村国民健康保険組合	1941（昭和 16）年 3 月		昭和 16 年
	母性学校（県内 9 箇所）			昭和 16 年

面寮」「後援会」「方面事業所」の新設がみられ，まさに上記「時局柄」における方面事業の強化が図られていった。例えば，「直見村方面寮」（昭和 15 年，南海部郡直見村），「呉崎村方面寮」（昭和 15 年，西国東郡呉崎村），「高並村方面寮」（昭和 15 年，宇佐郡高並村），「津久見町方面事業後援会」（昭和 15 年，北海部郡津久見町），「大分市中島校区方面事業所」（昭和 15 年 3 月，大分市濱町），「大分市春日校区方面事業所」（昭和 15 年 3 月，大分市生石町），「大分市大道校区方面事業所」（昭和 15 年 3 月，大分市大道町），「高田村方面事業後援会」（昭和 15 年，大分郡高田村），「高瀬方面事業後援会」（昭和 15 年 3 月，日田市），「植田方面事業後援会」（昭和 15 年 3 月，大分郡植田村）などの新設があった[64]。

なお，1942（昭和 17）年 6 月 5 日ミッドウェイ海戦において，日本は主要航空母艦を失い，致命的な打撃を受けた。1945（昭和 20）年 2 月 19 日，アメリカは硫黄島に入陸，1 ヶ月の激戦の後これを占領，日本本土に対する戦闘基地を設けた。4 月 1 日にはアメリカ軍は沖縄島に上陸，日本側の敗北は明らかとなった[65]。大分県においては敗戦間ぢかにおいて施設（団体）の新設はみられなかった。

◆ 第 3 節　施設史の固有性の吟味 ◆

ここでは，本章でまとめた大分県の施設（団体）の年代ごとの固有性を整理・検討しておく。

1890年代,「司法保護」で1箇所,団体が創設された。正確には「釈放者保護」であり,「大分県保護会」(大分市大字大分)であった。「大分県保護会」は,1899(明治32)年に教誨師および附近住職の発起によって設立された。同会は県下において明治,大正,昭和初期を通して着実に発展し,県下の各保護団の統一機関として一定の地位を確立した。「大分県保護会」は県下の各保護団の財源面を支援しており,また組織役員は知事,大分地方裁判所検事正等が担っており,明治,大正,昭和初期を通じて,釈放者保護事業の統一および県下の管理機関として機能していった。

1900年代に入ると「育児」が2箇所設置された。「慈善奉公会教養院」(別府市春日通)と「大分育児院」(大分市東新町)であった。「大分育児院」は孤児院経営と同時に常設保育所を経営していた。「大分育児院」は「大分婦人会」の支援組織が形成され,恩賜財団慶福会,大分県補助金等の財源上の支援もあり,事業は拡大化し,1934(昭和9)年3月26日に「救護法」の「救護施設」の認可を受けた。

1900年代,「盲聾教育」として「大分県立盲唖学校」が1907(明治40)年6月に創設された。「大分県立盲唖学校」が創立された当時は,全国的に盲唖関係の学校・施設が設置される時代(時期)であった。例えば,1905(明治38)年3月,金子徳十郎によって新潟県に「長岡盲唖学校」が設立された。同年5月,福田ヨシによって「松江盲唖学校」が設立された。また,同年9月には群馬県の「上野教育会」が失明した出征軍人のための訓盲所を設立した。

1900年代,「感化教育」として「大分少年教護院(旧大分県代用感化院)」が設立された。「大分少年教護院」は,当初,代用感化院(私立感化院)として設立された。これは1908(明治41)年4月の「感化法」の改正により,道府県に感化院の設立が義務化されたことにより設立されたものであった。

1910年代として挙げられるものに「恩賜財団済生会」(明治45年)がある。「恩賜財団済生会」は全国組織としては1911(明治44)年5月30日に設立された。会長は桂太郎であり,以降,各府県に支部を設置していった。大分県に

第3節 施設史の固有性の吟味

おいては，翌1912（明治45）年から救護事業が実施された。1910年代，大分県に初めて「公設市場」が設置された。「大分市公設市場」（1918年11月，大分市細工町）と「佐伯公設市場」（1919年2月，南海部郡佐伯町）であった。1918（大正7）年の「米騒動」がひとつの契機となって「社会事業」は成立したと考えられるが，当時，公的社会事業として，生活困難への応急的対策として，米騒動後，公設市場等が設置されていった。

1926（大正15）年7月，大分県に学務部社会課が設置された。その社会事業に関する事項は多岐にわたっていた。なお，大分県学務部社会課が設置された時点では，主要な県の社会課では社会事業調査が実施されていた。1920年代，「産院」が1箇所設置された。「日本赤十字社大分支部産院」（1923（大正12）年6月）であった。なお，1922（大正11）年5月9日には日本赤十字社に産婆養成所が開設された。また，3月22日には内務省が妊産婦及び児童衛生講習会を開催した。

大分県内では大正15年あたりから農繁託児所が設置され始めた。大正15年5月に宇佐郡封戸村に「個人」経営で開設された。その後各地で開設されるが，経営主体は「市立」「私立」「愛国婦人会」「組合婦人会」「国防婦人会」「仏教婦人会」「寺院」「青年団」「小学校」等，多様であった。

1920年代，1箇所「公益質屋」が設置された。「森町公益質屋」（玖珠郡森町大字森）であった。大分県においては1920年代の「公益質屋」はこの1箇所だけであったが，これは1927（昭和2）年3月31日に「公益質屋法」が公布され，同年8月10日に施行されたことによるものであった。「職業紹介」として1928（昭和3）年9月15日，「別府市職業紹介所」が設置された。1921（大正10）年4月に「職業紹介法」が公布された。これにより各地に公営職業紹介所が設置された。

また，1920年代，「院内救助（養老事業）」として，1925（大正14）年2月に「別府養老院」が創設された。「別府養老院」は，大分県内の養老院の嚆矢であった。「別府養老院」は「養老婦人会」を経営母体として運営されていた。大

正期，昭和初期に創設された養老院には支援組織，支援母体が組織されていた。例えば，「佐世保養老院」には「佐世保仏教婦人救護会」が，「福岡養老院」には「福岡仏心会」が，「長崎養老院」には「長崎大師会」が，「佐賀養老院」には「佐賀仏教婦人会」が組織されていた。

1930年代，「連絡統一」として「大分県社会事業協会」が1935（昭和10）年2月に創立された。県の社会事業協会の創立としては遅いほうであった。因みに，九州地方の創立年を調べてみると，「福岡県社会事業協会」（昭和2年11月創立），「佐賀県社会事業協会」（大正13年1月創立），「長崎県社会事業協会」（大正9年8月創立），「熊本県社会事業協会」（昭和2年創立），「宮崎県社会事業協会」（昭和4年5月創立），「鹿児島県社会事業協会」（大正11年9月創立）であった。

1940年代，施設（団体）の新設が急激に減少した。「昼間保育」は，1930年代は15箇所の新設がみられたが，1940年代は5箇所の新設にとどまった。「あかつき愛子園」（昭和15年，大分郡判田村），「豊川村愛育会」（昭和15年，宇佐郡豊川村），「河内村愛育会」（昭和15年，西国東郡河内村）であり，大分郡，宇佐郡，西国東郡の村に設置された。これらの「昼間保育」は戦時下において「児童保護事業」として位置づけられる。

1940年代，「方面寮」「後援会」「方面事業所」の新設がみられ，戦時下における方面事業の強化が図られていった。例えば，「直見村方面寮」「呉崎村方面寮」「高並村方面寮」「津久見町方面事業後援会」「大分市中島校区方面事業所」「大分市春日校区方面事業所」「大分市大道校区方面事業所」「高田村方面事業後援会」「高瀬方面事業後援会」「植田方面事業後援会」の新設があった。

〈注〉
1）大分県社会課の社会事業概要には以下のものがある。
　大分県社会課『昭和十六年五月大分県社会事業の概況』
　大分県学務部社会課『昭和十一年七月大分県社会事業概要』
　大分県学務部社会課『社会事業概要』昭和二年十二月五日

大分県社会課『社会事業概要』
2) 『社会事業要覧（大正九年末調）』内務省社会局，大正十二年五月三十日，「凡例」
3) 『第十回社会事業統計要覧』内務省社会局社会部，昭和七年三月三十一日，「凡例」
4) 大分市社会福祉協議会記念誌編集会議編『大分の社会福祉―創立35年法人化20年大分市社会福祉協議会の歩み―』大分市社会福祉協議会，1990年
5) 辻英武『大分県の社会福祉事業史』大分県社会福祉協議会，1973年
6) 井村圭壯「地方行政における社会事業施設と団体の形成史研究」『日本福祉図書文献学会研究紀要』第7号，2008年，pp. 49-50
7) 『社会事業概要』大分県学務部社会課，昭和二年十二月五日，pp. 12-13
8) 『昭和十一年七月大分県社会事業概要』大分県学務部社会課，昭和十一年七月二十日，pp. 122-123
9) 前掲書，『社会事業概要』p. 4
10) 『大分育児院年報』大分育児院，昭和十四年八月一日，pp. 4-5
11) 『昭和十六年五月大分県社会事業の概況』大分県社会課，昭和十六年五月十日，p. 34
12) 前掲書，『大分育児院年報』p. 5
13) 前掲，『昭和十一年七月大分県社会事業概要』pp. 77-78
14) 池田敬正・土井洋一編『日本社会福祉綜合年表』法律文化社，2000年，pp. 53-57
15) 前掲，『昭和十一年七月大分県社会事業概要』pp. 64-65
16) 前掲，『大分県の社会福祉事業史』p. 89
17) 同上書，p. 89
18) 井村圭壯「地方行政における社会事業施設と団体の形成史研究」前掲書，p. 51
19) 同上書，p. 53
20) 金子光一「恩賜財団済生会―天皇の『下賜金』に基づく財団法人の設立」『社会福祉発達史キーワード』有斐閣，2009年，p. 72
21) 前掲，『昭和十一年七月大分県社会事業概要』p. 55
22) 『全国社会事業名鑑（昭和12年版）』中央社会事業協会社会事業研究所，昭和十二年四月二十六日，pp. 370-388
23) 前掲，『昭和十六年五月　大分県社会事業の概況』p. 50
24) 永岡正己「公的社会事業と『防貧』の意味」『日本社会福祉の歴史』ミネルヴァ書房，2003年，p. 86
25) 前掲，『昭和十一年七月大分県社会事業概要』p. 83
26) 前掲，『社会事業概要』pp. 106-107
27) 前掲，『日本社会福祉綜合年表』p. 79
28) 前掲，『全国社会事業名鑑（昭和12年版）』pp. 910-911
29) 井村圭壯「地方行政における社会事業施設と団体の形成史研究」前掲書，p. 56
30) 前掲，『昭和十一年七月大分県社会事業概要』p. 1

31) 同上書，pp. 1-2
32) 前掲，『日本社会福祉綜合年表』p. 95
33) 前掲，『社会事業概要』p. 52
34) 同上書，p. 53
35) 前掲，『昭和十一年七月大分県社会事業概要』p. 70
36) 同上書，pp. 67-71
37) 岩見恭子「農村社会事業の台頭と実態」『日本社会福祉の歴史』ミネルヴァ書房，2003年，p. 118
38) 前掲，『昭和十一年七月大分県社会事業概要』p. 67
39) 同上書，p. 84
40) 前掲，『全国社会事業名鑑（昭和12年版）』p. 963
41) 永岡正己「社会事業の政策と実践」前掲書，注37，p. 86
42) 同上書，p. 86
43) 前掲，『全国社会事業名鑑（昭和12年版）』pp. 1004-1007
44) 『大正十四年度別府養老院年報』別府養老院，大正十五年三月三十一日，p. 1
45) 井村圭壯『日本の養老院史─「救護法」期の個別施設史を基盤に─』学文社，2005年，pp. 3-4
46) 井村圭壯「地方行政における社会事業施設と団体の形成史研究」前掲書，p. 64
47) 高澤武司「翼賛体制と社会事業の軍事的再編成」『社会福祉の歴史─政策と運動の展開─〔新版〕』有斐閣，2001年，p. 278
48) 木村武夫『日本近代社会事業史』ミネルヴァ書房，1964年，p. 133
49) 井村圭壯「地方行政における社会事業施設と団体の形成史研究」前掲書，p. 64
50) 前掲，『全国社会事業名鑑（昭和12年版）』pp. 31-34
51) 前掲，『昭和十一年七月大分県社会事業概要』p. 22
52) 同上書，pp. 22-23
53) 『昭和十二年十一月方面委員制度概況』大分県社会課，p. 11
54) 前掲，『全国社会事業名鑑（昭和12年版）』p. 509
55) 同上書，p. 507
56) 前掲，『昭和十一年七月大分県社会事業概要』p. 84
57) 前掲，『全国社会事業名鑑（昭和12年版）』pp. 961-967
58) 高澤武司「戦時厚生事業の人的資源政策」前掲書，p. 284
59) 同上書，p. 284
60) 前掲，『昭和十六年五月大分県社会事業の概況』pp. 26-34
61) 前掲，『大分県の社会福祉事業史』p. 130
62) 前掲，『昭和十六年五月大分県社会事業の概況』p. 16
63) 同上書，p. 24
64) 同上書，pp. 25-26

65）前掲,『大分県の社会福祉事業史』pp. 134 – 135

第3章

愛媛県における社会事業施設・団体の形成史

◆ 第1節 戦時体制下の状況分析 ◆

　本章の目的は愛媛県社会課の『愛媛県社会事業概要』を活用し[1]，明治期から昭和戦前期までに設立された個々の社会事業施設や団体の名称，設立年月日，所在地等を整理し，年代ごとの形成過程の内容とその特色を整理することにある。なお，現時点では『昭和十六年三月愛媛県社会事業概要』が戦前期の中では最新のものである。この点を踏まえ，表3-3に示す「愛媛県の明治期から昭和戦前期までの社会事業施設と団体一覧」を基軸に文章化を行い，他の第一次史料及び第二次史料で施設（団体）の形成内容の補充を行った。

　また，戦前期において各道府県の施設（団体）の形成過程を検討する場合，その材料として，内務省の『社会事業要覧』（名称は年度によって異なる）が有効的である。ただし，例えば，内務省社会局『社会事業要覧（大正九年末調）』の「凡例」には「本書ノ材料ハ道府県ノ報告其他ノ調査ニ基キ」[2]と規定されている。また，昭和期に入っても，「本書ハ内務報告例ニ依リ道府県ヨリ報告ニ係ル昭和四年度ノ社会事業統計ヲ主トシ」[3]と規定されている。つまり，県単位における比較分析には役立つが，ひとつの県の形成史を整理する上では，各県単位の『社会事業要覧』が精密的である。よって，本研究は『愛媛県社会事業概要』等の第一次史料を基本として分析を行った。

　なお，先行研究として，矢上克己「愛媛県の明治期から昭和戦前期までの社会事業施設と団体の形成過程」がある[4]。矢上の使用した『社会事業要覧』は，『大正十五年九月一日松山市社会事業要覧』，『昭和六年愛媛県に於ける社会事

業施設一覧』、『昭和九年九月愛媛県社会事業要覧』であり、『昭和十六年三月愛媛県社会事業概要』（愛媛県社会課）は使用されていない。本章では昭和16年の『愛媛県社会事業概要』（65頁）を追加することにより、戦時体制下の状況を整理・分析した。矢上は「資料的制約から、明治初期および1934（昭和9）年6月以降の社会事業施設と団体の存在については現時点では確認できない。」5)と述べている。

第2節　明治期から昭和戦前期までの社会事業施設（団体）の全体像とその形成過程

1. 明治期から1900年代までの社会事業施設（団体）の概要

　1890年代であるが、明治23年から明治32年の時期である。第一次恐慌が起こり、経済界の不況が続いた。1894（明治27）年には、日本軍が朝鮮王宮を占拠し、日清戦争（1894年）へと突入していく時代であった。1897（明治30）年6月、「八幡製鉄所」が設立され、7月には日本最初の労働組合「労働組合期成会」が設立されたのもこの時期（時代）であった。慈善救済に関連するものとしては、軍国化の中で「軍人恩給法」が1890（明治23）年6月に公布されている。1891（明治24）年8月には「地方衛生会規則」が公布された。1895（明治28）年には日清戦争に従事した死亡傷痍疾病者に「特別賜金」を支給し

表3-1　愛媛県施設設立年代別の推移

	施設数
1890年代	5ヶ所
1900年代	5ヶ所
1910年代	40ヶ所
1920年代	147ヶ所
1930年代	121ヶ所
1940年代	7ヶ所
不明	15ヶ所
計	340ヶ所

ている。社会事業家の観点から述べれば，1891（明治24）年，石井亮一が東京下谷に「孤女学院」を設立，1892（明治25）年，塘林虎五郎が「熊本貧児寮」を設立，同年，宮内文作が前橋に「上毛孤児院」を設立，1893（明治26）年，林可彦が大阪市に「愛隣夜学校」を設立，同年，「カナダ外国婦人伝道会社」によって金沢市に「川上授産館」が設立，1895（明治28）年，五十嵐喜廣が「飛騨育児院」を設立，同年，聖公会教師 E. ソーントンによって東京市芝に「聖ヒルダ養老院」が設立されたのもこの時期であった。1895（明治28）年9月には「日本救世軍」が創設され，11月山室軍平が入軍している。その他，各種の施設（団体）が設立するが，いわば明治20年代頃から民間社会事業の専門分化，多様化が出現した時代であった[6]。

愛媛県においては，「貧児教育」として「私立松山夜学校」（1891（明治24）年，松山市永木町），「授産」として「愛媛保護会内授産部」（1895（明治28）年，松山市柳井町），「院外救助」として「久万凶荒予備組合」（1890（明治23）年，上浮穴郡久万町），「教化」として「愛媛県神職会」（1891（明治24）年，松山市木屋町），「釈放者保護」として「愛媛保護会」（1895（明治28）年，松山市柳井町）が設立されている。

上記の内，松山市以外は「久万凶荒予備組合」であるが，『愛媛県社会事業要覧』によると以下のように記されている。

「明神村外一町六ヶ村組合を以て組織し，組合町村民にして天災地変の為災害に罹り，又は生活困難なる者を救済す。又傍ら中等教育以上の学校に就学する者に対し育英，学資貸与をなす。 一，所在地　上浮穴郡久万町　二，代表者　森岡牛五郎　三，組織　町村組合　四，設立年月日　明治二十三年十月二十二日」[7]

上記，「院外救助」は，松山市以外においては明治40年代以降に設立されるが，「久万凶荒予備組合」はその嚆矢と位置づけられる。

また，「貧児教育」として「私立松山夜学校」が1891（明治24）年に設立された。概要を示すと以下のようになる。

表3-2 愛媛県内社会事業施設（団体）の設立年代別，種類別数の推移

	1890年代	1900年代	1910年代	1920年代	1930年代	1940年代	不明	合計
連絡統一				8ヶ所	1ヶ所		1ヶ所	10ヶ所
方面委員制				13ヶ所	5ヶ所			18ヶ所
産 婆			3ヶ所	16ヶ所	9ヶ所			28ヶ所
産 院				1ヶ所				1ヶ所
乳児保護				6ヶ所	1ヶ所			7ヶ所
昼間保育		1ヶ所		13ヶ所	13ヶ所	5ヶ所		32ヶ所
育 児		1ヶ所						1ヶ所
貧児教育	1ヶ所			1ヶ所				2ヶ所
感化教育		1ヶ所	1ヶ所		1ヶ所			3ヶ所
小住宅				14ヶ所				14ヶ所
共同宿泊所				1ヶ所				1ヶ所
共同浴場			1ヶ所					1ヶ所
公益市場				1ヶ所	2ヶ所			3ヶ所
公益質屋				10ヶ所	48ヶ所			58ヶ所
授 産	1ヶ所		1ヶ所	1ヶ所	11ヶ所			14ヶ所
職業紹介				8ヶ所	2ヶ所		2ヶ所	12ヶ所
院外救助	1ヶ所	1ヶ所	1ヶ所	3ヶ所	2ヶ所			8ヶ所
院内救助（養老事業）		1ヶ所		2ヶ所	1ヶ所			4ヶ所
司法保護				6ヶ所	1ヶ所			7ヶ所
施療病院				4ヶ所	1ヶ所			5ヶ所
診療所			1ヶ所	3ヶ所	4ヶ所	2ヶ所		10ヶ所
精神病院				1ヶ所	2ヶ所			3ヶ所
教 化	1ヶ所			14ヶ所	14ヶ所			29ヶ所
協 和				18ヶ所				18ヶ所
融 和				7ヶ所	3ヶ所			10ヶ所
人事相談				1ヶ所				1ヶ所
釈放者保護	1ヶ所		21ヶ所	1ヶ所				23ヶ所
隣保事業					1ヶ所		11ヶ所	12ヶ所
移住組合				1ヶ所	1ヶ所			2ヶ所
その他				1ヶ所	1ヶ所		1ヶ所	3ヶ所
合 計	5ヶ所	5ヶ所	40ヶ所	147ヶ所	121ヶ所	7ヶ所	15ヶ所	340ヶ所

「労働に従事する者或は昼間勉学の途なき者に夜間を利用して基督教主義に基き中等教育を施し，基督教的人格の完成を加するを目的とす。一，所在地　松山市永木町二〇，二一，二二番，二，校主　リーヅギューリック　三，組織　アメリカンボールド保護の下に個人経営　四，設立年月日　明治二十四年一月十四日」[8]

また,「釈放者保護」として「愛媛保護会」が1895 (明治28) 年に設立された。上記,『愛媛県社会事業要覧』には以下のように記されている。「刑務所より釈放者並微罪の為,裁判所より釈放せらるる者にして所属する所なき不遇者を保護善導して,社会生活に入らしむる目的を以て愛媛保護会及各郡市保護団体は直接間接の保護善導をなす。愛媛保護会は,愛媛保護場と愛媛県保護協会との合同したるものにして,前者は明治二十八年七月,後者は大正二年六月の創立に係り両者合同,大正四年四月財団法人設立許可を受け,全年六月事務所及被保護者収容所を新築す。」[9] 上記のことから理解できるように「愛媛保護会」は,1895 (明治28) 年創立の「愛媛保護場」から出発していた。

次に,1900年代は明治33年から明治42年の時期である。1901 (明治34) 年2月には「八幡製鉄所」が創業を開始した。1902 (明治35) 年7月,呉海軍工廠職工のストライキが起こった。1904 (明治37) 年2月にはロシアに宣戦,「日露戦争」が始まったのもこの時期であった。社会事業の領域では,1900 (明治33) 年3月9日「感化法」が公布された。1901 (明治34) 年12月3日には「日本赤十字社条例」が公布された。1904 (明治37) 年4月4日「下士兵卒家族救助令」が公布された。また,1906 (明治39) 年3月東北地方大飢饉のため窮民の救済事業を実施したのもこの時期 (時代) であった。施設・団体関係では1900 (明治33) 年1月野口幽香・森島峰によって東京麹町に「二葉幼稚園」が設立された。同年6月には熊本に「肥後慈恵会」が設立された。養老事業関係では,1902 (明治35) 年12月1日,岩田民次郎によって「大阪養老院」が設立されたのもこの時期であった。

愛媛県においては,「昼間保育」として「宇和島済美婦人会保育園」(1904 (明治37) 年,宇和島市丸穂),「育児」として「愛媛慈恵会」(1901 (明治34) 年,松山市旭町),「感化教育」として「愛媛県立家庭実業学校」(1909 (明治42) 年,松山市衣山町),「院外救助」として「上分町愛生慈恵会」(1907 (明治40) 年,宇摩郡上分町),「院内救助」として「愛媛慈恵会」(1901 (明治34) 年,松山市旭町) が設立された。

上記の「宇和島済美婦人会保育園」は『昭和九年九月愛媛県社会事業要覧』の「常設託児所」の筆頭に掲載されている。「昼間保育」（常設託児所）として昭和期に一定の確立した事業を展開していたと考えられるが，概要を示せば以下のようになる。

「生後百日以降学齢迄の乳幼児を，其の戸主又は家族の依託により，昼間保育をなし，安んじて生業を営むの便を得しむ。年頭，年末六日間毎月第一，第三日曜日（公休日）其の他一般市民の休業日を除く外，毎日日の出時より日没時迄之を保育し，嬰児は鞄育を主とし，一日一回母乳を与えるを条件とし，其の他はラクトーゲン，粥等を与へ三歳以上の者は年齢に応じて幼稚園の教育を授け，廉価の昼食と午前午後二回に間食を与へ依託者より毎日食費として金七銭を徴収するも，家庭の事情により之を参酌して減免す。保育児童中疾病に罹りたる者は医師の診療を受けしめ，特に家計困難なる者は，薬価を本園に於て支弁す。又毎月十九日篤志医師の来園を請ひ，児童健康相談所を開設し，母親の為に健康増進の相談に応ず。一，所在地　宇和島市丸穂甲一〇地　二，代表者　婦人会長　山村タカ子　三，組織　宇和島済美婦人会経営　四，設立年月日　明治三十七年一月二十日婦人会創立，常時救貧事業を行ふ。大正十一年七月二日幼児昼間保育事業開始　昭和三年七月十九日児童健康相談所開始。」[10]

上記の点から理解できるように「宇和島済美婦人会保育園」は「救貧事業」から開始しており，単なる「昼間保育」ではなく，救済的側面が強い常設保育園であったと考えられる。

次に「感化教育」として「愛媛県立家庭実業学校」があるが，沿革を示すと以下のようになる。

「一，明治四十二年二月告示第三号ヲ以テ愛媛県ニ感化法施行ノ旨告示セラル　一，全年一月十一日私立愛媛慈恵会発企ノ下ニ松山自彊学園トシテ内務大臣ヨリ設立ヲ認可セラル　一，全年三月二十六日松山市自彊学園ヲ創立ス（中略）一，大正三年四月一日県営ニ移管シ愛媛県立自彊学園ト改称ス，現員十

六名」[11]。

この「自彊学園」は，1908（明治41）年4月「感化法」改正により，道府県の感化院設立義務化と国庫補助の規定により創設されたものであった。また，1934（昭和9）年1月，「少年教護法」発布に伴い「其の名称を家庭実業学校」[12]と改称した。

「院内救助」としては「愛媛慈恵会」をあげなければならない。概要を示せば次のようになる。

> 「会員の醵出金，寄附金，財産収入，補助金其の他により無告の孤児，貧児及遺児を収容し家族制度の下に教養し，学齢児童は市立小学校に就学せしめ，秀才の者は中等以上の教育を受けしむ。而して義務教育終了者は善良なる家庭を選びて委託し自活の途を得れば退会せしむ。六十五歳以上の老病者を収容又は委託救済をなす。但費用を以て委託の者は年齢を問はず特に収容看護をなす。猶三歳以下の哺乳児は委託救済をなす。」[13]

「愛媛慈恵会」は上記「育児」にも位置づけられていたが，哺乳児から老病者までを収容する総合施設として発展していった。1904（明治37）年11月には財団法人の認可を得ている[14]。また，『昭和十一年二月全国養老事業調査（第一回）』（全国養老事業協会）では，愛媛県の養老院として，「愛媛慈恵会」（明治三四・七），「愛媛養老院」（昭和二・二）が掲載されており，「愛媛慈恵会」は「養老事業」の嚆矢と位置づけられる。同調査によると，「職員数」三「収容人員」「男」一〇「女」三という記録が残っている[15]。

2. 1910年代

1910年代は，設立数と同時に種類が多くなっている。1910年代とは明治期の終わり（明治43年）から大正中期（大正8年）までを意味するが，1909（明治42）年2月に，内務省が全国の優良救済事業に奨励金を下附し，徐々に施設（団体）が増加し始める時期（時代）であった。大正期に入ると，1917（大正6）年8月，「内務省分課規程」の改正により地方局に救護課が新設され，1919（大

正8）年12月には内務省地方局救護課は社会課に改称される。翌年8月には地方局社会課を独立させ，内務省に「社会局」が誕生する等，「社会事業」期へと移行する時期（時代）であった[16]。

愛媛県においては以下の施設（団体）が創設された。「産婆」として「公設産婆」がはじめて設置された。「浅海村公設産婆」（1919（大正8）年，温泉郡浅海村），「桜井町公設産婆」（1919（大正8）年，越智郡桜井町），「難波村公設産婆」（1919（大正8）年，温泉郡難波村）。なお「公設産婆」は，1920年代に県内の農村部に増設されていった。

次に，「感化教育」として「県立自彊学園」であった。この施設は，先の1900年代の部分で指摘したが，後の「愛媛県立家庭実業学校」である。「大正三年四月一日県営ニ移管シ愛媛県立自彊学園ト改称ス」[17]とある。なお学園の目的は，「本園ハ感化法第五条各号ニ該当スル児童ヲ収容シ之カ感化教育ヲ為シ以テ将来独立自営ノ良民タラシムルニ依リ」[18]であった。

1910年代初めて「公設市場」として「松山市公設市場（湊町）」（1919（大正8）年）が松山市湊町に設置された。これは「欧州大戦の影響により一般物価騰貴の為，庶民階級の私生活に及ぼす所少からざるを以て，良質廉価に之を供給し，一面一般市価を牽制し，物価の調節に資する目を以て施設せるもの」[19]であった。「公設市場」はその後，1920年代に入り松山市内に2箇所設置された。

また，1910年代，「施療病院」が4箇所設置された。「市立宇和島病院」（1910（明治43）年，宇和島市広小路），「日本赤十字社愛媛支部病院」（1913（大正2）年，松山市一番町），「市立八幡浜病院」（1914（大正3）年，八幡浜市矢野町），「吉田町外四ヶ村衛生組合立吉田病院」（1919（大正8）年，北宇和郡吉田町）であった。いずれも公立か団体立で，県内の主要な市町に設立された。この内「日本赤十字社愛媛支部病院」は「開院中の愛媛県立松山病院を，愛媛県から無償譲渡を受けて開設した。初代院長は，当時県立病院長であった粒良仙蔵氏が就任し，副院長は外科の竹内琢磨氏であった。当時の診療科目は内科，外科，産科婦人科，薬剤科，庶務科の4科1係に過ぎないものであった。」[20]なお，「日

本赤十字社愛媛市部病院」の設立経緯を説明すると，以下のようになる。1909（明治42）年12月の県会において「県立松山病院」の入院外来患者が明治40年以降漸減傾向にあることを背景に議員から同病院の廃止の動議が提出され，賛成多数で可決された経緯がある。1913（大正2）年知事提案が同議会で議決され，県立松山病院の日赤移管が決まり，1913（大正2）年2月商議員会を開催，県立松山病院の無償譲与を受け，4月1日より愛媛支部病院として開設することになった[21]。日赤支部病院としては全国で10番目のものであった[22]。

また「診療所」として「公設新居浜トラホーム治療所」（1912（明治45）年，新居浜郡新居浜町）が設置された。これは町営の診療所であり「嘱託医一名　専任委員一名」[23]と小規模の診療所であった。

3. 1920年代

1920年代は，大正9年から昭和4年の時期である。先にも述べたが，1920（大正9）年8月，内務省官制の改正により内務省に社会局が設置された。これは地方局社会課を独立させるものであったが，国家による社会事業の強化を意図する狙いがあった。1920（大正9）年10月には内務省は各道府県に理事官，嘱託，市区助役等約160名を集めて「社会事業打合会」を実施した[24]。この年から各府県に社会事業主管が設置され，愛媛県は翌年1921（大正10）年に設置された。四国地方では愛媛県が社会事業主管の設置は最も早く，徳島県，香川県，高知県は1926（大正15）年に設置された。

1921（大正10）年1月「社会事業調査会官制」が公布される。なお，1924（大正13）年4月には「社会事業調査会」は廃止されている。これは「帝国経済会議」に社会事業関係が包含されたことによる。また，1921（大正10）年3月には「中央慈善協会」が「社会事業協会」へと改称された。いわば1920年代は，特に前期は「社会事業」期であるとともに，1930年代からの十五年戦争に突入する前哨戦の時代であった[25]。

愛媛県に視点を戻すが，1920年代から施設（団体）の設置数とともに種類の

増加がみられた。「連絡統一」として1921（大正10）年には愛媛県学務部社会課が設置された。また、主要な市に社会課が置かれた。例えば、松山市社会課が1921（大正10）年に、今治市社会課が1922（大正11）年に、宇和島市社会課が1924（大正13）年にそれぞれ置かれた。また、会員組織である「愛媛県社会事業協会」が1922（大正11）年に愛媛県学務部社会課内に置かれた。こうした「社会事業」期に愛媛県に「連絡統一」機関が設置されたことになる。

1920年代には「方面委員制」も誕生している。1920（大正9）年9月には広島市で「方面委員設置規定」が公布され、翌年の1921（大正10）年10月には岡山県では「済世委員設置規定」が公布された。東京市では1920（大正9）年11月に「東京市方面委員規定」が制定された。「方面委員制」は1918（大正7）年の大阪府における「方面委員設置規程」が基礎になっているが、愛媛県では大正後期から始動し、昭和初期から広がりをみせた。「本県の方面委員制度は大正十二年十一月県訓令第三十七号を以て制定せられ、翌年三月十日付松山、今治、宇和島の三市に三十三名の委員を嘱託し其の活動を開始せり。而して本制度に関する県の方針は県下に於て最必要にして急を要する地方に之を実施し漸次之を拡張増員し全県下に方面網の完成を期し以て斯事業の基礎を確立し其の敵確なる運用と健全なる発達とを図らんとせり。昭和二年四月県訓令第二十二号を以て方面委員設置規程並方面委員執務心得を改正し、本格的に本事業の拡充を企画せり。」[26]

1920年代は「公設産婆」が県下農村部に設置された。1910年代は3箇所であったが、1920年代は16箇所となっている。『愛媛県社会事業要覧』には「公設産婆」の趣旨を以下のように説明している。「公設産婆設置の趣旨は一は妊産婦の保健衛生と、胎児並出産児の正常なる発育を図らんとし、一は経済上にも私設産婆より使用上比較的顧慮少きを以て、進んで之を利用せしめんとするにあり。即ち本私設は児童保護の見地よりして、最も根本的にして且つ効果的施設たるを失はず。」[27]

次に1920年代の愛媛県の動向として「公益質屋」が増設された点がある。

全国的には1927(昭和2)年3月「公益質屋法」が公布され,8月に施行されるが,愛媛県ではそれより前に1922(大正11)年11月に「長浜町公益質屋」が設置された。これが愛媛県の「公益質屋」の嚆矢であった。その後,1928(昭和3)年7月「大洲町中村公益質屋」が設置され,同年8月には「宇和島市公益質屋」「大洲町公益質屋」,11月には「大和村公益質屋」が設置された。翌,1929(昭和4)年2月には「八幡浜市公益質屋」,5月「波止濱町公益質屋」,7月「中筋村公益質屋」,8月「廣田村公益質屋」,10月「野村町公益質屋」が誕生した。

1920年代「院内救助(養老事業)」として1927(昭和2)年,西宇和郡八幡浜町に「愛媛養老院」が開設された。この施設が愛媛県における養老院という名称での施設の嚆矢に該当する。沿革は「昭和二年八月廿四日西宇和郡仏教団護友会ノ附属養老事業トシテ開設シ愛媛養老院ト称ス 創立開設ト同時ニ西宇和郡仏教団護友会ニ於テ経営セラレシモ昭和四年六月末ヲ以テ経営困難ノ為メ西宇和郡宮内村高徳寺内ニアル潤身教苑ニ移管セラレ爾来同教苑ノ経営トナル」[28]であった。「院則」の一部を示すと以下のようになる。

「第一条 本院ハ愛媛養老院ト称ス 第二条 本院ハ潤身教苑ノ経営ニヨリ社会事業ノ主旨ニ基キ寄辺ナキ老衰者ヲ救済シ天寿ヲ全タカラシムルヲ以テ目的トス 第三条 本院ハ西宇和郡八幡浜町ヲ中心トスル地点ニ設置ス 第四条 本院ハ開院ヲ分チテ左ノ五種トス 一,特別会員 二,正会員 三,養老会員 四,養老婦人会員 五,賛助会員 第五条 本院ハ潤身教苑会員費及ビ本院ノ会員ノ会員費並ニ篤志家ノ寄付金品ニヨリ維持拡張ヲナスモノトス」[29]

上記は昭和8年のものであるが,昭和7年1月には「全国養老事業協会」が結成されており,養老事業の組織化に繋がる時期(時代)であり,「愛媛養老院」は会員制による組織的養老院であった。「愛媛養老院」は,この「全国養老事業協会」の発展とともに,その組織化,近代化を図っていたと考えられる。

1920年代「診療所」が3箇所設置された。「松山市診療所」(1923(大正12)

年，松山市出渕町），「松山市東診療所」（1928（昭和3）年，松山市唐人町），「松山市西診療所」（1928（昭和3）年，松山市府中町）であった。「松山市診療所」は「大体に於て内科の軽症者を対象とし，早期に診て受診せしむるを主眼」[30]としていた。なお，「無料患者は公費救助者及方面委員の実施調査に依り，使用料を納付すること能はざる者に極限す」[31]となっており，救済的側面も持っていた。「診療所」はその後，1930年代になって参川村，湯山村等の農村部に普及していった。

1920年代は「教化（民衆啓蒙・矯風）」が普及していった。『愛媛県社会事業要覧』には以下のように示されていた。

「矯風教化に関する団体は従来地方に於て夫々独自の立場により其の事に当りしが，之等諸団体を統制し各事業を組織的らしむる為，昭和三年十月愛媛県教化団体連合会を組織し，郡市教化連盟二郡以上を以て活動区域とする団体等を加盟団とせり。其の後教化団体連合会を愛媛県教化連盟と改称す。」[32]
とある。この「愛媛県教化連盟」は1928（昭和3）年10月，愛媛県社会課内に置かれた。なお「教化」の中には禁酒会も多く，以下のような団体があった。

「旭禁酒禁煙会」（1921（大正10）年，北宇和郡旭村），「日振島禁酒会」（1923（大正12）年，北宇和郡日振島村），「壬生川禁酒会」（1923（大正12）年，周桑郡壬生川町），「由良青年団禁酒会」（1926（大正15）年，温泉郡興居島村），「三島村禁酒同盟会」（1927（昭和2）年，北宇和郡三島村），「宇和島市禁酒同盟」（1928（昭和3）年，宇和島市新田）。

次に，「児童健康相談所」は1920年代の固有の施設と位置づけられる。1926（大正15）年2月に新居郡氷見町役場内に「氷見町児童健康相談所」が設置され，翌年1927（昭和2）年3月には松山市一番町愛媛県庁内に「日本赤十字社愛媛支部児童健康相談所」が設置された。「事業内容」としては「日本赤十字社愛媛支部児童健康相談所」が「児童健康相談　毎週土曜日午後」であり，「長浜町児童健康相談所」が「妊産婦，乳児幼児ノ保育及保健衛生上ノ相談ヲ

ナス　相談日毎月十日」、「波止浜町児童健康相談所」が「乳児幼児ノ保育及保健衛生上ノ相談ヲナス　相談日毎月十五日」となっていた[33]。なお、「日本赤十字社愛媛支部児童健康相談所」は、その後、特に力がそそがれ、医師1名、看護婦1名、事務員1名を置き、毎週火曜日、木曜日の午後1時より3時まで相談に応じた。また、当初は虚弱児を対象としていたが、後には健康児の相談にも応じ継続事業として保健指導を行った[34]。

4. 1930年代

1930年代は、昭和5年から昭和14年の時期である。この1930年代は「満州事変」(1931年9月18日) が起こり、1932 (昭和7) 年1月28日「上海事変」、同年3月1日「満州国建国宣言」、1933 (昭和8) 年3月27日「国際連盟脱退」、1937 (昭和12) 年7月7日「日華事変」、1939 (昭和14) 年9月1日には「第二次世界大戦」が始まるという戦時下の時代であった[35]。

1937 (昭和12) 年9月、近衛内閣は内閣告諭号外及び内閣訓令外を出して「挙国一致、尽忠報国、堅君持久」の三指標を掲げ国民精神総動員運動を開始した。この国民精神総動員運動は、「国家総動員法」の議会通過と運用に正当性を与える役割を果たしたと位置づけられている[36]。

愛媛県に視点をもどすが、「連絡統一」として1935 (昭和10) 年3月、愛媛県社会課内に「愛媛県方面委員連盟」が設立されている。「方面委員制」は1920年代に県下に多数設置された。方面委員の活動は1932 (昭和7) 年施行の「救護法」によって市町村長の補助機関として位置づけられ、その後の公私の二面性から事業活動が「救護法」によって推進され、結果的に1936 (昭和11) 年11月、「方面委員令」の公布に繋がっていった。

大正末期から昭和にかけて農村には託児所が設置される傾向があった。その大部分は農繁期 (または託児所、季節託児所) という形態を取り、一時的、応急的なものであった[37]。1931 (昭和6) 年に全国で1081箇所の新設がみられ、前年度の新設536箇所から急激に数を伸ばしていった[38]。『愛媛県社会事業要覧』

には「県は大正十三年夏期に於て該施設に関する講習会を開催し，全年秋期より組織的に之を実施するに至る」[39] と示されている。愛媛県の1933（昭和8）年の記録によると，「夏期農繁託児所」が11郡70市町村，164箇所[40]，「秋期農繁託児所」が11郡48市町村，95箇所[41] となっている。なお，全国においては，農繁期託児所は戦時下において増設された事象は明らかであり，全国で1937（昭和12）年度11,447箇所の増設があり，1944（昭和19）年度は50,320箇所に増加した[42]。

1930年代は「公益質屋」が増設された。1932（昭和7）年から公益質屋の整備に要する経費が国庫補助対象とされるとともに，経営に必要な資金を低利で融資する途を開くなど公益質屋制度の普及発展に力が注がれた。これにより，法制定時，全国に81箇所であった設置数は昭和10年には1,052箇所，昭和14年には1,142箇所に達した[43]。愛媛県においては1920年代が10箇所であったが1930年代に48箇所に増加した。

1928（昭和3）年に「愛媛県教化連盟」が設置されたことは1920年代の部分で述べたが，1930（昭和5）年に各市郡に教化連盟が設置された。例えば1930（昭和5）年1月に松山市役所に「松山市教化連盟」が設置された。また，同年1月，今治市役所に「今治市教化連盟」，2月に宇和島市役所に「宇和島市教化連盟」，同月，周桑郡自治会内に「周桑郡教化連盟」が設置された。この連盟は計画的な設置であり，昭和5年に一斉に12箇所設置された。

1933（昭和8）年10月，「救護法」による「救護施設」として「今治市救護院」が創設された。「創立年月日及沿革大要」を示すと次のようになる。「本市出身東京市在住ノ馬越文太郎氏ヨリ昭和四年末頃貧民一時救済資金トシテ，金一万円ノ寄附アリ。内一千四百円ヲ一時的救恤資金トシテ用ヒシガ『金額ヲ一時ニ消費スルハ策ノ得タルモノニ非ズ宜シク養老院建設ノ資トナスベシ』トノ方面委員会ノ決議ニ基キ，市長ヨリ馬越氏ニ交渉シテ承諾ヲ得，救護法実施ヲ待チ，又利子ヲ加ヘテ，再ビ一万円トナルヲ機トシテ昭和八年三月二十七日知事ノ認可ヲ得五月起工。八月末日落成。九月二十二日開院式ヲ挙ゲタリ」[44]。

「今治市救護院」は，いわゆる「救護所」であるが，「全国養老事業協会」が実施した「全国養老事業調査（第二回）」では対象施設に位置づけられており，愛媛県内では「愛媛養老院」（会員，昭和2年8月），「今治市救護院」（市立，昭和8年9月），「愛媛慈恵会」（財法，明治34年7月）が調査対象施設となっていた45)。「今治市救護院」は1932（昭和7）年の「救護法」の施行に伴う「救護所」（救護施設）であるが，同時に養老事業施設として位置づけることができる。

次に，軍人援護であるが，これは内務省社会局社会部で取り扱われていたが，1937（昭和12）年10月，「社会局に臨時軍人援護部を置くの件」が公布され，1938（昭和13）年，厚生省の発足とともにその外局として「傷兵保護院」，後の「軍事保護院」が設置された。「傷兵保護院」は戦争の激化とともに，将来，結核発病者が増加してくることを予測して，1938（昭和13）年5月，全国に「傷痍軍人療養所」を設置する方針が決定された46)。1939（昭和14）年4月に設置された「傷痍軍人愛媛療養所」は上記の方針のもとに設立されたものであった。

5. 1940年代以降

1940年代以降とは，昭和15年以降を指すが，1940（昭和15）年10月「大政翼賛会」が発足，翌年1941（昭和16）年12月にはハワイ真珠湾を奇襲攻撃，太平洋戦争が始まる時代であった。「国民徴用令」（1939年），「国民労務手帳法」（1941年），「国民勤労報国協力令」（1941年），「労務調整令」（1942年），閣議決定「生産増強勤労緊急対策要綱」（1943年），「重要事業場労務管理令」（1942年）など，労務動員計画は限度にきてしまい，内地での労働力の不足から，子女，老年，学童まで調達が及んだ47)。また，朝鮮人の強制連行が進み，また，1942（昭和17）年閣議決定「華人労務者内地移入ニ関スル件」によって大量の中国人が強制連行されていったのもこの時期であった48)。

全国的にみて，施設（団体）の新たな設置，創立は1935（昭和10）年頃から減少するが，それでも1941（昭和16）年11月には「日本保健婦協会」が設立，12月には「日本小児保健報国会」が結成された。1942（昭和17）年2月には

「日本母性保護会」，同年5月，高木憲次によって東京板橋に「整肢療護団」が設立された。

　愛媛県に視点をもどすが，1940年代は急激に施設（団体）の新設が減少している。新設されたのは「昼間保育」が5箇所，「診療所」が2箇所のみであった。「昼間保育」は「菊間保育園」（越智郡菊間町：菊間町婦人会），「角野みどり園」（新居郡角野町：個人），「三島保育園」（宇摩郡三島町：町営），「泉川保育園」（新居郡泉川町：泉川町厚生協会），「金生村愛育園」（宇摩郡金生村：金生村厚生協会）であり，越智郡，新居郡，宇摩郡とすべて郡部の町村に設立された49)。なお，これらの常設保育所は，『昭和十六年三月愛媛県社会事業概要』では「児童保護事業」として位置づけられており，戦時下において単なる「昼間保育」としての機能だけではなかったと考えられる。「診療所」は「大川村診療所」（喜多郡大川村），「松山市第二診療所」（松山市薪玉町）のみであった。太平洋戦争の時局下において，施設（団体）の増設は図れない時代であった。なお，1940（昭和15）年11月，厚生省社会局長と内務省地方局長連名で方面委員制度と部落会町内等の関係に関する件通牒があり，戦下の中で方面事業の強化が図られていった。『昭和十六年三月愛媛県社会事業概要』には次のような文章があった。「然ルニ救護委員ト方面委員トハ取扱ノ範囲自ラ広狭アリ眞ニ方面事業ノ進展ヲ企画セントスルニハ未設置地方ニ対シ之ヲ設置スルノ必要アリ。昭和九年三月県下方面委員大会ニ於テ建議セル向モアリ，仍テ必要ト認ムル町村ニ対シ之ガ順次嘱託ヲナシ昭和十四年度ニ於テ県下全市町村千六百十八名ヲ嘱託セリ」50)。この方面事業の強化は数字として現れており，愛媛県において1936（昭和11）年度の方面委員数は市部九二，郡部四三七であったが，1938（昭和13）年度，市部一〇三，郡部一三四一となり，1940（昭和15）年度には市部一六五，郡部一四五五と増加していった。また，取扱件数も生活扶助に関しては，1936（昭和11）年度，二六八六であったが，1940（昭和15）年度には一〇八一三に急増している。また，児童保護は1936（昭和11）年度，八五八であったが，1940（昭和15）年度には二〇六八となった。相談指導においても1936（昭

表3-3 愛媛県の明治期から昭和戦前期までの社会事業施設と団体一覧

種類		施設団体の名称	設立年月日	所在地	確認年
社会事業に関する機関	連絡統一	愛媛県学務部社会課	1921(大正10)年4月	松山市一番町	昭和6年
		松山市社会課	〃 7月	松山市出淵町	昭和6年
		今治市役所社会課	1922(大正11)年1月	今治市	昭和6年
		愛媛県社会事業協会	〃 4月	愛媛県学務部社会課内	昭和16年
		南予文化協会	1923(大正12)年1月	宇和島市廣小路	昭和6年
		宇和島市社会課	1924(大正13)年9月	宇和島市丸の内	昭和6年
		西宇和郡社会事業協会	〃 10月	八幡浜市矢野町	昭和16年
		新居郡社会事業協会	〃 11月	新居郡西條町164	昭和16年
		愛媛県方面委員連盟	1935(昭和10)年3月	松山市一番町愛媛県社会課内	昭和12年
		愛媛県盲人福祉協会		愛媛県社会課内	昭和16年
	方面委員制	愛媛県方面委員	1923(大正12)年2月	県下一円	昭和12年
		長濱奨善会	1926(大正15)年3月	長浜町役場内	昭和12年
		松山方面事業後援会	1927(昭和2)年2月	松山市役所社会課内	昭和12年
		吉田町方面委員助成会	〃 4月		昭和12年
		八幡浜市互福会	〃 7月	八幡浜市役場内	昭和12年
		宇和町方面委員助成会	〃 8月	宇和町役場内	昭和12年
		宇和島市民共済会	〃 12月	宇和島市妙典寺前	昭和12年
		川之石町共存会	〃 〃	川之石町役場内	昭和12年
		久万町方面委員助成会		久万町役場内	昭和12年
		波止浜町方面委員助成会	1928(昭和3)年3月	波止浜町役場内	昭和12年
		松前町方面委員助成会	〃 4月	松前町役場内	昭和12年
		桜井町方面委員助成会	〃 5月	桜井町役場内	昭和12年
		川之江町愛隣会	〃 9月	川之江町役場内	昭和12年
		内子町方面委員助成会	1930(昭和5)年5月	内子町役場内	昭和12年
		田之筋村方面委員助成会	〃 7月	田之筋村役場内	昭和12年
		岩松町輔済会	1931(昭和6)年5月	岩松町役場内	昭和12年
		渓筋村社会事業助成会	1933(昭和8)年2月	渓筋村役場内	昭和12年
		大洲方面事業助成会	1934(昭和9)年1月	大洲町役場内	昭和12年
児童保護	産婆	浅海村公設産婆	1919(大正8)年4月	温泉郡浅海村	昭和12年
		桜井町公設産婆	〃 5月	越智郡桜井町	昭和12年
		難波村公設産婆	〃 10月	温泉郡難波村	昭和12年
		乃万村公設産婆	1921(大正10)年4月	越智郡乃万村	昭和12年
		将渕村公設産婆	1923(大正12)年4月	北宇和郡将渕村	昭和12年
		田野村公設産婆	1924(大正13)年4月	周桑郡田野村	昭和12年
		二名村公設産婆	〃 〃	北宇和郡二名村	昭和12年
		石城村公設産婆	1925(大正14)年4月	東宇和郡石城村	昭和12年
		好藤村公設産婆	〃 〃	北宇和郡好藤村	昭和12年
		小西村公設産婆	1926(大正15)年4月	越智郡小西村	昭和12年
		庄内村公設産婆	〃 〃	周桑郡庄内村	昭和12年
		波止浜町公設産婆	〃 8月	越智郡波止浜町	昭和12年
		中川村公設産婆	〃 9月	東宇和郡中川村	昭和12年
		三芳村公設産婆	1927(昭和2)年3月	周桑郡三芳村	昭和12年
		周布村公設産婆	1928(昭和3)年3月	周桑郡周布村	昭和12年
		畑地村公設産婆	1929(昭和4)年4月	北宇和郡畑地村	昭和12年
		立間村公設産婆	〃 〃	北宇和郡立間村	昭和12年
		楠河村公設産婆	〃 5月	周桑郡楠河村	昭和12年
		上朝倉村公設産婆	〃 10月	越智郡上朝倉村	昭和12年
		粟井村公設産婆	1930(昭和5)年1月	温泉郡粟井村常竹	昭和12年
		清水村公設産婆	〃 4月	越智郡清水村	昭和12年
		堀江村公設産婆	〃 〃	温泉郡堀江村	昭和12年
		日吉村公設産婆	〃 〃	北宇和郡日吉村	昭和12年

第2節　明治期から昭和戦前期までの社会事業施設（団体）の全体像とその形成過程

種　類	施設団体の名称	設立年月日	所　在　地	確認年
	下灘村公設産婆	〃　　　　5月	伊予郡下灘村	昭和12年
	立花村公設産婆	〃　　　　7月	越智郡立花村	昭和12年
	氷見町公設産婆	〃　　　　〃	新居郡氷見町	昭和12年
	瀬戸崎村公設産婆	1931（昭和6）年4月	越智郡瀬戸崎村	昭和12年
	橘村公設産婆	1935（昭和10）年4月	新居郡橘村	昭和12年
産　院	松山市医師会無料産院	1925（大正14）年11月	松山市三番町	昭和16年
乳児保護	氷見町児童健康相談所	1926（大正15）年2月	新居郡氷見町役場内	昭和6年
	波止浜町児童健康相談所	〃　　　　8月	越智郡波止浜町278	昭和16年
	日本赤十字社愛媛支部児童健康相談所	1927（昭和2）年3月	松山市一番町愛媛県庁内	昭和9年
	長浜町児童健康相談所	〃　　　　5月	喜多郡長浜小学校内	昭和9年
	宇和島済美婦人会児童健康相談所	1928（昭和3）年4月	宇和島市済美保育園	昭和6年
	泉川村児童健康相談所	〃　　　　8月	新居郡泉川村小学校	昭和6年
	大洲町斯道婦人会児童健康相談所	1930（昭和5）年3月	喜多郡大洲町小学校	昭和6年
昼間保育	宇和島済美婦人会保育園	1904（明治37）1月	宇和島市丸穂	昭和16年
	今治託児愛育園	1922（大正11）年2月	今治市大手通	昭和16年
	海禅寺託児所	〃　　　　4月	北宇和郡将潤村	昭和16年
	今治愛児園	1924（大正13）年1月	今治市花園町	昭和16年
	川之石町託児愛育園	1925（大正14）年2月	西宇和郡川之石町	昭和16年
	波止浜幼稚保育園	〃　　　　9月	越智郡波止浜町650	昭和16年
	大洲保育園	〃　　　　12月	喜多郡大洲町	昭和16年
	長浜奨善会託児所	1926（大正15）年3月	喜多郡長浜町	昭和16年
	郡中保育園	〃　　　　4月	伊予郡郡中町	昭和16年
	八幡浜町第一第二託児所	〃　　　　8月	西宇和郡八幡浜町	昭和16年
	八幡浜松蔭託児所	〃　　　　〃	八幡浜市本町	昭和16年
	八幡浜白浜保育園	〃　　　　〃	八幡浜市向灘	昭和16年
	新居浜保育園	1927（昭和2）年10月	新居郡新居浜町西町	昭和16年
	三瓶聖美保育園	1928（昭和3）年4月	西宇和郡三瓶町朝立7-287-第一	昭和16年
	市立弓削幼稚保育園	1932（昭和7）年7月	越智郡弓削村大字下弓削	昭和9年
	宮内村主婦会常設託児園	〃　　　　12月	宮内村二番耕地656	昭和16年
	昭安保育園	1933（昭和8）年1月	今治市大手町1708	昭和16年
	城邊託児所	〃　　　　〃	南宇和郡城邊町	昭和9年
	御荘保育園	〃　　　　5月	南宇和郡御荘町	昭和16年
	松山第二保育園	1935（昭和10）年6月	松山市中村町	昭和16年
	松山第一保育園	〃　　　　11月	松山市松前町	昭和16年
	味酒保育園	1936（昭和11）年2月	松山市北宮古町	昭和16年
	神山託児所愛児園	〃　　　　4月	八幡浜市五反田	昭和16年
	三津愛隣保育園	〃　　　　5月	松山市三津浜町新立	昭和16年
	吉田愛児園	1937（昭和12）年12月	北宇和郡吉田町	昭和16年
	内子保育園	1939（昭和14）年5月	喜多郡内子町	昭和16年
	郡中町保育園	〃　　　　10月	伊予郡郡中町	昭和16年
	菊間保育園	1940（昭和15）年4月	越智郡菊間町	昭和16年
	角野みどり園	〃　　　　〃	新居郡角野町	昭和16年
	三島保育園	〃　　　　〃	宇摩郡三島町	昭和16年
	泉川保育園	〃　　　　5月	新居郡泉川町	昭和16年
	金生村愛育園	〃　　　　7月	宇摩郡金生村	昭和16年
	農繁期臨時託児所		夏季164箇所，秋季95箇所	昭和6年
育　児	愛媛慈恵会	1901（明治34）年7月	松山市旭町35	昭和16年
貧児教育	私立松山夜学校	1891（明治24）年1月	松山市永木町20, 21, 22	昭和12年

第3章　愛媛県における社会事業施設・団体の形成史

種　類		施設団体の名称	設立年月日	所　在　地	確認年
経済保護	感化教育	今治中等夜学校	1925（大正14）年4月	今治市日吉	昭和12年
		愛媛県立家庭実業学校	1909（明治42）年	衣山町	昭和12年
		県立自彊学園	1914（大正3）年4月	松山市朝美字衣山	昭和6年
		愛媛県立少年鑑別所	1935（昭和10）年12月	愛媛県学務部社会課	昭和16年
	小住宅	今治市営住宅	1920（大正9）年2月	今治市大字日吉甲680，109-2，110-2	昭和16年
		八幡浜市営住宅	〃　　　3月	八幡浜市字檜谷1014－第1	昭和16年
		住宅組合	1921（大正10）年4月	県内42組合	昭和16年
		宇和島市営住宅	〃　　　7月	宇和島市鈴川甲1168，山際乙2426	昭和16年
		大洲町営住宅	〃　　　10月	喜多郡大洲町大字大洲	昭和16年
		松山市設住宅	〃　　　11月	松山市若宮町，此花町，清水町，川原町，永木町	昭和16年
		西條町営住宅	1922（大正11）年2月	新居郡西條町大字大町弁財天	昭和16年
		長浜町営住宅	1923（大正12）年2月	喜多郡長浜町大字長浜42	昭和16年
		三津浜町営住宅	〃　　　6月	温泉郡三津浜町新立	昭和12年
		松山市営住宅	〃　　　〃	松山市大字新立	昭和16年
		三島町営住宅	1924（大正13）年4月	宇摩郡三島町大字横井手，井関	昭和16年
		波止町営住宅	〃　　　10月	越智郡波止浜町波止浜496，575-1，642-2	昭和16年
		吉田町営住宅	1926（大正15）年10月	喜多郡吉田町	昭和16年
		大洲町営住宅	1929（昭和4）年2月	喜多郡大洲町中村	昭和16年
	共同宿泊所	宇和島佛教社会事業協会共同宿泊所	1927（昭和2）年6月	宇和島市神田川原乙員外4	昭和16年
	共同浴場	共同浴場	1912（大正元）年2月	県内34ヶ所	昭和6年
	公設市場	松山市公設市場（湊町）	1919（大正8）年11月	松山市湊町	昭和16年
		〃　　　（御宝町）	1923（大正12）年2月	〃　　御宝町	昭和16年
		〃　　　（魚町）	1929（昭和4）年7月	〃　　魚町	昭和16年
	公益質屋	長浜町公益質屋	1922（大正11）年11月	長浜町	昭和16年
		大洲町中村公益質屋	1928（昭和3）年7月	大洲町	昭和16年
		宇和島市公益質屋	〃　　　8月	宇和島市	昭和16年
		大洲町公益質屋	〃　　　〃	大洲町	昭和16年
		大和村公益質屋	〃　　　11月	大和村	昭和12年
		八幡浜市公益質屋	1929（昭和4）年2月	八幡浜市	昭和16年
		波止濱町公益質屋	〃　　　5月	波止濱町	昭和6年
		中筋村公益質屋	〃　　　7月	中筋村	昭和16年
		廣田村公益質屋	〃　　　8月	廣田村	昭和16年
		野村町公益質屋	〃　　　10月	野村町	昭和16年
		野田村公益質屋	1930（昭和5）年1月	野田村	昭和12年
		三津浜町公益質屋	〃　　　3月	三津浜町	昭和16年
		岩松町公益質屋	〃　　　4月	岩松町	昭和16年
		廣田村公益質屋　第二事務所	〃　　　7月	廣田村	昭和12年
		砥部町公益質屋	〃　　　10月	砥部町	昭和16年
		松山市公益質屋	1931（昭和6）年2月	松山市	昭和16年
		御荘町公益質屋	〃　　　〃	御荘町	昭和16年
		郡中町公益質屋	〃　　　4月	郡中町	昭和16年
		北條町公益質屋	〃　　　5月	北條町	昭和16年
		桜樹村公益質屋	1932（昭和7）年2月	桜樹村	昭和16年
		清満村公益質屋	〃　　　〃	清満村	昭和16年
		渓筋村公益質屋	〃　　　6月	渓筋村	昭和16年

第2節　明治期から昭和戦前期までの社会事業施設（団体）の全体像とその形成過程

種　類		施設団体の名称	設立年月日	所　在　地	確認年
		松前町公益質屋	〃　　　10月	松前町	昭和16年
		楠河村公益質屋	1933（昭和8）年1月	楠河村	昭和16年
		神和村公益質屋	〃　　　3月	神和村	昭和16年
		宇和町公益質屋	〃　　　〃	宇和町	昭和16年
		国安村公益質屋	〃　　　4月	国安村	昭和16年
		宮浦町公益質屋	〃　　　〃	宮浦町	昭和16年
		浮穴村公益質屋	〃　　　〃	浮穴村	昭和16年
		壬生川町公益質屋	〃　　　〃	壬生川町	昭和16年
		魚成村公益質屋	〃　　　〃	魚成村	昭和16年
		粟井村公益質屋	〃　　　〃	粟井村	昭和16年
		今治市公益質屋	〃　　　〃	今治市	昭和16年
		惣川村公益質屋	〃　　　〃	惣川村	昭和16年
		南久米村公益質屋	〃　　　6月	南久米村	昭和16年
		天神村公益質屋	〃　　　〃	天神村	昭和16年
		白瀧村公益質屋	〃　　　〃	白瀧村	昭和16年
		緑僧都村公益質屋	〃　　　〃	緑僧都村	昭和16年
		三島町公益質屋	〃　　　7月	三島町	昭和16年
		横林村公益質屋	〃　　　〃	横林村	昭和16年
		大瀬村公益質屋	〃　　　8月	大瀬村	昭和16年
		大井村公益質屋	〃　　　〃	大井村	昭和16年
		土居村公益質屋	〃　　　10月	土居村	昭和16年
		新谷村公益質屋	〃　　　11月	新谷村	昭和16年
		上灘町公益質屋	〃　　　12月	上灘村	昭和16年
		三内村公益質屋	1934（昭和9）年1月	三内村	昭和12年
		五十崎町公益質屋	〃　　　3月	五十崎町	昭和16年
		粟津村公益質屋	〃　　　〃	粟津村	昭和16年
		二木生村公益質屋	〃　　　〃	二木生村	昭和16年
		櫛生村公益質屋	〃　　　4月	櫛生村	昭和16年
		玉津村公益質屋	〃　　　〃	玉津村	昭和16年
		立川村公益質屋	〃　　　〃	立川村	昭和16年
		内子町公益質屋	〃　　　〃	内子町	昭和16年
		仕七川村公益質屋	〃　　　5月	仕七川村	昭和16年
		関前村公益質屋	〃　　　8月	関前村	昭和16年
		吉田町公益質屋	1936（昭和11）年12月	吉田町	昭和16年
		桜井町公益質屋	1937（昭和12）年6月	桜井町	昭和16年
		丹原町公益質屋	1938（昭和13）年8月	丹原町	昭和16年
失業救済及び防止	授　産	愛媛保護会内授産部	1895（明治28）年7月	松山市柳井町	昭和6年
		愛国婦人会愛媛支部附属授産場	1915（大正4）年4月	松山市持田	昭和6年
		宇和島市民共済会授産場	1927（昭和2）年12月	宇和島市妙興寺前	昭和12年
		岩松町方面委員会授産場	1931（昭和6）年10月	北宇和郡岩松町	昭和12年
		八幡浜市互福会授産場	1932（昭和7）年10月	西宇和郡神山町	昭和12年
		三瓶町絹織物実業組合	1933（昭和8）年4月	西宇和郡三瓶町	昭和12年
		郡中町授産場	〃　　　9月	伊予郡郡中町	昭和12年
		今治市授産場	1934（昭和9）年1月	今治市大正通	昭和12年
		松山市菓子製造販売授産場	1938（昭和13）年12月	松山市佃町	昭和16年
		松山市襟章製造協同作業組合	〃　　　〃	松山市役所	昭和16年
		今治市軍需品協同作業組合	〃　　　〃	今治市大正通	昭和16年
		三島授産場	1939（昭和14）年2月	宇摩郡三島町	昭和16年
		裡田大学草履表製造協同作業組合	〃　　　4月	北宇和郡来村字裡田	昭和16年
		瀬戸崎草履製造協同作業組合	〃　　　〃	越知郡瀬戸崎村	昭和16年
	職業紹介	愛国婦人会愛媛県支部婦人職業紹介所	1921（大正10）年12月	松山市勝山町128-1	昭和12年
		松山市職業紹介所	1922（大正11）年5月	松山市役所内	昭和12年

種類		施設団体の名称	設立年月日	所在地	確認年
救護		宇和島市職業紹介所	1922（大正11）年5月	宇和島市役所内	昭和12年
		今治市職業紹介所	〃　〃	今治市役所構内	昭和12年
		三津浜町職業紹介所	〃　〃	温泉郡三津浜町大字新町14	昭和12年
		八幡浜市職業紹介所	〃　6月	八幡浜市役所構内	昭和12年
		大洲町職業紹介所	1924（大正13）年2月	喜多郡大洲町役場構内	昭和12年
		川之石町職業紹介所	1926（大正15）年3月	西宇和郡川之石町役場内	昭和12年
		長浜職業紹介所	1933（昭和8）年7月	喜多郡長浜町大字長浜甲460	昭和12年
		宇和町職業紹介所	1934（昭和9）年6月	東宇和郡宇和町役場内	昭和12年
		西條町職業紹介所		新井郡西條町役場内	昭和12年
		三島町職業紹介所		宇摩郡三島町役場内	昭和12年
	院外救助	久万凶荒予備組合	1890（明治23）年10月	上浮穴郡久万町	昭和6年
		上分町愛生慈恵会	1907（明治40）年11月	宇摩郡上分町582	昭和12年
		南伊予村自彊会	1911（明治44）年	伊予郡南伊予村	昭和12年
		財団法人互助会	1923（大正12）年11月		昭和6年
		財団法人津田育英救済会	1925（大正14）年11月		昭和6年
		長浜奨善会	1926（大正15）年9月	喜多郡長浜町長浜甲202-2	昭和12年
		今治市救護院	1933（昭和8）年10月	今治市大字日吉	昭和16年
		八幡浜市方面寮	1935（昭和10）年3月	八幡浜市大字矢野町	昭和16年
	院内救助（養老事業）	愛媛慈恵会	1901（明治34）年7月	松山市旭町	昭和6年
		津田育英救済会	1926（大正15）年1月	松山市萱町英部事務所	昭和12年
		愛媛養老院	1927（昭和2）年8月	西宇和郡八幡浜町平	昭和6年
		今治市救護院	1933（昭和8）年10月	今治市日吉比台甲1610-1	昭和16年
	司法保護	東宇和郡普済会	1912（大正元）年10月	東宇和郡貝吹村西岸寺内	昭和12年
		西新佛教団	〃　11月	新居郡西條町大念寺内	昭和12年
		明昭会	〃	喜多郡天神町香林寺内	昭和12年
		松山履信会	〃　12月	松山町北京町正法寺中	昭和12年
		義昭会	1913（大正2）年	東宇和郡卯之町	昭和12年
		上浮火慈済会	〃　12月	上浮火郡田渡村昌福寺内	昭和12年
		南予会	1933（昭和8）年11月	宇和島市伊吹町483	昭和12年
医療保障	施療病院	市立宇和島病院	1910（明治43）年9月	宇和島広小路	昭和16年
		日本赤十字社愛媛支部病院	1913（大正2）年4月	松山市一番町	昭和16年
		市立八幡浜病院	1914（大正3）年11月	八幡浜市矢野町	昭和16年
		吉田町外四ヶ村衛生組合立吉田病院	1919（大正8）年2月	北宇和郡吉田町	昭和16年
		周桑病院	1924（昭和13）年7月	周桑郡壬生川町	
	診療所	公設新居浜トラホーム治療所	1912（明治45）年4月	新居郡新居浜町	昭和6年
		松山市診療所	1923（大正12）年6月	松山市出渕町1-42	昭和6年
		松山市東診療所	1928（昭和3）年6月	松山市唐人町1丁目	昭和6年
		松山市西診療所	〃　〃	松山市府中町2丁目	昭和6年
		松山健康相談所	1932（昭和7）年7月	松山市三番町	昭和16年
		参川村診療所	1936（昭和11）年4月	上浮穴郡参川村	昭和16年
		湯山村診療所		温泉郡湯山村	昭和16年
		恩賜財団済生会今治診療所	1939（昭和14）年4月	今治市常磐町	昭和16年
		大川村診療所	1940（昭和15）年7月	喜多郡大川村	昭和16年
		松山市第二診療所	1941（昭和16）年4月	松山市薪玉町	昭和16年
	精神病院	今治脳病院施療部	1929（昭和4）年7月	今治市大字吉井1088-1	昭和16年
		松山脳病院	1931（昭和6）年4月	温泉郡生石町	昭和12年
		吉田脳病院	1932（昭和7）年4月	温泉郡垣生村	昭和16年
社会教化	教化（民衆啓蒙・矯風）	愛媛県神職会	1891（明治24）年8月	松山市木屋町1	昭和6年
		旭禁酒禁煙会	1921（大正10）年10月	北宇和郡旭村	昭和6年
		西條乃木講	1923（大正12）年5月	新居郡西條町	昭和6年

第2節 明治期から昭和戦前期までの社会事業施設（団体）の全体像とその形成過程

種　類	施設団体の名称	設立年月日	所　在　地	確認年
	日振島禁酒会	〃　　　　6月	北宇和郡日振島村	昭和6年
	壬生川禁酒会	〃　　　　9月	周桑郡壬生川町	昭和6年
	三衛組合	〃　　　　11月	東宇和郡下宇和町	昭和6年
	日振島時間励行会	1924（大正13）年1月	北宇和郡日振島村	昭和6年
	由良青年団禁酒会	1926（大正15）年1月	温泉郡興居島村	昭和6年
	天心園	〃　　　　5月	温泉郡道後湯之町	昭和6年
	三島村禁酒同盟会	1927（昭和2）年2月	北宇和郡三島村	昭和6年
	愛媛県仏教会	〃　　　　5月	松山市六角堂	昭和6年
	宇和島市禁酒同盟	1928（昭和3）年8月	宇和島市新田	昭和12年
	愛媛県教化連盟	〃　　　　10月	愛媛県社会課内	昭和12年
	喜多郡教化連盟	1929（昭和4）年10月	喜多郡自治協会内	昭和6年
	西宇和郡教化連盟	〃　　　　12月	西宇和郡神山町団体事務所	昭和6年
	松山市教化連盟	1930（昭和5）年1月	松山市役所	昭和6年
	今治市教化連盟	〃　　　　〃	今治市役所	昭和6年
	宇和島市教化連盟	〃　　　　2月	宇和島市役所	昭和6年
	周桑郡教化連盟	〃　　　　〃	周桑郡自治会内	昭和6年
	伊予郡教化連盟	〃　　　　〃	伊予郡実業学校内	昭和6年
	宇摩郡教化連盟	〃　　　　6月	宇摩郡三島町	昭和6年
	東宇和郡教化連盟	〃　　　　〃	東宇和郡宇和町役場内	昭和6年
	北宇和郡教化連盟	〃　　　　〃	宇和島市宇和支庁内	昭和6年
	上浮穴郡教化連盟	〃　　　　7月	上浮穴郡久万町役場内	昭和6年
	越智郡教化連盟	〃　　　　8月	越智郡自治会内	昭和6年
	温泉郡教化連盟	〃　　　　9月	温泉郡自治会内	昭和6年
	南宇和郡教化連盟	〃　　　　10月	南宇和郡御荘町団体事務所	昭和6年
	下泊禁酒同盟会	1931（昭和6）年2月	西宇和郡三島村下泊小学校	昭和9年
	鈍川村禁酒禁煙会	〃　　　　5月	越智郡鈍川小学校	昭和9年
協　和	愛媛県協和会	1925（昭和14）年12月	愛媛県庁社会課	昭和16年
	愛媛県協和会今治支会	1926（昭和15）年2月	今治警察署	昭和16年
	〃　　　三島支会	〃　　　　〃	三島警察署	昭和16年
	〃　　　宇和島支会	〃　　　　〃	宇和島警察署	昭和16年
	〃　　　内子支会	〃　　　　〃	内子警察署	昭和16年
	〃　　　松山支会	〃　　　　3月	松山警察署	昭和16年
	〃　　　三津支会	〃　　　　〃	三津警察署	昭和16年
	〃　　　久万支会	〃　　　　〃	久万警察署	昭和16年
	〃　　　八幡浜支会	〃　　　　〃	八幡浜警察署	昭和16年
	〃　　　卯之町支会	〃　　　　〃	卯之町警察署	昭和16年
	〃　　　野村支会	〃　　　　〃	野村警察署	昭和16年
	〃　　　松丸支会	〃　　　　〃	松丸警察署	昭和16年
	〃　　　御荘支会	〃　　　　〃	御荘警察署	昭和16年
	〃　　　壬生川支会	〃　　　　4月	壬生川警察署	昭和16年
	〃　　　郡中支会	〃　　　　〃	郡中警察署	昭和16年
	〃　　　西條支会	〃　　　　5月	西條警察署	昭和16年
	〃　　　角支会	〃　　　　〃	角野警察署	昭和16年
	〃　　　大洲支会	〃　　　　〃	大洲警察署	昭和16年
融　和	石井村融和会	1921（大正10）年5月	温泉郡	昭和6年
	粟津村善行会	1923（大正12）年3月	喜多郡	昭和6年
	融和機関愛媛県善隣会	〃　　　　7月	県内一円（支会6、分会43）	昭和16年
	越智郡和敬同行会	1926（大正15）年5月	越智郡	昭和6年
	南予連合善隣会	1927（昭和2）年2月		昭和6年
	愛媛県中予善隣会	〃　　　　3月	温泉郡	昭和9年
	誠済会	1928（昭和3）年3月	松山市	昭和6年
	天満村昭和会	1930（昭和5）年2月	宇摩郡	昭和9年

種類		施設団体の名称	設立年月日	所在地	確認年
釈放者保護		北吉井村融和会	1930（昭和5）年4月	温泉郡	昭和6年
		潮見村融和会	1932（昭和7）年5月	温泉郡	昭和9年
	人事相談	人事相談部	1922（大正11）年3月	愛媛県社会事業協会内	昭和6年
	釈放者保護	愛媛保護会	1895（明治28）年7月	松山市柳井町	昭和6年
		西新仏教会	1912（大正元）年10月	新居郡西條町　大念寺	昭和6年
		宇和島報恩会	〃　　　　11月	宇和島市丸穂　等覚寺	昭和6年
		松山履信会	〃　　　　12月	松山市小唐人町	昭和6年
		喜多郡明昭会	〃　　　　〃	喜多郡天神町　香林寺	昭和6年
		西宇和郡護友会	〃　　　　〃	西宇和郡宮内村　高徳寺	昭和6年
		東宇和郡普済会	1913（大正2）年1月	東宇和郡土居村　報恩寺	昭和6年
		東宇和郡義昭会	〃　　　　3月	東宇和郡宇和町　光教寺	昭和6年
		三間斎修会	〃　　　　〃	北宇和郡三間村　勝福寺	昭和6年
		越智郡福田会	〃　　　　4月	今治市慶応町　神供寺	昭和6年
		東新仏教会	〃　　　　7月	新居郡角野村　瑞應寺	昭和6年
		周桑仏教団	〃　　　　〃	周桑郡吉井村　正徳寺	昭和6年
		宇摩郡仏教団	〃　　　　〃	宇摩郡金田村　大光寺	昭和6年
		伊予郡明道会	〃　　　　11月	伊予郡中町　栄養寺	昭和6年
		上浮穴郡慈済会	〃　　　　12月	上浮穴郡田渡村　昌福寺	昭和6年
		利生会	1914（大正3）年3月	北宇和郡明治村　建徳寺	昭和6年
		南宇和郡慈教会	〃　　　　〃	南宇和郡御荘町　興福寺	昭和6年
		津島報始会	〃　　　　5月	北宇和郡岩松村　臨江寺	昭和6年
		風早風信会	〃　　　　8月	温泉郡北條町　西福寺	昭和6年
		吉田慈徳会	〃　　　　9月	北宇和郡立間尻村　一乗寺	昭和6年
		慈照会	1917（大正6）年5月	温泉郡川上村　長泉寺	昭和6年
		西温仏教会	〃　　　　〃	温泉郡三津浜村　願成寺	昭和6年
		報公会	1926（大正15）年7月	北宇和郡来村　来應寺	昭和6年
その他	隣保事業	今治愛児園今治隣保館	1933（昭和8）年5月	今治市	昭和12年
		川上村隣保愛育協会			昭和16年
		清水村隣保協会			昭和16年
		泉川町厚生協会			昭和16年
		三島町隣保協会			昭和16年
		金生村隣保協会			昭和16年
		南伊予村隣保協会			昭和16年
		郡中町隣保協会			昭和16年
		粟津村隣保協会			昭和16年
		三瓶町隣保協会			昭和16年
		狩江村隣保協会			昭和16年
		立間村隣保協会			昭和16年
	移住組合	愛媛県海外移住組合	1927（昭和2）年11月		昭和9年
		愛媛婦人海外協会	1932（昭和7）年9月	愛媛県庁内	昭和9年
	その他	愛媛県文化協会	1923（大正12）年4月	宇和島市新田桝形沖乙1999	昭和9年
		愛媛県按摩術講習所	1939（昭和14）年10月	愛媛県立盲学校内	昭和16年
		国民健康保険組合（県内22組合）			

和11) 年度, 一四五四であったが, 1940 (昭和15) 年度には五五四五に急増した[51]。

なお, 1945 (昭和20) 年7月26日夜, 松山市は米空軍の空襲により焦土と化した。この空襲により松山市内の施設 (団体) は全焼し, 県庁前に位置した「松山赤十字病院」も全焼した[52]。

◆ 第3節　施設史の全体像 ◆

ここでは本章でまとめた愛媛県の施設 (団体) の設立年代, 愛媛県の全体的事象を整理しておく。

1890年代,「貧児教育」として「私立松山夜学校」(1891 (明治24) 年),「授産」として「愛媛保護会内授産部」(1895 (明治28) 年),「院外救助」として「久万凶荒予備組合」(1890 (明治23) 年),「教化」として「愛媛県神職会」(1891 (明治24) 年),「釈放者保護」として「愛媛保護会」(1895 (明治28) 年), が設立された。

1900年代,「昼間保育」として「宇和島済美婦人会保育園」(1904 (明治37) 年),「育児」として「愛媛慈恵会」(1901 (明治34) 年),「感化教育」として「愛媛県立家庭実業学校」(1909 (明治42) 年),「院外救助」として「上分町愛生慈恵会」(1907 (明治40) 年),「院内救助」として「愛媛慈恵会」(1901 (明治34) 年) が設立された。この内,「宇和島済美婦人会保育園」は「救貧事業」から開始しており, 単なる「昼間保育」ではなく, 救済的側面が強い常設保育園であったと考えられる。次に,「感化教育」として「愛媛県立家庭実業学校」であるが,「自彊学園」として内務大臣より設置の認可を受けており, 1908 (明治41) 年4月「感化法」改正により, 道府県の感化院設立義務化と国庫補助の規定により創設されたものであった。

また,「愛媛慈恵会」は「育児」にも位置づけられるが, 哺乳児から老病者までを収容する総合施設として発展した。同時に養老事業の嚆矢でもあった。

1910年代は設置数と同時に種類が多くなった。1910年代とは明治期の終わ

り（明治43年）から大正中期（大正8年）までを意味する。1909（明治42）年2月，内務省が全国の優良救済事業に奨励金を下附し，徐々に施設（団体）が増加し始める時期（時代）であった。愛媛県においては，「産婆」として「公設産婆」が初めて設置された。「浅海村公設産婆」「桜井町公設産婆」「難波村公設産婆」であった。なお，「公設産婆」は，1920年代に県内の農村部に増設されていった。1910年代初めて「公設市場」として「松山市公設市場（湊町）」（1919（大正8）年）が松山市湊町に設置された。また，1910年代，「施療病院」が4箇所設置された。「市立宇和島病院」「日本赤十字社愛媛支部病院」「市立八幡浜病院」「吉田町外四ヶ村衛生組合立吉田病院」であった。いずれも公立か団体立で，県内の主要な市町に設置された。この内，「日本赤十字社愛媛支部病院」は「愛媛県立松山病院」を愛媛県から無償譲渡を受けて開設したものであった。

1920年代から施設（団体）の設置数とともに種類の増加がみられた。「連絡統一」として1921（大正10）年に愛媛県学務部社会課が設置された。また，主要な市に社会課が置かれた。例えば，松山市社会課が1921（大正10）年に，今治市社会課が1922（大正11）年に，宇和島市社会課が1924（大正13）年にそれぞれ置かれた。また，会員組織である「愛媛県社会事業協会」が1922（大正11）年に愛媛県学務部社会課内に置かれた。こうした「社会事業」期に愛媛県に「連絡統一」機関が設置されたことになる。

1920年代は「方面委員制」が誕生した。1920（大正9）年9月には広島市で「方面委員設置規定」が公布され，翌年の1921（大正10）年10月には岡山県では「済世委員設置規定」が公布された。東京市では1920（大正9）年11月に「東京市方面委員規定」が制定された。「方面委員制」は1918（大正7）年の大阪府における「方面委員設置規程」が基礎になっているが，愛媛県では大正後期から始動し，昭和初期から広がりをみせた。1920年代は「公設産婆」が県下農村部に設置された。1910年代は3箇所であったが，1920年代は16箇所に増加した。

次に，1920年代の愛媛県の動向として「公益質屋」が増設された点がある。全国的には1927（昭和2）年3月「公益質屋法」が公布され，8月に施行されるが，愛媛県ではそれより前に，1922（大正11）年に「長浜町公益質屋」が設置された。これが愛媛県の「公益質屋」の嚆矢であった。その後，1928（昭和3）年7月「大洲町中村公益質屋」が設置され，同年8月には「宇和島市公益質屋」「大洲町公益質屋」，11月には「大和村公益質屋」が設置された。

1920年代，「院内救助（養老事業）」として1927（昭和2）年，西宇和郡八幡浜町に「愛媛養老院」が開設された。この施設が愛媛県における養老院という名称の施設の嚆矢に該当する。昭和7年1月には「全国養老事業協会」が結成されており，養老事業の組織化に繋がる時期（時代）であり，「愛媛養老院」は会員制による組織的養老院であった。1920年代，「診療所」が3箇所設置された。「松山市診療所」（1923年），「松山市東診療所」（1928年），「松山市西診療所」（1928年）であった。なお，これら診療所は「無料患者は公費救助者及方面委員の実施調査に依り，使用料を納付すること能はざる者に極限す」となっており，救済的側面の強いものであった。「診療所」はその後，1930年代になって，参川村，湯山村等の農村部に普及していった。1928（昭和3）年10月に「愛媛県教化連盟」が愛媛県学務部社会課内に置かれた。この「教化」の中には際立って禁酒会が多く設置された。

1920年代の固有の施設として「児童健康相談所」が設立された。1926（大正15）年2月に新居郡氷見町役場内に「氷見町児童健康相談所」が設置され，翌年，1927（昭和2）年3月には松山市一番町愛媛県庁内に「日本赤十字社愛媛支部児童健康相談所」が設置された。

1930年代に入り，「連絡統一」として1935（昭和10）年3月，愛媛県社会課内に「愛媛県方面委員連盟」が設置された。方面委員の活動は，1932（昭和7）年施行の「救護法」によって市町村長の補助機関として位置づけられ，その後の公私の二面性から事業活動が「救護法」によって推進され，結果的に1936（昭和11）年11月の「方面委員令」の公布に繋がっていった。

大正末期から昭和にかけて農村に託児所が設置される傾向があった。その大部分は農繁期（または託児所，季節託児所）という形態を取り，一時的，応急的なものであった。愛媛県において，1933（昭和8）年の記録によると，「夏季農繁託児所」が11郡70市町村，164箇所，「秋季農繁託児所」が11郡48市町村，95箇所となっていた。

1930年代は「公益質屋」が増設された。1932（昭和7）年から公益質屋の整備に要する経費が国庫補助対象とされるとともに，経営に必要な資金を低利で融資する途を開くなど，公益質屋制度の普及及び発展に力が注がれた。愛媛県においては1920年代10箇所であったが，1930年代に48箇所に増加した。

1930（昭和5）年に各市郡に教化連盟が設置された。例えば，1930（昭和5）年1月に松山市役所に「松山市教化連盟」が設立された。また，同1月，今治市役所に「今治市教化連盟」，2月に宇和島市役所に「宇和島市教化連盟」が設立された。

1940年代は急激に施設（団体）の新設が減少した。しかし，戦時下の中で方面事業の強化は図られていった。愛媛県においては，1936（昭和11）年度の方面委員数は，市部九二，郡部四三七であったが，1940（昭和15）年度には市部一六五，郡部一四五五と増加していった。また，取扱件数も生活扶助に関しては，1936（昭和11）年度，二六八六であったが，1940（昭和15）年度には一〇八一三に急増した。

〈注〉
1) 愛媛県社会課および松山市社会課の社会事業概要には以下のものがある。
　　愛媛県社会課『昭和十六年三月愛媛県社会事業概要』
　　愛媛県社会課『昭和九年九月愛媛県社会事業要覧』
　　愛媛県社会課『昭和六年愛媛県に於ける社会事業施設一覧』
　　松山市社会課『大正十五年九月一日松山市社会事業要覧』
2) 『社会事業要覧（大正九年末調）』内務省社会局，大正十二年五月三十日，「凡例」
3) 『第十回社会事業統計要覧』内務省社会局社会部，昭和七年三月三十一日，「凡例」
4) 矢上克己「愛媛県の明治期から昭和戦前期までの社会事業施設と団体の形成過

第3節　施設史の全体像

5) 同上書, p. 101
6) 井村圭壯「地方行政における社会事業施設と団体の形成史研究」『日本福祉図書文献学会研究紀要』第7号, 2008年, pp. 49-50
7) 『昭和九年九月愛媛県社会事業要覧』愛媛県社会課, 昭和九年十一月十日, p. 23
8) 同上書, pp. 126-127
9) 同上書, p. 121
10) 同上書, pp. 54-55
11) 『昭和六年一月二十日現在愛媛県立自彊学園要覧』昭和六年一月二十五日, pp. 1-2
12) 前掲, 『昭和九年九月愛媛県社会事業要覧』p. 123
13) 同上書, p. 19
14) 同上書, p. 19
15) 『昭和十一年二月全国養老事業調査（第一回）』全国養老事業協会, 昭和十一年二月二十日, p. 5
16) 井村圭壯「地方行政における社会事業施設と団体の形成史研究」前掲書, p. 53
17) 前掲, 『昭和六年一月二十日現在愛媛県立自彊学園要覧』p. 2
18) 同上書, p. 2
19) 前掲, 『昭和九年九月愛媛県社会事業要覧』p. 35
20) 『五十年史』松山赤十字病院, 1963年, p. 9
21) 七十年史編集委員会『松山赤十字病院七十年史』松山赤十字病院, 1982年, p. 81
22) 同上書, p. 82
23) 前掲, 『昭和九年九月愛媛県社会事業要覧』p. 93
24) 井村圭壯「地方行政における社会事業施設と団体の形成史研究」前掲書, p. 56
25) 同上書, p. 56
26) 『昭和十六年三月愛媛県社会事業概要』愛媛県社会課　昭和十六年三月, p. 11
27) 前掲, 『昭和九年九月愛媛県社会事業要覧』p. 85
28) 『昭和七年事業報告』愛媛養老院, 昭和八年七月三十日, p. 7
29) 同上書, p. 6
30) 前掲, 『昭和九年九月愛媛県社会事業要覧』p. 91
31) 同上書, p. 91
32) 同上書, p. 108
33) 前掲, 『昭和九年九月愛媛県社会事業要覧』p. 85
34) 日赤愛媛県支部百年史編纂委員会『日赤愛媛県支部百年史』日本赤十字社愛媛県支部, 1989年, p. 197
35) 井村圭壯「地方行政における社会事業施設と団体の形成史研究」前掲書, p. 64
36) 髙澤武司「翼賛体制と社会事業の軍事的再編成」『社会福祉の歴史―政策と運動

の展開—〔新版〕』有斐閣, 2001 年, p. 278
37) 一番ヶ瀬康子ほか『日本の保育』ドメス社, 1962 年, p. 92
38) 同上書, p. 92
39) 前掲,『昭和九年九月愛媛県社会事業要覧』p. 70
40) 同上書, p. 79
41) 同上書, p. 84
42) 浦辺史ほか編『保育の歴史』青木書店, 1981 年, p. 110
43) 厚生省五十年史編集委員会編『厚生省五十年史 (記述篇)』厚生問題研究会, 1988 年, p. 288
44)「全国養老事業概観 (昭和十三年六月三十日現在)」『昭和十三年十月全国養老事業調査 (第二回)』全国養老事業協会, 昭和十三年十二月二十五日, p. 91
45)「全国養老事業団体一覧 (昭和十一年末現在)」同上書, p. 6
46) 国立療養所愛媛病院四十年編集委員会『国立療養所愛媛病院四十年史』国立療養所愛媛病院, 1979 年, pp. 21 – 22
47) 高澤武司「戦時厚生事業の人的資源政策」前掲書, p. 284
48) 同上書, p. 284
49) 前掲,『昭和十六年三月愛媛県社会事業概要』pp. 29 – 30
50) 同上書, p. 11
51) 同上書, pp. 12 – 13
52) 前掲,『日赤愛媛県支部百年史』p. 280

第4章

高知県における社会事業施設・団体の形成史

◆ 第1節　戦前期の社会事業施設の形成過程 ◆

　近年，地域社会福祉史に関する研究会も各地で設立され，その連絡協議会として「地域社会福祉史研究連絡協議会」（淑徳大学）がある。四国また中国地方に関しては「中国四国社会福祉史研究会」が2000（平成12）年12月24日に設立された。ただし，この研究会の研究誌『中国四国社会福祉史研究』（第1号（2001年）～第5号（2006年））においても，高知県に関係する論文の投稿は皆無である。高知県においては，運動史や人物史等に関しては深く研究されている[1]。ただし，特に戦前期の社会事業史に限定してみると平尾道雄による研究はあるが[2]，やはり高知県内の社会事業史研究は全国的に少ないといってよい。

　また，戦前期，各道府県が発刊している『社会事業要覧』等も高知県は現存するものも少なく，県全体の社会事業施設や団体を年代別に整理し，その特徴，固有性を明らかにする困難性もある。なお，高知県には社会事業実践として「高知慈善協会」のように明治10年代から多様な福祉領域で地域実践を展開した団体があり，第二次世界大戦をくぐりぬけ，現代に継承されている社会福祉法人もある。

　1889（明治22）年4月1日には市制を施行し「高知市」が成立した[3]。高知県では，戦前，「市」はこの高知市のみであり，その他の市は1954（昭和29）年以降に成立している[4]。本章でも分析するが，戦前期は1市（高知市）で社会事業が展開され，町村への社会事業の広がりは速かったとはいいがたい。同

108　第4章　高知県における社会事業施設・団体の形成史

時に，農村，漁村とは別に山村，山間部への事業展開の側面では四国4県の中でも遅れをとっており，また，高知市内に社会事業が集中したという傾向は否めない事象であった。本章は，高知県特有の地形，四国の中でも中央省庁と距離があるという弱点も踏まえて，高知県の戦前期における社会事業施設・団体の形成過程を考察する。

◆　第2節　研究方法　◆

研究方法は各道府県単位の『社会事業要覧』である『高知県社会事業概要』[5]及び『全国社会事業名鑑〔昭和12年版〕』を活用し，明治期から昭和戦前期までの高知県内の社会事業施設，団体の形成史を明らかにする。表4-9に示す「種類」「施設団体の名称」「設立年月日」「所在地」「確認年」に区分し，高知県の戦前期の社会事業施設，団体を整理化することを目的とする。同時に，周辺史料として，高知県学務部社会課，高知市役所，高知県社会事業協会が発刊した第一次史料及び「高知慈善協会」等の民間団体の史料を活用することによって形成史に厚みを加えた。

◆　第3節　明治期から昭和戦前期までの社会事業施設（団体）の全体像とその形成過程　◆

1．1880年代

表4-1の「高知県設立年代別の推移」において，1880年代には3箇所の施設（団体）が設立されている。表4-3には「高知県内社会事業施設（団体）の設立年代別，種類別数の推移」を示しているが，1880年代は，「養成・保護」1箇所，「育児」1箇所，「衛生思想普及」1箇所であった。

「養成・保護」は「日本海軍掖済会高知支部」に該当する。各道府県の形成過程をまとめるにあたり，「養成・保護」より「養成」とした方が一般的に適切である。「日本海軍掖済会高知県支部」の目的も『昭和四年三月高知市社会事業要覧』には「六，目的　海員を養成保護し，海運の発展に裨益し国連の伸

表4-1 高知県施設設立年代別の推移

	施設数
1880年代	3ヶ所
1890年代	1ヶ所
1900年代	5ヶ所
1910年代	10ヶ所
1920年代	107ヶ所
1930年代	56ヶ所
不明	6ヶ所
計	188ヶ所

表4-2 高知県社会事業施設と団体の種類名

	社会事業施設と団体の種類名
社会事業機関	連絡統一，養成・保護，方面委員制
児童保護	産婆，産院，乳児保育，育児，昼間保育，盲聾教育，貧児教育，感化教育，感化保護，児童相談，児童遊園・児童図書館
経済保護	小住宅，公益市場，公益質屋，共済組合・互助組織
失業救済及び防止	職業紹介
救護	院外救助，院内救助（養老事業），不具癈疾保護，司法保護，軍人遺家族援護
医療保護	施療病院，診療所，精神病院，結核療養所
社会教化	教化（民衆啓蒙・矯風），融和
その他	人事相談，衛生思想普及，移住組合，その他

出所：『全国社会事業名鑑　昭和十二年版』及び『高知県社会事業概要』等より作成

張を図るに在る。」[6) と示されており，「養成」としての目的が強いように思われる。ただし，「七，事業概況」では「普通並高等海員の養成，寄宿。勤勉。善行海員の表彰。海員及家族病傷者の診療，老廃海員の救済，職務死亡海員の弔慰，会員遺族の救護等を行ふ。」[7) と示されていた。また，先の「六，目的」においても「会員を養成保護し，」とその目的が冒頭に記されていることから，本章では「日本海軍掖済会高知支部」は「養成・保護」とした。

「育児」は表4-9に示しているが，「高知慈善協会高知博愛園」であった。「高知慈善協会高知博愛園」の前身は「高知育児会」であり，『高知慈善協会沿

革と事業』（昭和十四年十一月十日発行）には以下のように示されている。

「明治十二，三年の頃本願寺に於て高知に別院を開設せんとの計画あり，当時同寺の檀徒にして京都の人河野通世氏高知県属として来任中，深く我同志の弊習改善の趣旨に賛同し，乃ち同寺に勧誘を試み，同寺は直ちに之に同意し，本願寺高知別院附属育児会を設立し，本願寺は之が責任者たる保領主となった。（中略）本願寺高知別院育児会は前記の如く既に解散せりと雖も，同志の士相謀りて直ちに高知育児会を組織し中山秀雄氏を会頭に坂本則敏氏を幹事に選挙し，高知市中島町中山会頭店宅を仮事務所に宛て会務の拡張，事業の普及を行うこととなり，明治十七年二月，高知県庁に対し育児慈恵資金の内より金五万円の貸下を出願し，同年五月金三万円貸下の許可を受け，茲に高知育児会の事業は稍其の緒に就くを得たるを以て，同年九月趣意書を作成発表して会員及資金の募集に着手することになった。」[8]

上記の点から理解できるように，「高知育児会」が設立されたのは，1884（明治17）年であり，その後「高知博愛園」と改称されたのは1910（明治43）年のことであった。『御大禮記念高知慈善協会沿革史』（大正六年二月十一日）には次のように記されてあった。「『元高知育児会育児院』と称せしが，明治四十三年四月『高知博愛園』と改称し，園母の上に園長を置き，理事北村浩氏をして之を兼務せしめたり。」[9]

1880年代，表4-9の如く1888（明治21）年11月，高知県警察部衛生課内に「高知県衛生会」が発足している。当時，「衛生会」あるいは「衛生協会」という名称で医療保護，結核予防療養等の機能を果たしていたところは「警察部衛生課」が多く，他の県では例えば以下のようであった。「群馬県衛生協会」（群馬県警察部衛生課内），「埼玉県衛生協会」（埼玉県警察部衛生課内），「千葉県衛生協会」（千葉県検察部衛生課内）[10]。また，衛生会との名称ではなくても警察部，県衛生課内に置かれることが多かった。例えば，「青森県結核予防協会」（青森県庁衛生課内），「茨城県結核予防協会」（茨城県衛生課内），「新潟県結核予防協会」（新潟県庁衛生課内），その他であった[11]。

2. 1890年代・1900年代

表4-3において，1890年代に創設された施設（団体）としては，表4-9に示すように，「日本赤十字社高知支部」が該当する。『高知県社会事業概要昭和五年版』では，「日本赤十字社高知支部」の「事業種目」を「災害救護，施薬施療，看護婦養成，少年赤十字」[12]と簡潔に書かれているが，ここでは『昭和

表4-3　高知県内社会事業施設（団体）の設立年代別，種類別数の推移

	1880年代	1890年代	1900年代	1910年代	1920年代	1930年代	不明	合計
連絡統一					3ヶ所	2ヶ所		5ヶ所
養成・保護	1ヶ所							1ヶ所
方面委員制					9ヶ所	33カ所	1ヶ所	43ヶ所
産婆					1ヶ所		1ヶ所	2ヶ所
育児	1ヶ所							1ヶ所
乳児保育					1ヶ所			1ヶ所
昼間保育					8ヶ所	4ヶ所		12ヶ所
盲聾教育					2ヶ所			2ヶ所
貧児教育			1ヶ所		5ヶ所			6ヶ所
感化教育			1ヶ所			1ヶ所		2ヶ所
児童遊園・児童図書館					3ヶ所			3ヶ所
小住宅					45ヶ所			45ヶ所
共同宿泊所					1ヶ所			1ヶ所
公益市場				1ヶ所	4カ所			5ヶ所
公益質屋					1ヶ所	5ヶ所		6ヶ所
授産					2ヶ所	1ヶ所		3ヶ所
職業紹介					2ヶ所	2ヶ所	2ヶ所	6ヶ所
院外救助			1ヶ所	2ヶ所				3ヶ所
院内救助（養老事業）				2ヶ所				2ヶ所
不具癈疾保護				1ヶ所	1ヶ所			2ヶ所
司法保護				2ヶ所				2ヶ所
軍人遺家族援護		1ヶ所	1ヶ所					2ヶ所
施療病院					2ヶ所			2ヶ所
診療所			1ヶ所		4ヶ所	2ヶ所		7ヶ所
委託診療					1ヶ所			1ヶ所
健康相談所（保健所）					2ヶ所		1ヶ所	3ヶ所
精神病院						1ヶ所	1ヶ所	2ヶ所
結核療養所				1ヶ所	1ヶ所			2ヶ所
教化					6ヶ所	1ヶ所		7ヶ所
融和				1ヶ所	1ヶ所	1ヶ所		3ヶ所
人事相談					2ヶ所			2ヶ所
衛生思想普及	1ヶ所				1ヶ所			2ヶ所
その他					2ヶ所			2ヶ所
合計	3ヶ所	1ヶ所	5ヶ所	10ヶ所	107ヶ所	56ヶ所	6ヶ所	188ヶ所

四年三月高知市社会事業要覧』から引用した。上記,『要覧』には以下の如く記されている。

「日本赤十字社高知支部　（電話　二〇五番）
　一,　所在地　高知市西広小路五百七番地　二,　組織　社団法人　三,　創立設立明治二十八年一月二十八日　法人許可明治三十一年　四,　代表者　高知県知事　五,　職員　主事一,　書記五　六,　目的　戦事傷病者を救護するを主たる目的とし,　尚天災事変の救護平時健康の増進,　結核の予防撲滅其他生活苦の除去に務めるに在る。
　七,　事業概況　戦時に在つては当該官憲の命令に従ひ傷病者を救護する。
　　　　　　　　不時に備へる為に,　必要な人員を養成し,　物品材料を蒐集する。
　　　　　　　　不時に備へる為に医員六名,　看護婦長六名,　看護婦九十名を定員とし尚毎年看護婦九名を養成する。
　　　　　　　　結核の初期診断を為し無料治療を施す。
　　　　　　　　支部療院を設置し貧困患者の施療並に一般患者の治療を為す。」[13]

上記の概要は,　昭和初期の状況ではあるが,「戦事傷病者を救護するを主たる目的とし」とある点をふまえ,　表4-9の種類区分では「軍人遺家族援護」に入れた。なお,「日本赤十字社」の医療及び衛生事業の側面は,　表4-9に示すように,「施療病院」として,　1928（昭和3）年に「日本赤十字社高知支部高知病院」が高知市江ノ口に設立された。

次に,　1900年代に入り,　5箇所の施設（団体）が設置されている。表4-9に示すように,「貧児教育」において「高知女学会」が1901（明治34）年11月に設置された。『高知県社会事業概要昭和五年版』（以下,『概要』）によると次のように記されている。

「本県にあっては,　児童就学奨励資金の支出,　各小学校父兄会,　教育後援会等にて貧困児就学の奨励を与えている。又高知女学会は米国宣教師アンニーダ

ウド氏より明治三十四年十一月孤児，貧児等可憐なる少女に信仰教育を施し，必要なる学術技術を援け人生の希望を与えんが為めに創始されたもので，収容者七十名内八名尋常小学校通学全部寄宿舎に収容し，食費を給し授業料を徴せず尚必要に応じ衣服雑費を支給する」[14]。

「高知女学会」の「従事員」は上記『概要』によれば，「宣教師二人　教育九人　事務員三人」[15]で，「修学年限」を「五年　卒業後裁縫専門一ヶ年」[16]，「授業科目」は「聖書，国語，数学，地理，歴史，理科，教育，家政，英語，図画，裁縫，手芸，音楽，体操」[17]であった。なお，上記「授業科目」は1930（昭和5）年度の内容であるが，体系化された授業科目と考えられる。また，高知県内においてはキリスト教系施設（団体）としては日露戦争下，1905（明治38）年5月17日の『土陽新聞』に「高知市本町上一丁目の北側に基督教徒の慈善店がある，北奉公人町五丁目の南側に田中稲生氏の育児院がある，土佐基督教徒の事業は先づ北の二つであらう」[18]とのコラムがあるが，本格的なキリスト教系施設（団体）は「高知女学会」であった。上記の「米国宣教師」アンニーダウドは1933（昭和8）年「宣教師として遠く本市に来任し，熱愛を以て伝道に従事せらる。傍ら，高知女学会を創設して薄倖なる女子教育に従事すること三十余年，齢古稀に過ぐるも更に倦むことを知らず，地方教化に尽粋せられたる功績寔に甚大なり。仍て高知市表彰規程により金一封を贈呈してこれを表彰す」[19]と示された文献が残っている。

1900年代，表4-9の「感化教育」として「高知報徳学校」が記されている。『概要』によると，「本県に於ける感化教育は社団法人高知慈善協会経営に係る高知報徳学校を明治四十二年五月代用感化院に充当し現今に及んでいる。」[20]と記載されている。1908（明治41）年の「感化法」改正により道府県の感化院設立義務化が規定されたことにより，「高知報徳学校」が代用感化院になったのである。なお，同校は1934（昭和9）年高知県に移譲し，「鏡川学園」となるまで続いた[21]。

表4-9において1900年代，「院外救助」として「土佐婦人会」がある。高

知県の婦人運動を長年研究した外崎光広は著書で「高知県における慈善事業を目的とした婦人会で，その歴史の長さと豊かな業績を残したのは，なんといっても土佐婦人会と基督教婦人矯風会高知支部である。」[22]と述べている。『概要』によると以下の如く,「創立」は「明治三十六年二月十一日」となっている。社団法人となったのは1926（大正15）年8月のことであった。以下，概要を示す。

「社団法人　土佐婦人会
　位　置　高知市江ノ口九九二　　組　織　社団法人（許可大正十五年八月七日）
　創　立　明治三十六年二月十一日　　　　代表者　理事長　田中壽子
　事業種目　学生寄宿，女子夜学，窮民救済　従事員　三名
　概況　　　学生寄宿　大正十二年四月ヨリ三葉寮ヲ設立シ高等学校学生二十余
　　　　　　名ヲ収容秀才ニシテ学費ナキ者ハ縣ノ内外ヲトハズ無料入寮セシム
　女子夜学校　大正十二年十二月以来，中村女子手芸学校内ニ女子夜学校ヲ設
　　　　　　ケ中等教育ヲ修得シ能ハザル子女ノタメ修身，国語，作文，習
　　　　　　字，手芸ノ五科目ヲ授ク
　　1. 従事員三名　2. 修業年限三ヶ年　3. 生徒定員三十名　4. 現在生徒数
　　二五名　5. 年齢一三－廿二マデ　6. 授業料一ヶ月五十銭
　経　済　土地　一二,〇〇〇円　　建物　一,六一〇円　　昭和四年度経費
　　　　　三〇七円
　　　　　本会ハ初メ高知慈善婦人会ト称シ，日露戦役ニ際シテハ軍隊ノ送
　　　　　迎，出征者家族ノ慰問戦病死者ノ弔慰
　沿　革　恤救ヲナシ引続キ寡婦孤児ノ救護ヲナシタリ，後女子夜学校及学生
　　　　　寄宿舎ヲ経営ス」[23]

上記のように「事業種目」は「学生寄宿，女子夜学，窮民救済」となっているが，「明治三十七八年日露戦争の起るや，卒先寄附金を募り軍隊の送迎，家族の慰問，戦病死者の弔慰，恤兵品の寄附等をなし奉公の実を挙げたり，其の軍族に恵与せし金員二千余円，人員七百人に及ぶ，其後引続き窮民救助を企て

寡婦，孤児又は不幸に陥りたる家庭の子女を収容教育し，或は金銭衣服を恵与し大正八年八月より労働者の子女学齢に達せざる者を無料にて保育し，常に四十名内外を収容」[24]しており，設立当初から強力な組織展開であった。その要因は「会長は創立当時より山内男爵夫人寿栄子」[25]であった点にもよる。

表4-3における1900年代「軍人遺家族援護」1箇所とは表4-9の「愛国婦人会高知県支部」を意味する。日本は1904（明治37）年にロシアに宣戦，日露戦争が始まる戦下の中にあった。「愛国婦人会」は「明治三十四年，奥村五百子の主唱に依つて設立されたものであるが，かつて主唱者は北清事変に際し，皇軍を慰問すると共に戦地の実情を視察して帰り，その苦労に報い且つ戦死病歿者の遺族，廃兵援護の必要を説いて（中略）爾来広く会員を募集し各地方に支部を開設し三十八年三月法人の認可」[26]を得た軍人救護団体であった。「愛国婦人会高知県支部」は1905（明治38）年8月に設置されているが，概要は以下のようであった。

「位置　高知市西廣小路五〇七番地　　組織　社団法人　　創立　明治三十八年四月　　代表者　支部長　田中壽子　　事業種目　乳児幼児保護，軍人援護，婦人職業紹介　　従事員　主事一名　事務員三名」[27]

表4-3において「診療所」1箇所とある。これは上記「愛国婦人会高知県支部」である。

3. 1910年代

1910年代に入ると施設（団体）の設立が幾分増加する。まず，表4-3の如く，「公益市場」として，表4-9の如く，「高知市帯屋町公設市場」が置かれた。その後高知県内に置かれた「市場」は全て高知市内であり，大正期であった。この傾向は四国地方全体においても同様で，表4-4に示すような結果となった。やはり県庁所在地に置かれる傾向があった。

次に，表4-3において1910年代に初めて2箇所の「院内救助（養老事業）」が示された。この2箇所は高知市内に設置された養老事業であり，次の如くで

表4-4 公設市場（四国地方）

	市場名称	経営組織	所在地	店舗数	設立年月
徳島県	徳島市公設市場	市立	徳島市左古町初江島	24	大 12.12
	徳島市徳島公設市場	市立	徳島市徳島町南浜 35	10	大 13. 4
	徳島市前川卸売市場	市立	徳島市前川町	9	昭 7. 6
香川県	丸亀市公設市場	市立	丸亀市通町官有堤塘上	18	大 8. 1
愛媛県	松山市公設市場	市立	松山市中ノ川・魚町・御宝町	18	中ノ川 大 8.11 / 魚 町 昭 4. 7 / 御宝町 大 12. 2
高知県	高知市山田町公設市場	市立	高知市山田町	6	大 14. 1
	高知市五丁目公設市場	市立	高知市本町筋 5 丁目	6	大 14. 3
	高知市帯屋町公設市場	市立	高知市帯屋町 3 丁目 438 ノ 1	13	大 7.12

出所：『全国社会事業名鑑（昭和 12 年版）』p. 909

あった。「帝国養老救済院」（1912（大正元）年）、「高知博愛園養老部」（1918（大正 7）年）であった。

わが国において、大正期は養老院が増設される時代であった。高知県においてもその動向が生まれる時期であった。「高知博愛園養老部」は「高知慈善協会」の事業であり、「大正七年四月より養老事業を開始し、無告の老衰者を収容し、又は居宅に於て終身保護することとした。事業開始以来昭和十三年末に至る救護人員は合計三百九十五名に及んでいる。」[28] との記録が残っている。また、『概要』には「養老院」の頁に以下のように示されている。

「窮民に対する院内保護施設中、自活の途なく扶養義務者なき鰥寡孤独の老年者、及び扶養の義務あるも家庭貧困にして殆んど扶養を受け得ない労働不能に陥った老衰者を収容する養老事業は救護施設として欠くべからさるものであるが、県下に於ける之が施設としては、高知慈善協会がその博愛園に、大正七年四月以降養老部を設け現在六名を収容している。」[29]

なお、上記「高知博愛園養老部」とは別に、「帝国養老救済院」が 1912（大正元）年に設立されていた。「帝国養老救済院」は、「組織」は「会員組織」[30] であり、その「事業」内容は「老衰者ノ収容救護、個人又ハ団体ノ依托ニヨル

収容救護」[31]であった。以下，概要を記す。

「帝国養老救済院
　一，所在地　高知市永国寺町六百十一番地　　二，組織　会員組織　　三，創立　大正元年五月十二日　　四，代表者　院長内海義照　　五，職員　院長一名　　六，目的　養老　　七，事業概況　老齢に達し自活し能はず且扶養する者なき者を収容し家庭的に扶養するに在る。会員市内五十人長岡郡十人　　八，昭和三年度予算　歳入一，〇四〇円（会費，雑収入）歳出一，〇四〇円（収容費雑費）　　九，昭和三年成績　収容人員三名」[32]

　1910年代は明治期の終わりから大正初期，中期の始まりの時代であり，いわゆる「社会事業」が成立する前段階の時期にあたる。1911（明治44）年4月には市町村制の改正が行われ，公民権の制限した要件を公的救助の受給から，貧困のための公費助成の受給に改正された時期であった。大正期には1917（大正6）年8月に「内務省分課規則」の改正により地方局に「救護課」が新設された。同年，岡山県では「済世顧問制度」が設置される等，時代は社会事業へと進行する時期であった。高知県においては表4-9の如く，先に記した「院内救助（養老事業）」が創立され，上記に示した「帝国養老救済院」と「高知博愛園養老部」が開設されたのであった。

　また，1910年代,「司法保護」が2箇所新設された。「高知慈善協会高知自彊会」と「海南救済会」であった。「高知自彊会」は「高知慈善協会」の事業として設立されており,「事業概況」を示すと以下のようになる。

「六，事業概況　直接保護，間接保護，一時保護の三種とし，直接保護は之を
　　　　　　　収容して職業を斡旋し舎内に自活させ就業不能の者は衣食を
　　　　　　　給し保護する。
　　　　　　　間接保護は独立自立又は他家に雇はれる者，他家寄食中の者
　　　　　　　に職業を斡旋し監督保護する。
　　　　　　　一時保護は一時宿泊，保護者引渡，被害者との融和其他保護
　　　　　　　者職業紹介，衣服雑品旅費給与，職業用具支給貸与，帰郷途

上見送り等を為す。」[33]

次に「海南救済会」であるが，高知市江の口に創立された浄土宗派の施設であった。

「海南救済会
- 位　置　　高知市江ノ口四三番屋敷（大善寺内）
- 創　立　　大正三年七月一日
- 事業種目　宮地廓窕（中略）
- 沿　革　　大正三年七月当時ノ刑務所教誡師，能当祐眼宮地廓窕並ニ真宗寺住職等相図リ本会ヲ創立シ大正八年度ヨリ司法省ヨリ奨励金ヲ下付セラレ大正十二年ヨリハ宮内省ヨリ御内帑金ヲ下賜セラル。」[34]

4. 1920年代

1920年代（大正9年～昭和4年）は，概略ではあるが，「社会事業」期であった。ただし，1927（昭和2）年の金融恐慌，その後の世界恐慌により糸価が暴落する等，経済不況が昭和初期に押し寄せ，国家，地方行政を乱す時代でもあった。なお，1920（大正9）年には内務省地方局社会課が独立し，「社会局」が内務省官制の改正により設置された。また，この年（1920年）には，宮城県，茨城県，静岡県，愛知県，三重県，京都府，和歌山県，岡山県，長崎県に「社会事業主管課」が設置された。

1920年代に入り，高知県では施設（団体）数，同時に種類別数も急に増加した。まず，「連絡統一」として1927（昭和2）年に「高知市社会課」「高知県方面事業助成会連合会」「高知県社会事業協会」が設置された。

方面事業に関して述べれば，既に，1920（大正9）年には京都府で「公同委員」（後の方面委員）を設置していた。また，広島市では同年「方面委員設置規定」を公布，東京市においても同年「東京市方面委員規定」が制定された。高知県は1927（昭和2）年に「方面委員設置規定」を制定した。同年（昭和2年）には，7月に大分県に「方面委員設置規定」が制定された。また，同年7月兵

庫県に「方面委員規程」が，同じく7月千葉県に「方面委員設置規定」が公布されている。1927（昭和2）年10月には「中央社会事業協会」が「第一回全国方面委員講習会」を開催した年であった。高知県においては以下のような状況が『概要』に記されている。

「本県また方面委員設置の必要を認め，昭和二年度より高知市に実施の計画を樹て，これに要する経費を昭和二年度予算に計上し，大正十五年通常県会の議決を経たので同年九月九名の方面準備委員を嘱託して施行準備に着手し，昭和二年三月告示第百七十六号を以て方面委員設置規定，告示第百七十七号を以て方面委員会規程，訓令甲第六号を以て方面委員執務基準及方面主事職務基準等を定め四月一日付を以て方面委員方面事業相談役，同評議員を嘱託し，愈々陣容か整つたので四月十三日高知市役所に於て第一回方面委員総会を開き引続き三日間委員として必要なる事項につき講習会を開催した。」[35]

上記の状況下，「高知県方面事業助成会連合会」は，高知県庁内に設置された。

「高知県方面事業助成会連合会（電話一番）
一，所在地　高知県庁社会課内　二，組織　各方面助成会及会員組織　三，創立　昭和二年六月二十日　四，代表者　会長高知県知事　五，職員　会長一名，幹事二名　六，目的　各方面委員助成会を後援し以て方面委員の活動を助け又方面事業に関する調査研究を為して同事業の発達を期するに在る。七，事業概況　事業要目，方面委員制度に関する調査研究，各助成会の後援，講演会講習会の開催，方面委員事業功労者の表彰，機関紙の発行」[36]

その後，「方面委員制」は表4－9の如く，1930年代に増設されていった。

次に，「高知県社会事業協会」であるが，1927（昭和2）年，高知県庁社会課内に設置された。以下，概略を示す。

「高知県社会事業協会（電話一番）
一，所在地　高知県庁社会課内　二，組織　会員組織　三，創立　昭和二年九月十七日　四，代表者　会長高知県知事　五，職員　会長一名，副会長二名，常務理事一名，理事八名，幹事四名，評議員二十七名　六，目的　社

会事業団体の連絡統一を保たし且つ社会事業に関する調査研究を為し，その発達を図るに在る。七，事業概況　事業要目，社会事業の調査研究を為すこと，県下社会事業団体の連絡を図り其の経営を援助すること，社会事業に関する講演会，懇談会を開催すること，維誌を発行し且印刷物を刊行すること，其他社会事業の発達に関し必要な事項」[37]

「高知県社会事業協会」は 1927（昭和 2）年に創設されているが，四国地方の他の 3 県を調べてみると，「徳島県社会事業協会」が「昭和 8 年 3 月」「徳島県社会課内」[38]，「香川県社会事業協会」が「昭和 7 年 12 月」「香川県社会課内」[39]，「愛媛県社会事業協会」が「大正 11 年 4 月」「愛媛県社会課内」[40] となっていた。なお，中国地方の「岡山県社会事業協会」は大正 8 年，「広島県社会事業協会」は大正 11 年に創立されており[41]，県によって，中央団体あるいは中央行政との情報流通・交流の強弱の側面が窺えよう。なお，1921（大正 10）年 3 月に「中央慈善協会」が「社会事業協会」と改称しており，その年の 11 月には「社会事業協会」が「全国社会事業大会」を開催した。1921（大正 10）年には岡山県で「済世委員設置規定」が公布され，前年の 1920（大正 9）年には岡山県に「社会事業主管課」が設置される等，地方行政の動向も四国地方に比較して早かったと考えられる。四国地方の「社会事業主管課」の設置は愛媛県が大正 10 年，徳島県，香川県，高知県は大正 15 年であった。上記，各県の「社会事業協会」創立の時期をふまえても，四国地方は，愛媛県を除いて地方行政の遅れが推察される。

次に，1920 年代に「昼間保育」が 8 箇所開設されている。表 4-9 に示すように，1927（昭和 2）年 5 月，高岡郡高岡町に「高岡町農繁期託児所」が設置された。『概要』においては以下のように述べられている。「近時各地に於て農繁期託児所が設けられ，農村社会事業の新らしい進展をみせている。本県では昭和二年五月高岡郡高岡町井関に農繁期託児所を設置したのを嚆矢として漸次普及しつつあり，県に於ては之が奨励のため補助として金壱百五十円を予算に計上し之が施設を奨励している。」[42]

上記の文章は『高知県社会事業概要』の「昭和五年版」であり，この段階では県からの補助金が予算化されていたことが理解できる。表4-5には上記『概要』から季節あるいは農繁期託児所を抽出したものを表しているが，「経営主体」は町村であり，「春」または「秋」と季節が示されている。「地方公共団体も，昭和のはじめ頃より，奨励金設置の運動にのりだしたのである。」[43]との指摘があるように，全国単位では，1920（大正9）年に2箇所，1924（大正13）年130箇所，1927（昭和2）年に549箇所と増加し，1929（昭和4）には1,428箇所と急増した[44]。高知県は農村，漁村が多く，農繁期託児所への県の奨励金の予算化は必然的なことであった。

表4-3において，1920年代，45箇所の「小住宅」が抽出された。当初，市営住宅は高知市が設置し，表4-9の如く，市内「江ノ口」（大正9年），「下知」（大正10年），「小高坂」（大正12年）の3箇所であった。高知市役所編『高知市史』には以下のように述べられている。

「五，市営住宅　欧州大戦に依る我が経済界の好況に伴ひ，都市に於ける商工業一時に勃興し，人口都市集中の現象を呈し従て住宅の著しき不足を来し，一般物価と共に貸家料高騰し中産以下の生活を脅威するに至れるを以て，物価調節機関たる公設市場の設置と相俟つて住宅需給関係緩和の目的にて，市営住宅の建設を計り即ち大正九年政府より低利資金四万円の供給を受け，江ノ口に敷地を購入し之に住宅三十六戸を建設し全年十二月一日より一般より安き貸家料を以て貸付を為せり，尚下知町に於ても全様低利資金弐万円の供給を受け大正十年下知字西唐人町に敷地を購入し建設せるもの十八戸あり，大正十五年一月合併と同時に本市に移管せられたれば合計五十四戸となれり，而して中産以下の給料生活者の利用するもの多く以て需給調節の一助となり居れり。」[45]

上記，「市営住宅」は1926（大正15）年1月で「合計五十四戸」と多い戸数

122　第4章　高知県における社会事業施設・団体の形成史

表4-5　託児所施設状況

託児所名	香美郡吉祥寺託児所	幡多郡三崎村託児所	同	幡多郡入野村託児所
常設又ハ季節	春	春	秋	秋
経営主体	野市町	三崎村	同	入野村
従事者	五	二	二	五
収容児童数	二二	三五	三八	四九
開設日数	自五月二十日至六月三日	自五月十八日至五月二十三日	自九月十四日至九月二十日	自九月二十八日至十月二十日
開設場所	吉祥寺	三崎小学校	同	入野高等小学校及賀茂神社境内
開所時間	自午前八時至午後五時	自午前六時至午後六時半	自午前七時至午後六時	自午前七時至午後五時
託児年齢	三才-七才	四-七	同	三-七
経費	五七	二八	四五	七三
食事	給食	弁当持	同	給食

出所：『高知県社会事業概要　昭和五年版』より作成

とはいえない。この点は，『全国社会事業名鑑（昭和12年版）』から四国地方を取り出してみると，香川県188戸，愛媛県263戸，徳島県36戸，高知県55戸となっている[46]。香川県と愛媛県に市営住宅が多いのは県庁所在地に限定せず，香川県であれば丸亀市営，愛媛県であれば宇和島市営，また町営，村営住宅が開設されていたことによる。高知県の特徴としては「小住宅」として，表4-9の如く，「住宅組合」が多く開設された点にあるといえよう。

「住宅組合　住宅建設の奨励助成に依つて，各地に公営住宅の建設を見たが住宅難は依然として緩和されなかつた。依つて政府は，大正十年四月住宅組合法を発布した。本県は大正十一年三月住宅組合法施行細則を，同十二年八月住宅資金貸付規程を制定し各年度に於て政府の低利資金を借入れ，一部は之を高知市に転貸して市内住宅組合に貸付せしめ，一部は郡部の住宅組合に対し県より直接貸付した。」[47]

上記，「住宅組合法」と同時に「住宅資金貸付規程」を高知県では1923（大正12）年

に制定し，高知市以外の郡部に「小住宅（住宅組合）」を設置していった。なお，「住宅組合」も高知市内が最も多く，他は，高岡郡等（特に須崎町周辺）に集中する傾向があった。別の側面からいえば，県北，山村地区ではなく県南地区に開設されたと考えられよう。

次に，「公益市場」であるが，表4－4に示したように1910年代に1箇所，1920年代に2箇所設立されている。なお，他の『概要』等で整理すると，表4－9のようになり，「高知市江ノ口公設市場」（1924年，高知市江ノ口），「高知慈善協会生活必需品廉売市場」（1921年，高知市本町51番屋敷）が加わることになる。「公設市場」は全て高知市内に置かれていた。次に，「公益質屋」については，1927（昭和2）年3月「公益質屋法」が公布，8月に施行されたことにより，高知県では1928（昭和3）年3月「高知市帯屋町公設質屋」が開設された。その後は表4－9の如く1930年代に設置された。

1920年代，もうひとつの特徴として，表4－2の「医療保護」に関する施設（団体），機関が創設される傾向があった。「医療保護」として「施療病院」が2箇所同時に開設された。「日本赤十字社高知支部高知病院」と「恩賜財団済生会高知県病院」であった。「日本赤十字社高知支部高知病院」の概要を示すと以下のようになる。

「日本赤十字社高知支部高知病院
　一，所在地　高知市江ノ口字本間千四百十七番地　二，創立　昭和三年八月一日　三，代表者　院長　医学博士　堀安左衛門　四，職員　院長以下養成看護婦（一五名）ヲ含ミ五十三名　五，目的　病院としての理想的設備を為し一般の疾病の治療を施すに在る。
　六，事業概況　診療科目は内科，外科，眼科の三科を置き修養二ヶ年の看護婦養成所を附設した，病室四十九室，此の収容人員は七十名である，救療施設としては，市町村長，警察官，方面委員の証明に依り通院患者に対しては無制限，入院患者は室の許す範囲に於て約十四人を限り無料施療を為す。」[48]
上記病院は「内科，外科，眼科」と同時に「看護婦養成所」を附設し，創立

の昭和3年度における「患者数外来実数三八二三名」「収容実数七四七名」[49]「職員五十三名」であり，当時の四国地方の病院としては大きなものであった。また，『概要』には「昭和三年八月，日本赤十字社高知支部高知病院が高知市江ノ口に開設され同病院においても市町村長，警察署長，方面委員等の証明により無料診療を取扱ふこととなった。」[50] と記載されており，医療保護，施療病院として機能していったことが理解できる。同じく1928（昭和3）年8月に「恩賜財団済生会高知県病院」が高知市江ノ口に開院した。その経過を示すと以下のようになる。

「明治四十四年二月十一日明治天皇は施薬救療の資として御内帑金五十万円を賜ひ，これに依つて恩賜財団済生会設立され，民間の寄附金千四百三十五万円を加え，全国に亘つて施薬救療事業を経営し叡旨に副ひ奉らむ事を期し，爾来着々事業を進めつつあるが，本県に於ては本会の委託に依り明治四十五年県医師会に交渉を遂げて之が実施の方法を定めた。（中略）大正八年六月告示第百六十九号及第百七十号を以て施療規程及扱手続を制定して救療の普及に努めつつあつたが，偶々本県病院規則の発布に伴ひ，各病院は改築改修の止むなきに至つた為維持経営困難の理由の下に，従来私設病院に委託せしめつつあつた，肺結核患者の収容を喜ばなくなつたので，県は恩賜財団済生会高知県病院設立の必要を感じ，従来寄付約束額の内未納に属する分を指定寄付に変更の許可を得て寄付金の募集並納付方督励に努め，本資金を以て日本赤十字社高知支部高知病院の一部を借受け該病院を建設し，昭和三年八月一日より開院する運びに至った。」[51]

上記の経過から理解できるように，両病院ともに所在地が高知市江ノ口1417となっている。なお，「恩賜財団済生会高知県病院」の「昭和三年度診療成績調」では「外来往診巡回　男五九　女四四」「収容　男三三　女二二」[52]となっており，「日本赤十字社高知支部高知病院」に比較すると規模は小さかったと考えられる。

次に，1920年代，4箇所の「診療所」が開所した。「矯風会高知支部矯風会

診療所」「矯風会篤志施療所」「高知慈善協会診療所」「高野寺密教婦人会」であった。また，4箇所ともに高知市内に開所している。上記2箇所の「矯風会」を詳述すると，「日本基督教婦人矯風会」は，1886（明治19）年12月6日，東京の「日本橋教会」で発足式を挙行した「東京婦人矯風会」が始まりだといわれている。禁酒，廃娼，廃妾等の問題に取り組み，1893（明治26）年4月3日に全国組織として「日本婦人矯風会」が「霊南坂教会」で発足した[53]。会頭は矢島楫子が務め名誉会頭として佐々城豊寿に称号を贈っている。この年の11月からは機関誌『婦人矯風雑誌』第一号を発刊した[54]。高知においては，1920（大正9）年7月田岡寿子，横川豊野[55]ら30名が「婦人矯風会」高知支部創立委員となり準備を進め，9月に組織された。また，1921（大正10）年発会式を挙行し，記念講演会には「基督教婦人矯風会東京婦人ホーム」理事長の矢島楫子と賀川豊彦が講師として招かれていた[56]。この「矯風会高知支部」の事業として診療所と施療所が設置されていた。以下，「矯風会篤志施療所」を概説する。
「矯風会篤志施療所　　（電話　一一八三番）
　一，所在地　高知市北門筋七百三番地　二，創立　設立大正十年十月一日　三，代表者　小崎千代　四，職員　医師一，助手一，調剤一　五，目的　貧困者，薄給者救済の為に無料又は実費診療を為するに在り。　六，事業概況　本会救済部の事業であつて本年新に診療所を新築したるが，貧困者は無料にして，然らざる薄給者は実費診療で一日分薬価金拾銭である。施療所の診療科目は内科一般なれども其の他の専門に属するものは，市医師会と協定し当該専門医に診察させて居る。」[57]

上記，事業は「矯風会高知支部」の「救済部」の事業であり，事業としては他に「教育部」「廃酒部」「風俗部」「家庭部」等もあった。

次に，1920年代の「健康相談所」であるが，表4-9に示すように，「愛国婦人会妊産婦相談所」「高知市健康相談所」「密教婦人会健康相談所」が大正期に高知市内に設置された。「愛国婦人会」については先の1900年代でもふれたが，「事業概況」は「軍人遺族廃兵の救護及現役兵家族の救済，妊産婦保護，

乳幼児診療，婦人職業紹介所，婦人宿泊所等経営並各種家庭的婦人講習会を開催し，或は一般の義捐救済等をなしつつある。」[58]となっており，軍人遺族廃兵救護，軍人援護だけでなく，婦人等を救済するための多様な事業を行っていた。「愛国婦人会妊産婦相談所」もその一環であり概要を示すと以下のようになる。

「愛国婦人会妊産婦相談所　（電話　二〇五番）
　一，所在地　高知市西広小路五百七番地（赤十字社支部内）　二，創立　開始大正十三年二月　三，代表者　愛国婦人会支部長　四，職員　主事一名，産婆一名，委託産婆七名，顧問一名　五，目的　資力乏しき家庭の妊産婦に対し無料診察分娩の介補を為すに在る。六，事業概況　本部に専属産婆一名，郡部（安芸町，赤岡町，後免町，朝倉村，伊野町，須崎町，中村町）に委託産婆各１名を置き相当の成績を挙げてをる。」[59]

　上記のとおり「愛国婦人会妊産婦相談所」は「赤十字社支部内」に置かれ，本部に専属の「産婆」一名，また郡部に「委託産婆」を置いて県内を広域的に活動していた。高知県の特徴として社会事業の組織が高知市内に集中するという傾向があったが，「愛国婦人会」事業には広域的側面が機能していたところに固有性があった。例えば，表4-9の「委託診療」として1927（昭和2）年3月に「愛国婦人会乳幼児委託診療所」が開設され，事務所は「赤十字社高知支部内」であるが，高知市内においては，診療所は高知市舛形「森本医院」，高知市農人町「宮地医院」であった。「愛国婦人会乳幼児委託診療所」は上記以外に委託診療として，「安芸郡安芸町尾木医院　香美郡赤岡町島村医院　長岡郡長岡村北村医院　吾川郡伊野町宮本医院　高岡郡須崎町今橋医院　幡多郡中村町浦田医院」[60]に置かれていた。この点では「愛国婦人会」の事業は広域的で高知市内に集中していなかった。ただし，県北ではなく県南に設置された傾向は否定できない事実であった。山村地区での社会事業は1920年代には形成されなかった。また，表4-9の「密教婦人会健康相談所」であるが，高知市中島町高野寺内に設置された。

「密教婦人会健康相談所　　(電話　七九九番)
一，所在地　高知市中島町高野寺内　二，創立　大正十二年十一月十三日　三，代表者　高野寺住職　谷信讃　四，職員　総理一名，会計一名，幹事四名，嘱託医二名　五，目的　一般健康維持増進を計るに在り。　六，事業概況　毎月十三日を健康相談日とし永井医学博士，島田ドクトルに嘱託して無料にて健康の相談に応じてをる。」[61]

『概要』によると，「密教婦人会健康相談所」は「毎月一回十三日に開所し主として児童を対象としている。」[62] と述べられている。すでに紹介した「愛国婦人会」は「妊産婦相談所」であり，民間団体（婦人会）においての相談機能は，その団体において差異があった。「密教婦人会健康相談所」は高知市中島町高野寺内に置かれ，代表者は高野寺住職という信仰上の側面があった。健康相談所の本体である「高野寺密教婦人会」の「目的」も「常に仏教を信仰し婦徳の涵養，貧窮者救助，健康相談其他教化社会奉仕を為すに在る。」[63] と規定され，「事業概要」においても「時々高野寺に集会して礼拝，説教聴講を為して婦徳の涵養に努め」[64] とあり，「高野寺」を基盤とする檀家を中心とした信仰的活動であった[65]。また，「健康相談所」に関しては，高知市市営のものが1926（大正15）年に開設された。『高知市社会事業要覧』（高知市役所）によれば，「健康相談所　疾病の予防は治療に勝ること数倍の効果ある。（中略）健康思想の普及は疾病に対する予防の重要性を認識せしめ漸く本所の利用者の増加を来せり」[66] と記載されており，表4-6の如く市内3箇所設置され，昭和7年頃から急激に利用者が増加している。ひとつの要因は，1932（昭和7）年8月内務省に「農山漁村貧困者救療費」として300万円が下賜されたことによる。上記，高知市役所の『要覧』においても「財界の不況は年と共に深刻の度を加ふるに及都市農山漁村の生活窮迫せる疾病者にして医療の途を有ぜざる者の為施療の思召を以て昭和七年以降三ヶ年に亘り多額の御内帑金の御下賜あり（中略）本市も其の恩恵を蒙り県より治療券の交付を得ければ各方面事務所に配布該当者の救療に当りたるが多数の疾病者を救護する事を得何れも聖思の無窮に

表4-6 健康相談所成績表

年別	中央健康相談所 男	中央健康相談所 女	中央健康相談所 計	東部健康相談所 男	東部健康相談所 女	東部健康相談所 計	西部健康相談所 男	西部健康相談所 女	西部健康相談所 計	計 男	計 女	計 計
大正十五年	一七	五	二二							一七	五	二二
昭和二年	四二七	四一〇	八三七							四二七	四一〇	八三七
〃三年	一九五	一六二	三五七							一九五	一六二	三五七
〃四年	三七〇	二五九	六二九							三七〇	二五九	六二九
〃五年	三七九	二七五	六五四	二六三	二三四	四八七	二三二	二八九	五一一	八六五	七八八	一,六五三
〃六年	二二〇	二六八	四八八	四五八	四三三	八九一	二五八	二三五	四九三	九三六	九三六	一,八七二
〃七年	四六八	四三一	八九九	一,四九〇	一,五四〇	三,〇三〇	九七六	一,〇八〇	二,〇五六	二,九三四	三,〇五一	五,九八五
〃八年	一,四六一	一,三七〇	二,八三一	二,二四一	二,四九三	四,七三四	一,九九六	二,〇四七	四,〇四三	五,六九八	五,九一〇	一一,六〇八
〃九年	一,〇八二	九八〇	二,〇六二	一,八二二	一,九五二	三,七七四	二,三九一	二,七〇九	五,一〇〇	五,二九五	五,六四一	一〇,九四二
計	四,六一九	四,一六六	八,七八五	六,二七四	六,六四二	一二,九一六	五,八四四	六,三六〇	一二,二〇四	一六,七三七	一七,一六八	三三,九〇五

出所:『昭和十年二月高知市社会事業要覧』高知市役所, pp. 54-55

感泣せり。」[67] と述べられており，この「恩賜診療」が述べられた次の頁に表4-6の「健康相談所成績表」が記載されており，「恩賜診療」「健康相談所」「診療所」は金融恐慌，世界恐慌の経済不況の時期に設立され，昭和6年，7年頃から新たな「医療保護」が設置されている。全国レベルでは1930（昭和5）年，「日本衛生協会」が設立され，1931（昭和6）年に「第一回児童栄養週間」が開始された。1932（昭和7）年1月には「救護法」が施行され，同年2月には内務省が「公立健康相談所の設置につき通達」を出した時期であった。

5. 1930年代

1918（大正7）年10月，大阪府で「方面委員設置規程」が公布されたのを先駆として，1920年代各府県に方面委員に関する「設置規定」が制定された。「1920年代」のところでも述べたが，1920（大正9）年に「東京市方面委員規定」が制定され。同年，広島市でも「方面委員設置規定」が成立した。高知県は1927（昭和2）年「方面委員設置規定」が制定された。また，同年「方面委員会規定」「方面委員執務基準」「方面主事職務基準」を定め，「方面事業相談役」「評議員」も決定した[68]。また同年「高知市役所に於て第一回方面委員総会を開き引続き三日間委員として必要なる事項につき講習会を開催」[69] している。このように「方面委員」に関する行政上の体制は1920年代に成立しており，表4-9の如く，「連絡統一」として「高知県方面事業助成会連合会」が1927（昭和2）年6月に高知県庁社会課内に設置された。

表4-9には1920年代の「方面事業助成会」を示している。なお，この「助成会」は1920年代は高知市内のみであり，1930年代に入り，山奈村役場内，伊野町役場内，室戸町役場内，越知町役場内，宇佐町役場内，安芸町役場内，檮原村役場内に「助成会」が設置された。なお，檮原村役場は上記の役場の中では山村地区に該当する。

「方面委員」に関しても1930年代に置かれ，昭和期に入ってからであった。表4-7には，高知市内の方面区域，委員数等を示しているが，9つの区域で

第4章　高知県における社会事業施設・団体の形成史

表4－7　高知市方面区域・方面委員数

方面	高知街	南街	上街	北街	潮江	旭街	小高坂	江ノ口	下知	計
区域	南与力町、片町、八軒町、中島町、西唐人町、西弘小路、桝形本町、帯屋町、松淵、新京橋、堀詰、追手筋、金子橋、鷹匠町北門筋、永国寺町、藪淵、廿代筋	浦戸町、堺町、農人町、新町田淵、要法寺町、掛川町、八百屋町、弘岡町、朝倉町、東唐人町、九反田、雑喉場、采園場町	水通町、築屋敷、南奉公人町、通町、本町筋、北奉公人町	新市町、細工町、紺屋町、材木町、新町田淵、中新町、京町、中種崎町、東種崎町、北新町、鉄砲	塩屋崎、高見、桟橋、孕、役地、新町、新田、土居町、上町、末廣、梅ヶ辻、平和町、春野町、小石	鴨部、上本町、玉水、旭一、二町、観音町、石立、杓田、井口、中須賀、福井、蓮台、尾立	越前町、中地、森ノ下、池町、山ノ端、行司坪、新屋敷、桜馬場、呂ノ前、大膳様町、梅田橋、茨木	江ノ口、洞ヶ島町、田端通、中水通、大川筋、比島	南新町、日出町、中新町、北新町、鉄砲町、稲荷新地、常磐町宝栄堤、緑町、宝永町、中山町、下知	棒堤、農人町、田淵
世帯数	三,八一〇	二,五〇三	二,八〇五	二,五五九	一,九七八	二,三七二	一,一六八	一,七五三	一,二八九	二〇,二三七
委員	九	七	九	九	一〇	八	一〇	一〇	七	七九

出所：『高知県社会事業概要　昭和5年版』p.91

79名の委員が置かれていた。これに対し高知市外地は表4-9のように1937（昭和12）年における町村での区分けが明らかとなっている。『全国社会事業名鑑〔昭和12年版〕』によると，高知市も含め「方面委員」数は317名となっていた[70]。四国地方では徳島県505名，香川県414名，愛媛県273名となっており[71]，香川県のように県内面積が狭い県に比較し，高知県は「方面委員」が多い県とはいえなかった。因みに岡山県は2,620名，広島県1,620名，山口県1,466名であった[72]。

次に，1930年代の特徴として「昼間保育」が4箇所設置されているが，これらの常設保育所とは別に，表4-8の如く「季節託児所」が設置されている。表4-8は「昭和十年度分」ではあるが，「昭和十一年度は尚集計の運びに至つていないが開設箇所三十二以上に達し逐年増加の傾向あるは甚だ喜ぶべきことである。」[73]と高知県学務部社会課の発言があった。昭和初期の経済不況の時代においては「公営，私営を問わず，道府県費，市町村費からの農繁期託児所への補助は増加していった。」[74]との指摘があるように，高知県においてもその傾向はみられた。表4-8においては町立村立もみられるが，「青年団」「婦人会」「婦人団」等，自主団体による託児所が多く，農村，漁村における季節託児所の増加が，戦前期（昭和期）の特徴であった。なお，高知県学務部社会課が発行した『季節託児所設置の手引』の「はしがき」は以下の文章で括られている。「尚一言附加へたいのはこの小冊子の底に流れている一の精神を見逃さないやうにして欲しい。その精神とは協心協力隣保相助の精神即ち社会事業精神である。季節託児所の多くはその開設の期間短く，規模も狭小であり，その直接利益を多く期待することができない。しかし之を開設せんとする社会事業精神は後々までも大きな影を引くことであろう。」[75]。つまり，「隣保相助」の「社会事業精神」は十五年戦争に突入した後の「精神」でもあり，1931（昭和6）年9月には「満州事変」，1933（昭和8）年3月には日本は「国際連盟」を脱退した。つまり，「社会事業精神」が「厚生事業精神」へと変改する時代であり，「隣保相助の精神」は臨戦態勢の精神でもあった。

次に，1930年代に「公益質屋」が5箇所設置されている。1927（昭和2）年3月31日に「公益質屋法」が公布され，8月10日から施行された。表4-2にも示すように，公益質屋は「経済保護事業」であるが，経済不況の昭和初期に「公益質屋法」が成立し，全国的に昭和3年ごろから設置されていった。高知県においては表4-9のように，1928（昭和3）年に「高知市帯屋町公設質屋」

表4-8 季節託児所設置状況調

設置者	開所日数	収容延人員	経費
		昭和十年度分	
吉良川村	三二日	二,一四五人	九三〇円〇九
井ノ口村婦人会女子青年団	八	三三九	四六七一
土居村婦人会	一〇	二〇八	三八六二
川北村婦人会女子青年団	一〇	二九六	六一四五
安芸町処女会	二〇	七四四	七三二〇
前濱村婦女会	一五	二九八	三三七〇
愛國婦人会佐古村委員区	一五	一,〇八〇	八〇一三
五台山村婦女団	二〇	二,八二〇	四七四二
十市村婦人団	一五	二,二〇五	九二九四
三里村婦人団	七四	二,二六一	一四,二二九
本山町（三ヶ所）	三〇（十一ヶ日）	四七〇	五〇〇〇
泰村婦人会	八	五五七	四五〇四
諸木村並婦人会（二ヶ所）	一四（七ヶ日）	一,二四八	九六八三
伊野町山崎眞勝（二回）	一〇	八,一〇〇	二三二五
新居町	三一	五五九	三〇〇〇
須崎町		九三〇	—
計（十九ヶ所）	四〇二	二三,二五〇	一,一四三,七七
一ヶ所平均	二一	一,二二四	六三五四
一ヶ所一日平均収容児数		六四人強	

出所：『季節託児所設置の手引』高知県学務部社会課, p.19

表4-9　高知県の明治期から昭和戦前期までの社会事業施設と団体一覧

種　類		施設団体の名称	設立年月日	所　在　地	確認年
社会事業に関する機関	連絡統一	高知市社会課	1927（昭和2）年4月	高知市帯屋町434番地	昭和10年
		高知県方面事業助成会連合会	〃　　　　6月	高知県庁社会課内	昭和10年
		高知県社会事業協会	〃　　　　9月		昭和12年
		高知市社会事業協賛会	1932（昭和7）年1月	高知市本町紹介所内	昭和10年
		高知市方面事業助成会連合会	1934（昭和9）年5月	高知市役所社会課内	昭和10年
	養成・保護	日本海員掖済会高知市部	1880（明治13）年	高知県庁会計課内	昭和4年
	方面委員制	高知県方面委員連盟		高知県社会課内	昭和12年
		高知市南街方面事業助成会	1927（昭和2）年4月	高知市采園場町132	昭和12年
		高知市旭鴨部方面事業助成会	〃　　　　〃	高知市福井464ノ1	昭和12年
		高知市下知街方面事業助成会	〃　　　　〃	高知市下知常磐町572	昭和12年
		高知市高知方面事業助成会	〃　　　　〃	高知市中島町	昭和12年
		高知市潮江方面事業助成会	〃　　　　〃	高知市潮江454	昭和12年
		高知市上街方面事業助成会	〃　　　　〃	高知市本町筋24	昭和12年
		高知市小高坂街方面事業助成会	〃　　　　〃	高知市小高坂越前町63	昭和12年
		高知市江ノ口街方面事業助成会	〃　　　　〃	高知市江ノ口童の前764	昭和12年
		高知市北街方面事業助成会	〃　　　　〃	高知市蓮池町	昭和12年
		山奈村方面助成会	1933（昭和8）年9月	山奈村役場内	昭和12年
		伊野町方面事業助成会	〃　　　　2月	伊野町役場内	昭和12年
		室戸町方面事業助成会	〃　　　　4月	室戸町役場内	昭和12年
		越知町方面事業助成会	1934（昭和9）年1月	越知町役場内	昭和12年
		宇佐町方面事業助成会	〃　　　　3月	宇佐町役場内	昭和12年
		安芸町方面事業助成会	〃　　　　4月	安芸町役場内	昭和12年
		榛原村方面事業助成会	〃　　　　7月	榛原村役場内	昭和12年
		高知市方面委員	1931（昭和6）年6月		昭和12年
		鴨田村方面委員	〃　　　　〃		昭和12年
		下田町方面委員	〃　　　　〃		昭和12年
		山奈村方面委員	〃　　　　〃		昭和12年
		須崎町方面委員	〃　　　　〃		昭和12年
		朝倉村方面委員	〃　　　　〃		昭和12年
		宿毛町方面委員	〃　　　　〃		昭和12年
		秋山村方面委員	〃　　　　8月		昭和12年
		安芸町方面委員	1932（昭和7）年2月		昭和12年
		長濱町方面委員	〃　　　　8月		昭和12年
		伊野町方面委員	〃　　　　9月		昭和12年
		山田町方面委員	〃　　　　10月		昭和12年
		後兎町方面委員	1933（昭和8）年1月		昭和12年
		室戸町方面委員	〃　　　　4月		昭和12年
		甲浦町方面委員	〃　　　　5月		昭和12年
		八田村方面委員	〃　　　　6月		昭和12年
		越知町方面委員	〃　　　　7月		昭和12年
		榛原町方面委員	〃　　　　〃		昭和12年
		高岡町方面委員	〃　　　　8月		昭和12年
		東又村方面委員	〃　　　　12月		昭和12年
		吉良川村方面委員	1934（昭和9）年2月		昭和12年
		東豊永村方面委員	〃　　　　〃		昭和12年
		中村町方面委員	〃　　　　3月		昭和12年
		宇佐町方面委員	〃　　　　5月		昭和12年
		清水町方面委員	〃　　　　6月		昭和12年
		本山町方面委員	〃　　　　7月		昭和12年

第4章　高知県における社会事業施設・団体の形成史

種　類		施設団体の名称	設立年月日	所　在　地	確認年
児童保護	産　婆	愛国婦人会高知支部巡廻産婆	1927（昭和2）年1月	高知市西廣小路507	昭和12年
		安芸町営産婆		安芸郡安芸町	昭和12年
	乳児保護	高知市立健康相談所	1926（大正15）年12月	高知市立城西病院内外二ヶ所	昭和12年
	育　児	高知慈善協会高知博愛園	1884（明治17）年12月	高知市本町136	昭和12年
	昼間保育	高岡町農繁期託児所	1927（昭和2）年5月	高岡郡高岡町井関	昭和5年
		香美郡吉祥寺託児所	〃　〃	吉祥寺	昭和5年
		幡多郡三崎村託児所	〃　〃	三崎小学校	昭和5年
		幡多郡入野村託児所	〃　9月	入野高等学校及加茂神社境内	昭和5年
		香南子供ノ園	1928（昭和3）年9月	香美郡岸本町	昭和12年
		高知市旭保育園	1929（昭和4）年10月	高知市鴨部字上大榎1742	昭和12年
		長濱託児所	〃　3月	吾川郡長濱町長濱	昭和12年
		高知県立高知保育園	〃　11月	高知市鴨部	昭和12年
		双葉の園	1933（昭和8）年4月	高知市小字坂	昭和12年
		高知市下知保育園	1934（昭和9）年4月	高知市下知面知寄396	昭和12年
		東組託児所	〃　8月	香美郡山田町東通	昭和12年
		高知市潮江保育園	1935（昭和10）年7月	高知市潮江田沢南ノ丸4840	昭和12年
	盲聾教育	私立高知盲学校	1924（大正13）年4月	高知市八軒町（S.4.4閉鎖）	昭和5年
		高知県立盲唖学校	1929（昭和4）年7月	高知市江ノ口浦別当254番地	昭和5年
	貧児教育	高知女学会	1901（明治34）年11月	高知市鷹匠町180	昭和12年
		基督教婦人矯風会高知支部学生ホーム	1921（大正10）年4月	高知市北門筋	昭和5年
		三葉寮	1922（大正11）年4月	高知市江ノ口	昭和5年
		高知学生労働会	〃　5月	高知市小高坂	昭和5年
		土佐婦人会女子補助夜学校	1923（大正12）年12月	高知市江ノ口993	昭和12年
		土佐婦人会女子夜学校	〃　〃	高知市潮江鏡町	昭和10年
	感化教育	高知報徳学校（鏡川学園）	1905（明治38）年9月	高知市西広小路	昭和5年
		（鏡川学園）	1934（昭和9）年4月	高知市湖江	昭和12年
	児童遊園・児童図書館	児童遊園地	1930（昭和5）年9月	高知市石井，井口	昭和10年
		〃	1932（昭和7）年11月	高知市下知中ノ島	昭和10年
		〃	1933（昭和8）年11月	高知市旭中須賀	昭和10年
経済保護	小住宅	高知市営住宅（江ノ口）	1920（大正9）年12月	高知市江ノ口811	昭和12年
		高知市営住宅（下知）	1921（大正10）年11月	高知市下知410	昭和5年
		有限責任江ノ口住宅組合	1922（大正11）年8月	高知市江ノ口892	昭和5年
		高水（住宅組合）	〃　9月	高知市江ノ口1113	昭和5年
		築屋敷（住宅組合）	〃　10月	高知市本町筋139	昭和5年
		中島（住宅組合）	〃　〃	高知市江ノ口1112	昭和5年
		中平（住宅組合）	〃　〃	高知市蓮池町56	昭和5年
		城東（住宅組合）	〃　11月	高知市本町341	昭和5年
		高知市営住宅（小高坂）	1923（大正12）年	高知市小高坂109ノ2	昭和12年
		中央（住宅組合）	〃　5月	高岡郡宇佐町	昭和5年
		宇佐（住宅組合）	〃　8月	〃　823	昭和5年
		鷹城（住宅組合）	1924（大正13）年1月	高知市江ノ口1121	昭和5年
		高北（住宅組合）	〃　2月	〃　1112	昭和5年
		山田町（住宅組合）	〃　6月	香美郡山田町	昭和5年
		橋上（住宅組合）	〃　〃	幡多郡橋上村野地1146	昭和5年
		共済（住宅組合）	〃　8月	高岡郡宇佐町宇佐1800	昭和5年
		平和（住宅組合）	1926（大正15）年2月	高知市種崎町16	昭和5年
		共栄（住宅組合）	〃　〃	高知市石井1705	昭和5年

第3節　明治期から昭和戦前期までの社会事業施設（団体）の全体像とその形成過程　　*135*

種　類		施設団体の名称	設立年月日	所　在　地	確認年
		理理（住宅組合）	〃　　　5月	高知市江ノ口1612	昭和5年
		高坂（住宅組合）	〃　　　〃	〃　　　1334	昭和5年
		成功（住宅組合）	〃　　　〃	〃　　　757	昭和5年
		江北（住宅組合）	〃　　　〃	〃　　　811	昭和5年
		須崎町第一（住宅組合）	〃　　　6月	高岡郡須崎町須崎1501	昭和5年
		須崎町第二（住宅組合）	1927（昭和2）年3月	〃　　　1747	昭和5年
		簡易（住宅組合）	〃　　　〃	高知市小高坂614	昭和5年
		長濱（住宅組合）	〃　　　〃	吾川郡長濱村長濱3882	昭和5年
		高陽（住宅組合）	〃　　　〃	高知市湖江323	昭和5年
		舊湖江（住宅組合）	1928（昭和3）年3月	〃　帯屋町487	昭和5年
		協和（住宅組合）	〃　　　〃	〃　北門筋688	昭和5年
		高知（住宅組合）	〃　　　〃	〃　小高坂85	昭和5年
		須崎町昭和（住宅組合）	〃　　　〃	高岡郡須崎町須崎469	昭和5年
		電化（住宅組合）	〃　　　〃	高知市通町161	昭和5年
		江陽（住宅組合）	〃　　　〃	〃　朝倉町1	昭和5年
		須崎町第三（住宅組合）	〃　　　〃	高岡郡須崎町須崎1137	昭和5年
		佐川第一（住宅組合）	〃　　　〃	佐川町甲1692	昭和5年
		戊辰（住宅組合）	〃　　　〃	高知市湖江3072	昭和5年
		鏡北（住宅組合）	〃　　　〃	〃　鴨部1797	昭和5年
		中村（住宅組合）	〃　　　〃	幡多郡中村町1539	昭和5年
		湖江（住宅組合）	〃　　　〃	高知市湖江19ノ2	昭和5年
		城西（住宅組合）	〃　　　〃	〃　石井1355	昭和5年
		受恩（住宅組合）	〃　　　〃	〃　小高坂615	昭和5年
		誠和（住宅組合）	〃　　　〃	〃　江ノ口766ノ1	昭和5年
		土陽（住宅組合）	〃　　　〃	〃　湖江3854	昭和5年
		改良（住宅組合）	〃　　　〃	〃　帯屋町	昭和5年
		中村（住宅組合）	〃　　　〃		昭和5年
	共同宿泊所	婦人宿泊所	1928（昭和3）年5月	高知市西広小路	昭和5年
	公益市場	高知市帯屋町公設市場	1918（大正7）年12月	高知市帯屋町3丁目438ノ1	昭和12年
		高知慈善協会生活必需品廉売市場	1921（大正10）年12月	高知市本町51番屋敷	昭和4年
		高知市江ノ口公設市場	1924（大正13）年12月	高知市江ノ口	昭和5年
		高知市山田町公設市場	1925（大正14）年1月	高知市山田町	昭和12年
		高知市五丁目公設市場	〃　　　3月	高知市本町筋5丁目	昭和12年
	公益質屋	高知市帯屋町公設質屋	1928（昭和3）年3月	高知市帯屋町	昭和12年
		甲浦町公益質屋	1932（昭和7）年5月	甲浦町	昭和12年
		上灘村公益質屋	1933（昭和8）年1月	上灘村	昭和12年
		安芸町公益質屋	〃　　　3月	安芸町	昭和12年
		室戸町公益質屋	〃　　　6月	室戸町	昭和12年
		白田川村公益質屋	〃　　　〃	白田川村	昭和12年
失業救済及び防止	授　産	高知洋服裁縫学院	1923（大正12）年6月	高知市鴨田1844番地ノ35	昭和4年
		高知木工伝習所	1926（昭和元）年11月	高知市潮江3303	昭和4年
		高知市社会事業協賛会	1932（昭和7）年1月	高知市本町309ノ7	昭和12年
	職業紹介	高知市職業紹介所	1926（大正15）年6月	高知市本町309ノ7	昭和12年
		愛国婦人会婦人職業紹介所	1927（昭和2）年5月	高知市西広小路507地ノ1	昭和10年
		室戸町職業紹介所	1933（昭和8）年6月	安芸郡室戸町役場内	昭和12年
		安芸町職業紹介所	1934（昭和9）年5月	安芸郡安芸町役場内	昭和12年
		土佐長濱町職業紹介所	〃　　　〃	吾川郡長濱町役場内	昭和12年
		中村町職業紹介所	〃　　　〃	幡多郡中生町役場内	昭和12年
救護	院外救助	土佐婦人会	1903（明治36）年2月	高知市江ノ口992	昭和12年
		高知博愛園	1918（大正7）年	高知市本町51	昭和12年

第4章 高知県における社会事業施設・団体の形成史

種　類		施設団体の名称	設立年月日	所　在　地	確認年
		吾川郡長濱恵済会	1919（大正8）年11月	吾川郡長濱村4722	昭和12年
	院内救助 （養老事業）	帝国養老救済院	1912（大正元）年5月	高知市永園611	昭和12年
		高知博愛園養老部	1918（大正7）年4月	高知市本町51	昭和12年
	不具癈疾保護	高知慈善協会貧民救済部	1918（大正7）年	高知市本町51番屋敷	昭和4年
		高知県盲唖教育協会	1929（昭和4）年4月	高知市江ノ口裏別当354	昭和12年
	司法保護	高知慈善協会高知自彊会	1911（明治44）年9月	高知市小高坂桜馬場	昭和12年
		海南救済会	1914（大正3）年7月	高知市江ノ口43	昭和12年
	軍人遺家族援護	日本赤十字社高知支部	1895（明治28）年1月	高知市西広小路507	昭和4年
		愛国婦人会高知県支部	1905（明治38）年8月	高知市西広小路507	昭和5年
医療保護	施療病院	日本赤十字社高知支部高知病院	1928（昭和3）年8月	高知市江ノ口1417	昭和12年
		恩賜財団済生会高知県病院	〃	高知市江ノ口1417	昭和12年
	診療所	愛国婦人会高知県支部	1905（明治38）年4月	高知市西廣小路507	昭和12年
		矯風会高知支部矯風診療所	1921（大正10）年10月	高知市北門筋703	昭和12年
		矯風会篤志施療所	〃	高知市北門筋703	昭和12年
		高知慈善協会診療所	1922（大正11）年4月	高知市本町51	昭和12年
		高野寺密教婦人会	1月	高知市中島町274	昭和12年
		西豊永村立診療所	1931（昭和6）年10月	長岡郡西豊永村安芸々	昭和12年
		高知市診療所	1934（昭和9）年4月	高知市西弘小路509番地	昭和12年
	委託診療	愛国婦人会乳幼児委託診療所	1927（昭和2）年3月	高知市西広小路507 （日本赤十字社高知支部内）	昭和4年
	健康相談所 （保健所）	愛国婦人会妊産婦相談所	1924（大正13）年2月	高知市西広小路507番地	昭和4年
		高知市健康相談所 （T15，中央，S5，東部・西部）	1926（大正15）年12月	〃　西広小路	昭和5年
		密教婦人会健康相談所	1923（大正12）年11月	〃　中島町高野寺内	昭和5年
	精神病院	土佐病院	1933（昭和8）年6月	高知市江ノ口1430	昭和12年
		谷病院（代用精神病院）		長岡郡五台山村	昭和5年
	結核療養所	日本赤十字社高知支部結核療養所	1914（大正3）年		昭和5年
		高知県結核予防協会	1923（大正12）年5月	高知県警察部衛生課内	昭和12年
社会教化	教化（民衆啓蒙・矯風）	日本基督教婦人矯風会高知支部	1920（大正9）年9月	高知市	昭和12年
		矯風会学生ホーム	1921（大正10）年4月	高知市	昭和4年
		高知県禁酒会	1922（大正11）年1月	高知市	昭和5年
		愛時同盟会	〃　6月	県社会課内	昭和5年
		生活改善同盟会高知県支部	1927（昭和2）年		昭和5年
		高知県教化団体連合会	1929（昭和4）年9月	高知県庁内	昭和12年
		高知県排酒連盟	1933（昭和8）年2月	高知県北門筋103地	昭和10年
	融　和	高知県公道会	1919（大正8）年10月	高知県社会課内	昭和12年
		勤倹奨励高知県委員会	1924（大正13）年10月	高知県庁内社会課内	昭和4年
		高知市融和事業協会	1933（昭和8）年7月	高知市役所社会課内	昭和12年
その他	人事相談	基督教婦人矯風会高知支部人事相談	1920（大正9）年7月	高知市北門筋704	昭和12年
		高知警察署人事相談所	1924（大正13）年1月	本町高知警察署内	昭和12年
	衛生思想普及	高知県衛生会	1888（明治21）年11月	高知県警察部衛生課内	昭和12年
		高知県結核予防会	1923（大正12）年5月	〃	昭和12年
	その他	高野寺密教婦人会	1922（大正11）年8月	高知市中島町274	昭和12年
		高知慈善協会活動写真部	1924（大正13）年10月	高知市本町51番屋敷	昭和4年

が設立され，それ以降，昭和7年，昭和8年に町村部に5箇所設置された。公益質屋は全国的にも町村部に多く設置された経済保護事業であったと考えられるが，高知県の場合，その設置数は多いとはいえない。『全国社会事業名鑑（昭和12年版）』から四国地方で調べてみると，徳島県7箇所，香川県14箇所，愛媛県54箇所となっていた[76]。中国地方を調べてみても鳥取県8箇所，島根県13箇所，岡山県62箇所，広島県34箇所，山口県33箇所であった[77]。『全国社会事業名鑑（昭和12年版）』からの抽出であるが，高知県は中国四国地方で公益質屋が最も少ない県と位置づけられる。つまり，山村地域の多い高知県は町村部への設置がうまく機能していなかったと考えられる。

　上記の傾向は「失業救済事業」においても同様であり，表4-9の「職業紹介所」の数は少数であった。これは全国的に大正期に市立の職業紹介所が設置されていくが，高知県の場合，高知市のみであった。例えば，愛媛県の場合，「松山市」（大正11年），「宇和島市」（大正11年），「今治市」（大正11年），「八幡浜市」（大正11年）において「市役所内」または「構内」に職業紹介所が設置された[78]。

　1888（明治21）年に「市制・町村制」が公布され，高知県においては高知市が1889（明治22）年に発足した[79]。ただし，「第1節」でも指摘したが，高知県内の市は，高知市以外は，戦後，昭和20年代，30年代に町村合併によって市が誕生した経緯もあり，戦前においては，社会事業体制そのものが，高知市に集中するのは否めない現実があった。

◆ 第4節　戦前期社会事業施設の形成過程の統括 ◆

　本章の「第1節」において，高知県の「市」の成立について述べた。1889（明治22）年4月1日に高知市が成立した。なお，高知県内のその他の「市」は戦後，1954（昭和29）年以降に成立しており，戦前期の社会事業が高知市内に集中し，「町村」への事業の広がりが立ち遅れる傾向があった。「第4節」では上記の要因を鑑み，戦前期の社会事業施設（団体）の形成過程を整理・要約しそ

の特徴等を明らかにする。

　まず，1880年代，高知県の慈善救済事業の先駆として，1884（明治17）年に「高知育児会」が設立された。「高知育児会」（高知市本町）は1910（明治43）年に「高知慈善協会高知博愛園」（高知市本町）と改称し，児童保護，院外救助，院内救助，医療保護等，多彩な事業を展開した。現在の「社会福祉法人高知慈善協会（協会本部：高知市潮新町一丁目12番13号）」である。1890年代には，表4-9にも示しているが，1895（明治28）年1月，「軍人遺家族援護」として，「日本赤十字社高知支部」（高知市西広小路）が創設された。「日本赤十字社高知支部」の「目的」は「戦事傷病者を救護するを主たる目的と」[80]していたが，「事業種目」は「災害救護，施薬施療，看護婦養成，少年赤十字」[81]と広範であった。例えば，「日本赤十字社高知支部高知病院」（高知市江ノ口），「日本赤十字社高知支部結核療養所」等を開設した。

　1901（明治34）年1月，「貧児教育」として「高知女学会」（高知市鷹匠町）が誕生した。高知県においては本格的なキリスト教系施設（団体）と位置づけられる。また，1900年代，「院外救助」として「土佐婦人会」（高知市江ノ口）が1903（明治36）年2月に設立された。高知県の婦人運動研究の第一人者である外崎光広は，高知県の婦人会で，歴史の長さと業績の面で代表的な婦人会として「土佐婦人会」と「基督教婦人矯風会高知支部」を指摘している[82]。次に，1908（明治41）年の「感化法」改正により，道府県の感化院設立義務化が規定された。それに伴い，「高知報徳学校」（高知市西広小路）が代用感化院となった。同校は1934（昭和9）年に高知県に移譲し，「鏡川学園」（高知市湖江）となった。

　1910年代，「公益市場」として「高知市帯屋町公設市場」（高知市帯屋町）が置かれたが，その後（大正期）の「公益市場」はすべて高知市内に置かれた。また，大正期は全国的に養老院が増設される時代であった。「高知慈善協会」の事業として，1918（大正7）年4月，「高知博愛園養老部」（高知市本町）が開設した。また，1912（大正元）年に「帝国養老救済院」（高知市永国）が開設し

第4節　戦前期社会事業施設の形成過程の統括　139

た。以上、ここまでは、1910年代の主要な社会事業施設（団体）を概要したが、すべて高知市内に設立されていた事業であることが理解できる。

以下、1920年代（大正中期以降）について要約する。1920（大正9）年、内務省地方局社会課が独立し、「社会局」が内務省官制の改正により設置された。この1920（大正9）年に、府県に「社会事業主管課」が設置されたが、高知県は1926（大正15）年に設置された。また、1927（昭和2）年に「高知市社会課」（高知市帯屋町）、「高知方面事業助成会連合会」（高知県庁社会課内）、「高知県社会事業協会」（高知県庁社会課内）が誕生した。「社会事業協会」に関して、四国地方の他の3県を調べてみると、「徳島県社会事業協会」が1933（昭和8）年[83]、「香川県社会事業協会」が1932（昭和7）年[84]、「愛媛県社会事業協会」が1922（大正11）年[85]に創設されている。中国地方の「岡山県社会事業協会」は1919（大正8）年、「広島県社会事業協会」は1922（大正11）年[86]に創設された。概説的ではあるが、四国地方は中央団体あるいは中央行政庁との間に一定の地方としての距離、あるいは情報流通・交流の側面においても弱い部分があったと推定しても否定できない。

全国的にも1920年代（昭和期）から農繁期託児所が増設されるが、高知県においては1927（昭和2）年に高岡郡高岡町に「高岡町農繁期託児所」が設置された。上記、農繁期託児所は高知県内では嚆矢であり、県は1929（昭和4）年から、農繁期託児所への奨励として補助金を予算計上した[87]。表4-5には『高知県社会事業概要昭和五年版』の「託児所施設状況」から季節あるいは農繁期託児所を抽出しているが、「経営主体」は町村で「春」または「秋」と季節が示されている。また、表4-8には高知県学務部社会課が作成した「昭和十年度分」の「季節託児所設置状況調」を示しているが、経営主体である設置者は「青年団」「婦人会」「婦人団」等の自主団体が多くなり、農村、漁村への季節託児所が増加するという戦時下の特徴があった。

1920年代に表4-9の如く、4箇所の「診療所」が開所した。「矯風会高知支部矯風会診療所」（高知市北門筋）、「矯風会篤志施療所」（高知市北門筋）、「高知

慈善協会診療所」（高知市本町），「高野寺密教婦人会」（高知市中島町）であった。なお，上記2箇所の診療所は「矯風会」の経営であった。「日本基督教婦人矯風会」は1893（明治26）年に「霊南坂教会」で発足したが[88]，「高知支部」は1921（大正10）年に発足した。

　次に，1930年代，まさに十五年戦争の時代であるが，1933（昭和8）年から高知市以外に「方面事業助成会」が設置されていった。表4-9にはその町村を示しているが，山村地区として「檮原村役場」内に「檮原村方面事業助成会」が設置された。ただし，それ以外は漁村あるいは農村地区であった。1930年代に「方面委員」が設けられた。表4-9にその状況を示しているが，『全国社会事業名鑑（昭和12年版）』によると，高知県の方面委員は317名，四国地方では徳島県505名，香川県414名，愛媛県273名，また中国地方の岡山県は2,620名，広島県1,620名，山口県1,466名となっており[89]，高知県は方面委員が多い県とはいえなかった。なお，高知市内においては表4-7のように，区域，世帯数にわけて79名の方面委員が1930（昭和5）年の段階で設けられていた。1927（昭和2）年3月31日，「公益質屋法」が公布され，8月10日から施行された。「公益質屋」は「経済保護事業」であり，経済不況期に設置されていった。高知県においては，表4-9の如く，市町村に5箇所設置された。この5箇所は『全国社会事業名鑑（昭和12年版）』からの抽出であるが，四国地方を調べてみると，徳島県7箇所，香川県14箇所，愛媛県54箇所となっていた[90]。なお，中国地方は島根県13箇所，鳥取県8箇所，岡山県62箇所，広島県34箇所，山口県33箇所となり[91]，高知県は中国四国地方で公益質屋が最も少ない県であった。当時の高知県の公益質屋は山村地区にはなく，また，「職業紹介所」も山村地区にはなかった。

　本章の最終の分析部分でも述べたが，1889（明治22）年に「高知市」は発足した。明治10年代には「高知慈善協会高知博愛園」が創立された。明治30年代に「高知女学会」が創設され，高知県での本格的なキリスト教系施設（団体）が誕生した。また，高知県は，「土佐婦人会」に代表される「婦人会」の活動，

それは女性解放運動へと繋がっていく積極的な事業展開であった。ただし，上記の施設（団体）は高知市内で発足し，市外へと広がってはいったが，特に「山村地区」への社会事業の展開には困難性が存在したといわざるを得ない。行政上，高知市以外の「市」は戦後，昭和20年代，30年代に誕生した経緯もあり，高知県の社会事業施設（団体）は1市集中型の事業展開の傾向にあった。特に「漁村部」「農村部」への制度（行政）上の措置等はみられたが，「山村地区」への社会事業の活動は，戦前期の高知県の社会事業の課題となっていた。

〈注〉
1) 外崎光広『高知県婦人運動史』高知市立市民図書館，1971年
   外崎光広『高知県婦人解放運動史』ドメス出版，1975年
   森岡和子『高知県幼児保育史』高知市民図書館，1986年
   武井　優『岡上菊栄の生涯』鳥影社，2003年
   前川浩一『岡上菊栄の時代』三文々司，2003年
   武井　優『おばあちゃんはここぞね―岡上菊栄の軌跡―』鳥影社，2003年
2) 平尾道雄「明治初期の社会事業」『高知地方史研究』第1号高知市民図書館，1970年，pp.1-10
3) 『角川日本地名大辞典　高知県』角川書店，1986年，p.1031
4) 例えば「安芸市」は1954（昭和29）年8月1日，市制施行し成立。「宿毛市」は1954（昭和29）年3月31日成立。「須崎市」は1954（昭和29）年10月1日成立。「土佐市」は1959（昭和34）年1月1日成立。「中村市」は1954（昭和29）年3月31日成立。「南国市」は1959（昭和34）年10月1日成立。「室戸市」は1959（昭和34）年3月1日成立。（同上書，pp.1066-1136）
5) 『高知県社会事業概要昭和五年版』高知県社会事業協会
   『昭和四年三月高知市社会事業要覧』高知市役所
   『昭和十年二月高知市社会事業要覧』高知市役所
6) 『昭和四年三月高知市社会事業要覧』高知市役所，昭和四年三月三十一日，p.110
7) 同上書，p.110
8) 『高知慈善協会沿革と事業』高知慈善協会，昭和十四年十一月十日，pp.3-5
9) 『御大禮記念高知慈善協会沿革史』高知慈善協会，大正六年二月十一日，p.85
10) 『全国社会事業名鑑（昭和12年版）』中央社会事業協会社会事業研究所，p.446
11) 同上書，pp.446-447
12) 『高知県社会事業概要昭和五年版』高知県社会事業協会，pp.45-46
13) 前掲，『昭和四年三月高知市社会事業要覧』p.97

14）前掲，『高知県社会事業概要昭和五年版』pp. 45–46
15）同上書，p. 112
16）同上書，p. 112
17）同上書，p. 112
18）「土陽春秋」『土陽新聞』明治三十八年五月十七日付
19）福永久寿衛『真の教育者』高知女学会同窓会，1966年，p. 58
20）前掲，『高知県社会事業概要昭和五年版』p. 43
21）高知県歴史辞典編集委員会編『高知県歴史辞典』高知市民図書館，1980年，p. 246
22）外崎光広『高知県婦人運動史』高知市立市民図書館，1971年，p. 68
23）前掲，『高知県社会事業概要昭和五年版』p. 111
24）高知市役所編『高知市史』名著出版，1973年，p. 394
25）同上書，p. 395
26）中部社会事業短期大学編『輝く奉仕者』近代社会事業功労者伝刊行会，1955年，p. 11
27）前掲，『高知県社会事業概要昭和五年版』p. 107
28）前掲，『高知慈善協会沿革と事業』p. 22
29）前掲，『高知県社会事業概要昭和五年版』p. 66
30）「市内公設社会事業施設一覧」『昭和十年二月高知市社会事業要覧』高知市役所，p. 195
31）同上書，p. 195
32）前掲，『昭和四年三月高知市社会事業要覧』p. 103
33）同上書，p. 107
　　なお，同上書には「創立」が「明治三十二年七月十五日」と記載されているが，ここでは『全国社会事業名鑑（昭和12年版）』から引用した。その理由は，同『名鑑』の以下の文章による。「沿革大要　明治32年7月藤崎氏等高知県出獄人保護会ヲ組織同36年3月不良少年感化事業ヲ行フニ当リ土佐慈善協会ト改称，同42年10月同会ハ解散シ育児事業ヲ経営セル高知育児会ト合同高知慈善協会ト改称スルニ当リ同会ノ事業部トナル，同44年9月保護部ヲ高知自彊舎ト改称シ今日ニ及ブ」。
34）前掲，『高知県社会事業概要昭和五年版』p. 114
35）同上書，p. 90
36）前掲，『昭和四年三月高知市社会事業要覧』p. 95
37）同上書，p. 95
38）前掲，『全国社会事業名鑑（昭和12年版）』p. 29
39）同上書，p. 29
40）同上書，p. 29
41）同上書，pp. 22–23

第4節　戦前期社会事業施設の形成過程の統括　*143*

42）前掲，『高知県社会事業概要昭和五年版』p. 42
43）一番ヶ瀬康子他『日本の保育』ドメス出版，1969年，p. 92
44）同上書，p. 92
45）前掲，『高知市史』p. 376
46）前掲，『全国社会事業名鑑（昭和12年版）』pp. 866-867
47）前掲，『高知県社会事業概要昭和五年版』pp. 51-52
48）前掲書，『昭和四年三月高知市社会事業要覧』p. 98
49）同上書，p. 98
50）前掲，『高知県社会事業概要昭和五年版』p. 78
51）同上書，p. 76
52）同上書，p. 77
53）外崎光広『高知県婦人解放運動史』ドメス出版，1975年，p. 90
54）日本キリスト教婦人矯風会編集『日本キリスト教婦人矯風会百年史』ドメス出版，1986年 pp. 93-94
55）横川豊野（1883～1963）は，「田岡寿子とともに婦人矯風会高知支部を創設し，昭和8年東京恵泉女学園家事教師兼舎監，同年日本キリスト教全国婦人会会計主任，翌9年北海寮の寮母に転じ，同13年東京保護観察所保護司，東京矯風会本部理事，昭和28年には矯風会高知支部長となった人物である。昭和29年には高知県文化賞を受けている。」『高知県人名事典』高知市民図書館，1971年，p. 402
56）外崎光広『高知県婦人解放運動史』前掲書，p. 91
57）前掲，『昭和四年三月高知市社会事業要覧』p. 101
58）同上書，p. 98
59）同上書，p. 99
60）同上書，pp. 99-100
61）同上書，p. 104
62）同上書，p. 104
63）前掲，『高知県社会事業概要昭和五年版』p. 79
64）前掲，『昭和四年三月高知市社会事業要覧』p. 104
65）高野寺住職の谷信讃（1878～1962）は，明治11年1月11日，徳島県板野郡鳴門村に生まれる。高野山大学，京都東寺専修学校で学び，徳島県麻植郡重楽寺住職，板野郡吉祥寺住職，鳴門村潮明寺等を兼務する。大正11年来高し，高知市高野寺住職となった。その後，方面委員，社会事業協会等で社会事業に携わった。昭和26年大僧正補任，28年高野山真言宗宿老，37年宗機顧問となる。（出所：『高知県人名事典』高知市民図書館，1971年，p. 212）
66）『昭和十年二月高知市社会事業要覧』高知市役所，pp. 53-54
67）同上書，p. 53
68）前掲，『高知県社会事業概要昭和五年版』p. 90

69) 同上書, p. 90
70) 前掲,『全国社会事業名鑑（昭和12年版）』pp. 56-57
71) 同上書, p. 56
72) 同上書, p. 55
73)『季節託児所設置の手引昭和十一年十二月』高知県学務部社会課, 昭和十一年十二月十日, p. 19
74) 前掲,『日本の保育』p. 94
75) 前掲,『季節託児所設置の手引昭和十一年十二月』「はしがき」
76) 前掲,『全国社会事業名鑑（昭和12年版）』pp. 957-961
77) 同上書, pp. 939-947
78) 同上書, p. 1003
79)「高知市の発足」「二一年四月二五日市制・町村制が公布されたが, 高知では市制をしくことについて賛否両論があった。結局二二年二月二三日の臨時県会で市制採用を議決し, 同年四月一日新しく高知市が発足した。」（出所:『高知県歴史辞典』高知市民図書館, 1980年, p. 246)
80) 前掲,『昭和四年三月高知市社会事業要覧』p. 97
81) 前掲,『高知県社会事業概要昭和五年版』pp. 45-46
82) 外崎光広『高知県婦人運動史』前掲書, p. 68
83) 前掲,『全国社会事業名鑑（昭和12年版）』p. 29
84) 同上書, p. 29
85) 同上書, p. 29
86) 同上書, pp. 22-23
87) 前掲,『高知県社会事業概要昭和五年版』p. 42
88) 外崎光広『高知県婦人解放運動史』前掲書, p. 90
89) 前掲,『全国社会事業名鑑（昭和12年版）』pp. 56-57
90) 同上書, pp. 957-961
91) 同上書, pp. 939-947

〈参考史料〉
『高知育児会資料』
『高知県高岡郡郡治概況』高岡郡役所, 大正二年五月三十一日
『高知市史』高知市役所, 大正九年三月十五日
『高知県高岡郡史』高知県高岡郡役所, 大正十二年三月五日
『高知県史要』高知県, 大正十三年三月二十九日
『高知県幡多郡誌』高知県幡多郡役所, 大正十四年三月三十一日
『高知市社会事業概要』高知市役所, 昭和五年四月
『高知県副業指針』高知県内務部, 昭和五年五月

『高知県長岡郡国府村誌』長岡郡国府村役場,昭和五年十月二十五日
『高知県衛生会沿革誌』高知県衛生会,昭和七年四月三十日
『高知県農業要覧』高知県内務部,昭和七年五月十七日
『高知県に於ける農村労力需給調整対策概要』高知県,昭和十五年三月
『高知県学事要覧』高知県学務部学務課,昭和十七年二月五日
『統計から見た高知県の地位』高知県,昭和十七年六月十五日

第5章

香川県における社会事業施設・団体の形成史

◆ 第1節　戦前期社会事業施設史のデータ分析 ◆

　村山幸輝は、『香川県史』の編纂にあたる過程で次のように述べている。「近代・現代史部会が度々開いた研究会や資料収拾の過程で、歴史資料（事象）を歴史の一面のみで捉えず、歴史の流れにそって多様な面から検討することをおのずと確認したように思える。」[1]。筆者は、村山のいう「歴史の流れにそって多様な面からの検討」は歴史的現象への評価、視点、あるいは日本文明と西洋文明との比較検討、歴史の史料に関わる識者の立場、私見等によって多様化した方法が生まれると考える。本章は、香川県の明治期から昭和戦前期までの社会事業施設と団体の形成過程を明らかにすることを目的及び方法とする。同時に、本章は「地域における社会福祉形成史の総合的研究」（平成15年度・16年度・17年度科学研究費、基盤研究（B）（一般）、研究代表者、長谷川匡俊）の一部であり、研究プロジェクト内部で検討した「方法」を基盤として論述している。よって、上記に記した「多様化した方法」のひとつの「統一性」からの分析を試みる。この統一性とは研究の基本に各県の『社会事業概要』を活用し[2]、明治期から昭和戦前期までに設立された個々の社会事業施設や団体の名称、設立年月日、所在地等を整理し、表5-1に示すような年代ごとの形成過程の内容とその特色を考察することにある。

　なお、この研究プロジェクトの方法には種類別施設（団体）の継続タイプ（型）による分類も含まれているが、現時点では『社会事業関係法規集「附県内社会事業施設一覧」香川県』（昭和十五年四月一日発行）が戦前期の中では直

近のものである。従って『社会事業概要』からの史料分析には限界もあり、香川県の施設（団体）の形成過程の全体像と表5-1に示す年代ごとの特色を概説することにとどめた。つまり、孫引き、第二次引用による文献は使用せず、極力データとしての表5-7に示す「香川県の明治期から昭和戦前期までの社会事業施設と団体一覧」から文章化を試みた。よって本文における〈注〉としての引用以外は、表5-7を基盤に文章化した考察であることを述べておく。つまり、歴史史料を限定し、着色のない純粋化されたデータとしての分析を試みた。

第2節　明治期から昭和戦前期までの社会事業施設（団体）の全体像とその形成過程

1. 明治期から昭和戦前期までの社会事業施設（団体）の概要

表5-1には設立年代別の推移を集計した結果を示した。1880年代に4箇所の施設（団体）が設立されていた。以下のとおりである。「香川県教育会」（1889（明治22）年6月設立、高松市天神前）、「社団法人帝国水難救済会香川支部」（1889（明治22）年11月設立、琴平町）、「與島救難所」（1889（明治22）年11月設立、仲多度郡與島村）、「多度津救難所」（1889（明治22）年設立、仲多度郡多度津町）。その後、救難所は表5-7に示しているが、三本松、観音寺、福田、白

表5-1　香川県施設設立年代別の推移

	施設数
1880年代	4ヶ所
1890年代	3ヶ所
1900年代	15ヶ所
1910年代	27ヶ所
1920年代	72ヶ所
1930年代	32ヶ所
不明	3ヶ所
計	156ヶ所

鳥，伊吹と増加するが，これらは離島あるいは海岸道の地区に設立された共通点があった。

表5-1に示すとおり，1890年代は施設（団体）としては3箇所の設立があった。また，1900年代に15箇所増加した。村山は，香川県の救貧活動について「県下の救貧活動は，帝国憲法成立後に各町村で活発化する。」[3]と指摘した。1889（明治22）年2月11日に「大日本帝国憲法」が発布され，前年の1888（明治21）年に市制・町村制が公布，1890（明治23）年には府県制・郡制が公布された。このことから香川県においては，明治20年代から施設（団体）が公に整理され，把握できることになったと考えられる。1888（明治21）年12月4日，香川県と愛媛県が分離し，現在の県名が確立した[4]。

2. 各社会事業施設（団体）の設立年代と種類別数の推移

表5-2に香川県内の社会事業施設（団体）の種類を区分化した。表5-3とあわせて設立年代の推移を考察すると，1900年代に以下の如く設立された。昼間保育1箇所，貧児教育2箇所，感化教育1箇所，感化保護2箇所，児童相談1箇所，院外救助2箇所，司法保護1箇所，軍人遺家族援護1箇所，施療病院2箇所，精神病院1箇所，らい療養所1箇所，教化1箇所であった。

表5-2での区分において社会事業機関，経済保護，その他の設立はみられ

表5-2　香川県社会事業施設と団体の種類名

	社会事業施設と団体の種類名
社会事業機関	連絡統一，助成，方面委員制
児童保護	産婆，産院，昼間保育，盲聾教育，貧児教育，感化教育，感化保護，児童相談
経済保護	小住宅，公益市場，公益質屋，共済組合・互助組織
失業救済及び防止	職業紹介
救護	院外救助，院内救助（養老事業），盲唖教育，司法保護，軍人遺家族援護
医療保障	施療病院，診療所，精神病院，結核療養所，らい療養所
社会教化	教化（民衆啓蒙・矯風），融和
その他	人事相談，衛生思想普及，移住組合，その他

表5-3　香川県内社会事業施設（団体）の設立年代別，種類別数の推移

	1880年代	1890年代	1900年代	1910年代	1920年代	1930年代	不明	合計
連絡統一	1ヶ所			1ヶ所	3ヶ所	2ヶ所	1ヶ所	8ヶ所
助成				2ヶ所	2ヶ所			4ヶ所
方面委員制					3ヶ所	2ヶ所		5ヶ所
産婆					9ヶ所			9ヶ所
産院						1ヶ所		1ヶ所
昼間保育			1ヶ所		17ヶ所	5ヶ所		23ヶ所
盲聾教育		1ヶ所						1ヶ所
貧児教育			2ヶ所					2ヶ所
感化教育			1ヶ所					2ヶ所
感化保護			2ヶ所		1ヶ所			2ヶ所
児童相談			1ヶ所		3ヶ所			4ヶ所
小住宅					1ヶ所			1ヶ所
公益市場				3ヶ所	4ヶ所			7ヶ所
公益質屋					2ヶ所	14ヶ所		16ヶ所
共済組合・互助組織				1ヶ所				1ヶ所
職業紹介					2ヶ所	4ヶ所		6ヶ所
院外救助	3ヶ所	1ヶ所	2ヶ所	4ヶ所	7ヶ所			17ヶ所
院内救助（養老事業）					1ヶ所			1ヶ所
不具癈疾保護					1ヶ所			1ヶ所
司法保護			1ヶ所					1ヶ所
軍人遺家族援護		1ヶ所	1ヶ所			1ヶ所		3ヶ所
施療病院			2ヶ所	3ヶ所	3ヶ所	2ヶ所		10ヶ所
診療所						2ヶ所		2ヶ所
精神病院			1ヶ所					1ヶ所
結核療養所					2ヶ所			2ヶ所
らい療養所				1ヶ所	1ヶ所			2ヶ所
教化			1ヶ所	3ヶ所	7ヶ所		1ヶ所	12ヶ所
融和				5ヶ所	3ヶ所			8ヶ所
人事相談					2ヶ所			2ヶ所
衛生思想普及				1ヶ所				1ヶ所
移住組合				1ヶ所	1ヶ所			2ヶ所
その他					1ヶ所			1ヶ所
合計	4ヶ所	3ヶ所	15ヶ所	27ヶ所	72ヶ所	32ヶ所	3ヶ所	156ヶ所

ないが，1900年代，つまり明治30年代初頭から明治40年代にかけて一気に種類が増加した。日清戦争，日露戦争によって軍人遺家族援護である「社団法人愛国婦人会香川支部救護部」が1901（明治34）年7月，香川県庁内に設置された。また，1906（明治39）年4月には「香川県戦病死下兵卒遺族及廃兵並ニ其家族援護方法」が定められた。こうした戦時下での軍人遺族等への対策が1900年代にとられた。また1900年代には丸亀市に「財団法人私立鶏鳴学館」，

高松市に「日本赤十字社香川支部病院」が創立された。「県立代用病院大西脳病院」が1900（明治33）年に設立され，1909（明治42）年には「大島療養所」が，らい療養所として大島に建てられた。こうした医療面の対策は1900年代の特徴であった。同時に，児童保護，特に感化教育，感化保護施設の設立も1900年代から確認できた。1900（明治33）年に「財団法人讃岐修済会」（高松市），1903（明治36）年に「財団法人私立鶏鳴学館」（丸亀市），1909（明治42）年に「県立斯道学園」（高松市）が設立された。1900（明治33）年に「感化法」が公布されたが，当初，感化院は専門的調査の診断あるいは設備機器が伴わず，全国的な設置が遅れたことはよく知られている。香川県の場合，1909（明治42）年10月創立の「斯道学園」[5]が感化院に該当する。

　1910年代に入ると公設市場がみられ，以下の3箇所が設置された。「丸亀市公設市場中市場」（1919（大正8）年），「高松市公設市場」（1919（大正8）年），「共同会」（1919（大正8）年，高松市）であった。その後，公設市場は1920年代の大正期に設置された。1910年代は教化事業と融和事業が強化されていくが，以下のようになった。教化事業は「日本基督教婦人会」が1918（大正7）年4月に「高松支部」（高松市三番町キリスト教会内），「丸亀支部」（丸亀市南條町キリスト教会内），「坂出支部」（坂出町新濱）を設置した。香川県の主要3市に設置されており，キリスト教信者の民衆啓蒙，矯風事業であった。その後，1920年代に入ると，後に述べているが，役所等の公的機関（施設）が設置された。

　融和事業は1910（明治43）年から1916（大正5）年にかけて「白濱改善義会」「中西大正会」「西山思徳会」「東川田思徳会」「草壁平等団」が設置された。三豊郡，大川郡，小豆郡の郡部での設立であった。

　わが国は大正中期に社会事業が進化するが，1920（大正9）年に内務省に社会局が設置される等，各道府県への影響もあったと考えられる。表5-1においても1920年代に施設（団体）数が72箇所設置されている。香川県の場合，1920（大正9）年12月に「社会事業調査会」，1926（大正15）年7月には「香川県社会課」が設置された。方面委員制も1920年代に設置され，1923（大正

第2節　明治期から昭和戦前期までの社会事業施設（団体）の全体像とその形成過程

表5-4　委託産婆配置表

都市名	同上管内町村数	委託町村数	委託人員数
高松市	三	〇	八人
丸亀市	九	五	四
大川郡	一六	一	三
木田郡	二二	〇	一六
小豆郡	三二	一八	一二
香川郡	二二	五	二二
綾歌郡	二六	一五	一六
仲多度郡	三六	七	七
三豊郡	八	八	六
計	一七四	八六	一〇八

出所：『昭和三年四月　社会事業概要　香川県』p. 26

12)年7月に丸亀市南條町に「財団法人私立鶏鳴学館方面委員」が創設された。また，1925（大正14）年12月に「帝国在郷軍人高松市連合分会方面委員」（高松市役所内）が，1928（昭和3）年5月にいたっては167の市町村に方面委員が置かれた。そして翌1929年には「県内主要13市町村から，250名の方面委員が選出される。」6) 同年には「帝国在郷軍人高松市連合分会」が「讃岐養老院」を設置した7)。「帝国在郷軍人高松市連合分会方面委員」は高松市役所内に置かれる等，公的機関の事業および事業協力等の表5-2に示す連絡統一が多くなったのもこの1920年代前後からの特徴であった。

また，1920年代には，1924（大正13）年7月に産婆が登場した。以下の如くであった。「高松市委託産婆」（高松市），「丸亀市委託産婆」（丸亀市），「大川郡委託産婆」（大川郡），「木田郡委託産婆」（木田郡），「小豆郡委託産婆」（小豆郡），「香川郡委託産婆」（香川郡），「綾歌郡委託産婆」（綾歌郡），「仲多度郡委託産婆」（仲多度郡），「三豊郡委託産婆」（三豊郡）。上記，委託産婆は県内を区

表5-5　農村・農繁期託児所

施設団体の名称	設立年月日		所在地
愛国婦人会香川支部農村託児所	1925（大正14）年6月		丸亀市
丸亀市壚屋別院農繁期託児所	〃	〃	〃
大川郡長尾町農村託児所	1927（昭和2）年6月		大川郡長尾町
木田郡川島町第一農村託児所	〃		木田郡川島町
木田郡川島町第二農村託児所	〃		〃
香川郡多肥村農村託児所	〃	7月	香川郡多肥村
綾歌郡松山村第一農村託児所	〃	〃	綾歌郡松山村
綾歌郡松山村第二農村託児所	〃	〃	〃
綾歌郡松山村第三農村託児所	〃	〃	〃
綾歌郡松山村第四農村託児所	〃	〃	〃
仲多度郡四箇村農村託児所	〃	〃	仲多度郡四箇村
三豊郡比地大村農村託児所	〃	6月	三豊郡比地大村
木田郡井戸村農繁期託児所	〃	〃	木田郡井戸村
三豊郡大野原村農村託児所	〃	11月	三豊郡大野原村

出所：各年度社会事業概要から作成

分した計画的事業であった。この事業は「社団法人愛国婦人会香川支部妊産婦保護」としての事業であり、『昭和三年四月社会事業概要』には以下のように記されている。

「愛国婦人会香川支部ハ妊産婦保護事業トシテ大正十三年七月一日左記各市町村ニ委託産婆ヲ置キ之ヲ開始シタリ其ノ計画ノ趣旨ハ同年五月十六日第二十三回本部総会ニ際シ国母階下ヨリ賜リシ御令旨ニ副ヒ奉ルヘク施設セルモノニシテ実ニ婦人ノ妊娠出産及産後ノ保護手当ヲ充分ニシ其胎児及生児ヲシテ健全ナル発育ヲ遂ケシムルハ之ヲ人道ノ上ヨリ視ルモ将亦之ヲ社会救済ノ点ヨリ論スルモ洵ニ適切ナル施設ナリト信ス」[8]

また、表5-4に示す如く、「委託産婆配置表」がまとめられており、県内を計画的に配置する意図が読みとれよう。

1920年代に一気に17箇所の昼間保育が誕生するが、表5-5に示す如く、農村託児所、農繁期託児所が殆んどであった。これらは委託産婆と同様に主に

郡部を区分した計画的事業であった。

　1929（昭和4）年に公益質屋が設置された。「高松市公益質屋」（高松市東瓦町），「丸亀市公益質屋」（丸亀市葭町）である。なお，郡部への設置は昭和7年以降，つまり1930年代からであった。また，新設のものとして，職業紹介が主要の市に2箇所開設された。「財団法人高松共済会高松職業紹介所」（高松市役所構内，1929年8月），「市立丸亀職業紹介所」（丸亀市通町，1929年11月）である。その後，1930年代に職業紹介は増加するが，1930（昭和5）年には高松，丸亀，香西，仏生山，琴平，仁尾，庵治の方面委員らによる失業者調べが行われた[9]。1929（昭和4）年10月，政府は失業救済事業の助成を行うこととする通牒を発した。この年は世界恐慌の影響による糸価の暴落等，経済不況期であった。香川県は失業者に「失業手帳」を交付し，失業土木事業を1931（昭和6）年7月から実施した。

　児童相談として「愛国婦人会」は1901（明治34）年に高松市内町に「愛国婦人会香川支部児童健康相談所」を開設したが，1920年代にも「愛国婦人会」によって児童相談が設置された。1921（大正10）年7月「愛国婦人会香川支部高松児童健康相談所」（高松市内町），1925（大正14）年10月には「愛国婦人会香川支部善通寺児童健康相談所」であった[10]。

　先の公益質屋等の表5-2で整理した経済保護にもどるが，1910年代に続いて1920年代も主要の市町村に公設市場が設置された。「丸亀市公設市場東市場」（丸亀市瓦町，大正9年9月），「善通寺町公設市場」（仲多度郡善通寺町，大正9年3月），「屋島村公設市場」（木田郡屋島村，大正11年8月）等であり，すべて大正期，それも大正中期から後期に集中して設置された。なお，公益質屋は昭和初期の経済不況期から設置された。

　表5-3の如く，1920年代に院外救助が7箇所設置されたが，以下のようになる。

　「高松救難組合」（高松市，大正9年1月），「高松救難組合豊濱支所」（三豊郡豊濱町，大正9年2月），「坂出救難組合」（綾歌郡坂出町，大正9年2月），「香川

154　第5章　香川県における社会事業施設・団体の形成史

表5－6　讃岐養老院の資産等

調査年度	所在地	資産	経費	職員	収容人員
昭和5年度	高松市宮脇町	16,300円	1,292円	3人	8人
6年度	高松市宮脇町清尾 国有林36番地村班	16,300	1,704	3	10
7年度	高松市宮脇町844番地ノ2	16,300	2,455	3	11
8年度	高松市宮脇町844番地ノ2	28,500	3,278	3	28
10年度	高松市宮脇町844番地ノ2	19,035	4,539	3	31
12年度	高松市宮脇町844番地ノ2	32,035	8,560	3	24

救難組合」(高松市，大正9年2月)，「福田救難所」(小豆郡福田村，大正10年12月)，「三本松救難所白鳥支所」(大川郡白鳥本町，大正13年12月)，「観音寺救難所伊吹支所」(三豊郡観音寺町伊吹島，大正14年12月)。これらの救難組合，救難所は先にも指摘したが，香川県の特徴として，離島及び海岸道に設置されるという共通点があった。

　院内救助として香川県に最初に設置された養老院が「讃岐養老院」(昭和4年)であった。表5－6には当養老院の資産等を示しているが，資産，経費等も昭和5年度から昭和12年度のデータではあるが向上していた。「讃岐養老院」は現在の社会福祉法人「さぬき」に該当する。

　わが国では1922(大正11)年3月に「未成年者飲酒禁止法」が公布され，同年4月には「少年法・矯正院法」が公布，また同月18日には「感化法」の改正が行われ，適用年齢が18歳から14歳に引き下げられた。また，1923(大正12)年12月には「中央社会事業協会が融和事業講習会」を実施する等，表5－2でいう社会教化が重視されていった。香川県においても表5－3の如く，教化が1920年代に6箇所，融和が3箇所設置され，教化，融和は1910年代，1920年代に集中して設置された。教化を挙げておくと以下のようになる。「四箇村修道会」(1924(大正13)年，仲多度郡四ヶ村小学校内)，「林村謝恩会」(1923(大正12)年，木田郡林村役場)，「多肥村自治報徳会」(1924(大正13)年，多肥村役場)，「神野村岸上報徳会」(1926(大正15)年，仲多度郡神野村)，

「景山顕彰会」(1926 (大正 15) 年, 木田郡屋島村役場内), 「財田大野村連合報会」(三豊郡財田大野村), 「香川県教化団体連合会」(1929 (昭和 4) 年, 香川県社会課内)。このように教化は 1910 年代に主要の市に設置され, 1920 年代に郡部に設置されていった。

1930 年代に入ると表 5-1 の如く, 1920 年代ほどの増加はみられないが, 表 5-3 に示すように連絡統一が 2 箇所設置された。1921 (大正 10) 年に「中央慈善協会」が「社会事業協会」に改称したが, 1920 (大正 9) 年内務省に社会局が設置された時期から各道府県に「社会事業協会」が設置されていった。香川県は表 5-7 の如く, 1932 (昭和 7) 年 10 月に「香川県社会事業協会」が香川県社会課内に設置された。また, 香川県においては 1934 (昭和 9) 年 1 月, 同じく香川県社会課内に「香川県方面委員連盟」が置かれた。1930 年代は方面委員制度の助成制度として丸亀市役所内に「丸亀市方面委員助成会」(昭和 5 年 11 月) が置かれた。この助成会の事業は「方面委員制度ニ関スル調査研究 方面委員ノ後援 貧困者ノ一時救助 講演会開催」[11] であった。また, 1932 (昭和7) 年 8 月, 「山内村方面事業後援会」が綾歌郡山内村役場内に設置された。

昼間保育は 1920 年代に 17 箇所新設されたが, 1930 年代に入っても 5 箇所の設置が記録に残っており以下の如くであった。「華園保育園」(大川郡三本松町, 昭和 8 年 4 月), 「育児園」(綾歌郡林田村, 昭和 8 年 4 月), 「愛児園」(高松市松島町, 昭和 8 年 11 月), 「福田村託児所」(小豆郡福田村, 昭和 9 年 4 月), 「高松市東濱愛児園託児部」(高松市松島町, 昭和 9 年 9 月)。上記の内「福田村託児所」は事業概要として「農繁期ニハ小学校女教員婦人会役員出席援助ス」[12] と規程されていたが, 1930 年代の昼間保育は 1920 年代, 特に昭和 2 年に一斉に県内に建てられた農村託児所, 農繁期託児所とは性格を異にしていた[13]。

1929 (昭和 4) 年に高松市と丸亀市に公益質屋が設置されたが, 1930 年代には郡部に設置された。以下の如くであった。「綾歌郡粟熊村公益質屋」(綾歌郡粟熊村, 昭和 8 年 2 月), 「綾歌郡瀧宮村公益質屋」(綾歌郡瀧宮村, 昭和 7 年 12 月), 「仲多度郡七箇村公益質屋」(仲多度郡七箇村, 昭和 8 年 2 月), 「仲多度郡

表 5-7　香川県の明治期から昭和戦前期までの社会事業施設と団体一覧

種類		施設団体の名称	設立年月日	所在地	確認年
社会事業に関する機関	連絡統一	香川県教育会	1889（明治22）年6月	高松市天神前	大正10年
		香川県体育会		〃	大正10年
		香川県青年団	1918（大正7）年3月	香川県庁内	大正10年
		社会事業調査会	1920（大正9）年12月		大正10年
		香川県社会課	1926（大正15）年7月		昭和15年
		香川県海外移住組合	1928（昭和3）年4月	高松市内町	昭和15年
		香川県社会事業協会	1932（昭和7）年10月	香川県社会課内	昭和15年
		香川県方面委員連盟	1934（昭和9）年1月		昭和12年
	助成	財団法人鎌田共済会	1918（大正7）年3月	綾歌郡坂出町	昭和7年
		庵治村慈善共済会	〃　　　　　8月	木田郡庵治村役場内	昭和15年
		財団法人高松共済会	1920（大正9）年	高松市役所内	昭和3年
		財団法人讃岐共栄会	1925（大正14）年11月	高松市内町	昭和8年
	方面委員制	財団法人私立鶏鳴学館方面委員	1923（大正12）年7月	丸亀市南條町	昭和3年
		帝国在郷軍人高松市連合分会方面委員	1925（大正14）年12月	高松市役所内	昭和3年
		香川県方面委員	1928（昭和3）年5月	167市町村	昭和15年
		丸亀市方面委員助成会	1930（昭和5）年11月	丸亀市役所内	昭和15年
		山内村方面事業後援会	1932（昭和7）年8月	綾歌郡山内村役場内	昭和15年
児童保護	産婆	高松市委託産婆	1924（大正13）年7月	高松市	昭和15年
		丸亀市委託産婆	〃	丸亀市	昭和15年
		大川郡委託産婆	〃	大川郡	昭和15年
		木田郡委託産婆	〃	木田郡	昭和15年
		小豆郡委託産婆	〃	小豆郡	昭和15年
		香川郡委託産婆	〃	香川郡	昭和15年
		綾歌郡委託産婆	〃	綾歌郡	昭和15年
		仲多度郡委託産婆	〃	仲多度郡	昭和15年
		三豊郡委託産婆	〃	三豊郡	昭和15年
	産院	伊吹産院		三豊郡観音寺町	昭和15年
	昼間保育	西濱尋常小学校附設幼児保育所	1908（明治41）年6月	高松市西濱小学校内	昭和12年
		財団法人高松共済会簡易幼児保育所	1920（大正9）年4月	高松市西濱尋常小学校内	昭和3年
		愛国婦人会香川支部農村託児所	1925（大正14）年6月	丸亀市	昭和3年
		丸亀市壇屋別院農繁期託児所	〃	〃	昭和3年
		大川郡長尾町農村託児所	1927（昭和2）年6月	大川郡長尾町	昭和3年
		木田郡川島町第一農村託児所	〃	木田郡川島町	昭和3年
		木田郡川島町第二農村託児所	〃	〃	昭和3年
		引田愛育園	〃　　　　　7月	大川郡引田町	昭和15年
		香川郡多肥村農村託児所	〃	香川郡多肥村	昭和3年
		綾歌郡松山村第一農村託児所	〃	綾歌郡松山村	昭和3年
		綾歌郡松山村第二農村託児所	〃	〃	昭和3年
		綾歌郡松山村第三農村託児所	〃	〃	昭和3年
		綾歌郡松山村第四農村託児所	〃	〃	昭和3年
		引田常設託児所	〃	大川郡引田町	昭和15年
		仲多度郡四箇村農村託児所	〃	仲多度郡四箇村	昭和3年
		三豊郡比地大村農村託児所	〃　　　　　6月	三豊郡比地大村	昭和3年
		木田郡井戸村農繁期託児所	〃	木田郡井戸村	昭和3年
		三豊郡大野原村農村託児所	〃　　　　　11月	三豊郡大野原村	昭和3年
		華園保育園	1933（昭和8）年4月	大川郡三本松町	昭和15年
		育児園		綾歌郡林田村	昭和15年

第2節　明治期から昭和戦前期までの社会事業施設（団体）の全体像とその形成過程　*157*

種　　類		施設団体の名称	設立年月日	所　在　地	確認年
		愛児園	1933（昭和8）年11月	高松市松島町	昭和10年
		福田村託児所	1934（昭和9）年4月	小豆郡福田村	昭和15年
		高松市東濱愛児園託児部	〃　　　　9月	高松市松島町	昭和12年
	盲聾教育	香川県立盲学校聾唖学校（T.13.4県に移管）	1908（明治41）年4月	高松市昭和町	昭和15年
	貧児教育	財団法人讃岐学園	1899（明治32）年8月	高松市二番丁	昭和15年
	感化教育	財団法人私立鶏鳴学館	1903（明治36）年10月	丸亀市南條町	昭和12年
		県立斯道学園	1909（明治42）年10月	高松市西濱新町	昭和15年
	感化保護	財団法人讃岐修済会	1900（明治33）年	高松市西濱新町	昭和15年
		斯道学園助成会	1921（大正10）年6月	〃	昭和15年
	児童相談	愛国婦人会香川支部児童健康相談所	1901（明治34）年2月	高松市内町	昭和12年
		愛国婦人会香川支部高松児童健康相談所	1921（大正10）年7月	高松市内町	昭和15年
		愛国婦人会香川支部善通寺児童健康相談所	1925（大正14）年10月	仲多度郡善通寺町議事堂内	昭和15年
		児童審査会及乳児衛生展覧会	1926（大正15）年10月		昭和3年
経済保護	小住宅	住宅供給・住宅組合（昭和15年現在23組合）	1920（大正9）年9月		昭和15年
	公益市場	丸亀市公設市場　中市場	1919（大正8）年4月	丸亀市通町堀端筋	昭和3年
		高松市公設市場	〃　　　　10月	高松市東瓦町	昭和3年
		丸亀市公設市場　東市場	1920（大正9）年9月	丸亀市東瓦町	昭和3年
		善通寺町公設市場	〃　　　　3月	仲多度郡善通寺町	昭和3年
		屋島村公設市場	1922（大正11）年8月	木田郡屋島村	昭和3年
		共同会	1919（大正8）年10月	高松市内町	昭和3年
		香川県農会青物市場	1925（大正14）年12月	高松市天神前	昭和3年
	公益質屋	高松市公益質屋	1929（昭和4）年12月	高松市東瓦町	昭和15年
		丸亀市公益質屋	〃　　　　11月	丸亀市葭町	昭和15年
		綾歌郡粟熊村公益質屋	1933（昭和8）年2月	綾歌郡粟熊村	昭和15年
		〃　瀧宮村公益質屋	1932（昭和7）年12月	〃　瀧宮村	昭和15年
		仲多度郡七箇村公益質屋	1933（昭和8）年2月	仲多度郡七箇村	昭和15年
		〃　　白方村公益質屋	〃　　　　8月	〃　　白方村	昭和15年
		大川郡鶴羽村公益質屋	1934（昭和9）年3月	大川郡鶴羽村	昭和15年
		〃　志度町公益質屋	〃　　　　9月	〃　志度町	昭和15年
		香川郡川東村公益質屋	〃　　　　3月	香川郡川東村	昭和15年
		綾歌郡山内村公益質屋	〃	綾歌郡山内村	昭和15年
		仲多度郡吉野村公益質屋	〃	仲多度郡吉野村	昭和15年
		〃　　琴平町公益質屋	〃	〃　　琴平町	昭和15年
		〃　　四箇村公益質屋	〃	〃　　四箇村	昭和15年
		三豊郡大見村公益質屋	〃　　　　4月	三豊郡大見村	昭和15年
		〃　本山村公益質屋	1935（昭和10）年7月	〃　本山村	昭和15年
		大川郡津田町公益質屋	〃　　　　4月	大川郡津田町	昭和15年
	共済組合・互助組織	財団法人鎌田共済会	1918（大正7）年3月	綾歌郡坂出町	昭和10年

種　類		施設団体の名称	設立年月日	所　在　地	確認年
失業救済及び防止	職業紹介	財団法人高松共済会高松職業紹介所	1929（昭和4）年8月	高松市役所構内	昭和10年
		市立丸亀職業紹介所	〃　　　11月	丸亀市通町	昭和10年
		坂出町職業紹介所	1933（昭和8）年7月	綾歌郡坂出町	昭和15年
		観音寺町職業紹介所	1934（昭和9）年4月	三豊郡観音寺町役場内	昭和15年
		琴平町職業紹介所（長尾職業紹介所，S.13改称）	1935（昭和10）年5月	仲多度郡琴平町役場内	昭和15年
		土庄出張所	1938（昭和13）年7月	小豆郡土庄町役場内	昭和15年
救護	院外救助	社団法人帝国水難救済会香川支部	1889（明治22）年11月	琴平町	昭和3年
		與島救難所	〃	仲多度郡與島村	昭和3年
		多度津救難所	〃	仲多度郡多度津町	昭和3年
		三本松救難所引田支所	1890（明治23）年	大川郡引田町	昭和3年
		財団法人海南慈善会	1900（明治33）年3月	丸亀市中府	昭和15年
		愛国婦人会香川支部	1901（明治34）年7月	〃　内町	昭和3年
		三本松救難所	1918（大正7）年1月	大川郡三本松町	昭和3年
		〃　　丹羽支所	〃	大川郡丹羽村	昭和3年
		財団法人高松共済会	1919（大正8）年4月	高松市役所構内	昭和3年
		観音寺救難所	〃　　　12月	三豊郡観音寺町	昭和3年
		高松救難組合	1920（大正9）年1月	高松市	昭和3年
		〃　豊濱支所	〃　　　2月	三豊郡豊濱町	昭和3年
		坂出救難組合	〃	綾歌郡坂出町	昭和3年
		香川救難組合	〃	高松市	昭和3年
		福田救難所	1921（大正10）年12月	小豆郡福田村	昭和3年
		三本松救難所白鳥支所	1924（大正13）年12月	大川郡白鳥本町	昭和3年
		観音寺救難所伊吹支所	1925（大正14）年12月	三豊郡観音寺町伊吹島	昭和3年
	院内救助（養老事業）	財団法人讃岐養老院	1929（昭和4）年11月	高松市宮脇町	昭和4年
	盲唖教育	香川県盲人協会	1928（昭和3）年2月	高松市昭和町盲学校内	昭和12年
	司法保護	財団法人讃岐修済会（M.44.2改称）	1900（明治33）年	高松市西濱町	昭和10年
	軍人遺家族援護	尚武義会	1894（明治27）年10月	高松市南新町	昭和10年
		社団法人愛国婦人会香川支部救護部	1901（明治34）年7月	香川県庁内	昭和15年
		恩賜財団軍人援護会支部	1938（昭和13）年12月	香川県社会課内	昭和15年
医療保障	施療病院	財団法人私立鶏鳴学館	1903（明治36）年10月	丸亀市南條町	昭和15年
		日本赤十字社香川支部病院	1907（明治40）年6月	高松市天神町	昭和15年
		三豊郡医師会附属病院	1911（明治44）年2月	三豊郡観音寺町	昭和15年
		三豊施療病院	1912（明治45）年2月	〃　　〃	昭和3年
		恩賜財団済生会香川県救療事業	1911（明治45）年5月	香川県庁内	昭和15年
		財団法人高松共済会施薬救療部	1920（大正9）年4月	高松市役所内	昭和3年
		〃　　　救療事業	〃　　　5月	〃	昭和3年
		高松市医師会実費診療事業	1928（昭和3）年11月	高松市古馬場町	昭和15年
		高松市立病院	1931（昭和6）年7月	高松市五番町	昭和15年
		丸亀同栄協会	1936（昭和11）年11月	丸亀市	昭和15年
	診療所	高松市立診療所	1931（昭和6）年7月	高松市五番丁	昭和10年
		医療組合（12市町村）	1932（昭和7）年11月		
	精神病院	県立代用病院　大西脳病院	1900（明治33）年3月	香川郡鷺田村	
	結核療養所	日本赤十字社香川支部結核患者救療事業	1914（大正3）年6月		昭和15年

第2節　明治期から昭和戦前期までの社会事業施設（団体）の全体像とその形成過程　159

種　類		施設団体の名称	設立年月日	所　在　地	確認年
社会教化	らい療養所	恩賜財団済生会香川結核患者療養所	1915（大正4）年4月	三豊郡観音寺町	昭和15年
		大島療養所	1909（明治42）年4月	木田郡庵治村大島	昭和15年
		大島療養所患者移籍会	1911（明治44）年6月	〃　　大島療養所内	昭和15年
	教化（民衆啓蒙・矯風）	栗山顕彰会	1906（明治39）年12月	木田郡牟礼村栗山堂	昭和3年
		日本基督教婦人会高松支部	1918（大正7）年4月	高松市三番町キリスト教会内	昭和7年
		〃　　　丸亀支部	〃	丸亀市南條町キリスト教会内	昭和7年
		〃　　　坂出支部	〃	坂出町新濱	昭和7年
		林村謝恩会	1923（大正12）年12月	木田郡林村役場	昭和3年
		四箇村修道会	1924（大正13）年3月	仲多度郡四ヶ村小学校内	昭和3年
		多肥村自治報徳会	〃　　　4月	多肥村役場	昭和3年
		神野村岸上報徳会	1926（大正15）年8月	仲多度郡神野村	昭和3年
		景山顕彰会	〃　　　10月	木田郡屋島村役場内	昭和3年
		財田大野村連合報会		三豊郡財田大野村	昭和3年
		香川県教化団体連合会	1929（昭和4）年8月	香川県社会課内	昭和15年
	融　和	白濱改善義会	1910（明治43）年4月	三豊郡	大正10年
		中西大正会	1912（大正元）年11月	三豊郡	大正10年
		西山思徳会	1915（大正4）年4月	大川郡	大正10年
		東川思徳会	〃　　　10月	大川郡	大正10年
		草壁平等団	1916（大正5）年7月	小豆郡	大正10年
		香川県一心会	1926（大正15）年10月		昭和8年
		讃岐昭和会	1927（昭和2）年10月	香川県社会課内	昭和15年
		香川県共愛会	〃　　　11月		昭和3年
その他	人事相談	財団法人讃岐共栄会	1926（大正15）年	高松市内町	昭和8年
		財団法人私立鶏鳴学館	〃		昭和15年
	衛生思想普及	財団法人香川県結核予防会	1918（大正7）年7月	香川県庁内	昭和15年
	移住組合	香川県拓殖協会	1919（大正8）年11月	香川県社会課内	昭和15年
		香川県海外移住組合	1928（昭和3）年4月	高松市内町	昭和15年
	その他	勤倹奨励香川県委員会	1924（大正13）年8月		昭和3年

白方村公益質屋」（仲多度郡白方村，昭和8年8月），「大川郡鶴羽村公益質屋」（大川郡鶴羽村，昭和9年3月），「大川郡志度町公益質屋」（大川郡志度町，昭和9年9月）「香川郡川東村公益質屋」（香川郡川東村，昭和9年3月），「綾歌郡山内村公益質屋」（綾歌郡山内村，昭和9年3月），「仲多度郡吉野村公益質屋」（仲多度郡吉野村，昭和9年3月），「仲多度郡琴平町公益質屋」（仲多度郡琴平町，昭和9年3月），「仲多度郡四箇村公益質屋」（仲多度郡四箇村，昭和9年3月），「三豊郡大見村公益質屋」（三豊郡大見村，昭和9年4月），「三豊郡本山村公益質屋」（三豊郡本山村，昭和10年7月），「大川郡津田町公益質屋」（大川郡津田町，昭和10年4月）。このように郡部に11箇村，3箇町とあるように計画的に昭和7年

から昭和10年にかけて設置された。1930年代は公益質屋と同様に，職業紹介が増設された。1920年代は高松市と丸亀市であったが，表5-7の如く，坂出町，観音寺町，琴平町，土庄町と郡部の主要地区であった。

◆ 第3節　多角的視点からの社会事業施設史の検討 ◆

「第3節」においては，本章でまとめた香川県の社会事業施設（団体）の設立年代，その中でも種類別の推移を整理しておく。「はじめに」でも述べたが，この方法は表5-7にまとめた『社会事業概要』からの統一した考察上の整理方法であることを指摘しておく。

香川県においては戦時下での軍人遺家族等への対策が1900年代から集中してとられた。また，医療面への対策は1900年代の特徴であった。同時に，児童保護，特に感化教育，感化保護の設立も1900年代から確認できた。1910年代に入ると公益市場がみられた。その後1920年代にもみられたが，公益市場は大正期に集中して設置された。

1920（大正9）年に内務省に社会局が設置され，各道府県にも影響があったと考えられるが，表5-3のとおり，1920年代は香川県において施設（団体）が72箇所設置された。特に公的機関の事業及び事業協力等の連絡統一が増加したのも1920年代前後からの傾向であった。また，1920年代は17箇所の昼間保育が誕生したが農村託児所，農繁期託児所であった。1920年代の昼間保育は委託産婆と同様に，主に郡部を区分した計画的事業であった。香川県では1929（昭和4）年に公益質屋が設置されたが，郡部への設置は昭和7年以降，つまり1930年代からであった。

1929（昭和4）年は世界恐慌の影響による糸価の暴落等，昭和初期の不況期であった。香川県は失業者に「失業手帳」を交付し，失業土木事業を1931（昭和6）年7月から開始した。なお，大正中期から後期に集中して公益市場が設置された。また，1920年代の特徴として院外救助が7箇所設置された。これらは救難組合，救難所であり，明治20年代からみられたが，香川県の特徴と

して，離島及び海岸道に設置されるという共通点があった。1920年代に香川県において教化が7箇所，融和が3箇所設置された。なお教化は1910年代に主要の市に設置され，1920年代に入り郡部に設置された。

　なお，村山は，「香川の社会事業回顧」において，冒頭の文章で「近代日本の社会事業を語る場合，衛生問題，救貧問題とならんで教育問題を加えることができる。香川県が置県百年の歩みを通して直面した問題も主としてこれらの三つの問題であった。」[14]と指摘した。上記「三つの問題」は連絡統一を基盤に，表5-7の如く，児童保護，経済保護，失業救済及び防止，救護，医療保障，社会教化として事業展開していった。特に香川県は瀬戸内海の県であり，村山のいう「教育問題」も近代社会においては重視しなければならない。同時に，今回の『香川県社会事業概要』からの分析では院外救助が1880年代から1920年代まで確認できたという点を強調しておく必要性がある。特に，海岸道であった点を含めて推察すると，四国巡礼との関連が考えられる。今後，「第1章」でも述べたように，村山のいう「歴史の流れにそって多様な面からの検討」が必要となってくる。

〈注〉
1）村山幸輝『地方から見た近代日本社会の形成』文眞堂，1994年，p.4
2）今回使用したのは以下の通である。
　『香川県社会事業概要』香川県，1921（大正10）年3月31日
　『昭和三年四月社会事業概要』1928（昭和3）年4月
　『昭和七年三月香川県社会事業概要』1932（昭和7）年
　『昭和八年十一月香川県社会事業概要』1933（昭和8）年
　『昭和十年六月現在香川県社会事業便覧』1935（昭和10）年
　『社会事業関係法規集「附県内社会事業施設一覧」香川県』香川県社会課，1940（昭和15）年4月1日
3）村山幸輝「香川の社会事業回顧」『香川の福祉回顧　明治・大正・昭和初期』香川県社会福祉協議会，1988年，p.17
4）愛媛県に関しては，本章と同じく「地域における社会福祉形成史の総合的研究」（平成15年度科学研究費，基礎研究（B）一般）における方法論で，『中国四国

社会福祉史研究』第4号，2005年に，矢上克己が発表している。
5)『昭和三年四月社会事業概要　香川県』によると，「第五節　感化教育事業」として「県立斯道学園」について68-80頁まで施設の状況が概説してある。なお，「所在地」「目的」「沿革」を示すと，以下のようになる。
　　「一，所在地　高松市西濱新町八百四十三番地ノ四
　　　二，目的　県内ニ於ケル不良少年少女ノ感化教育ヲ為スヲ以テ目的トス
　　　三，沿革　明治三十三年二月法律第三十七号感化法ニヨリ明治四十一年一二月丸亀市中府海南慈善会ヲ県代用感化院ト定メタリシカ未タ院生ヲ収容スルニ至ラスシテ翌四十二年十月二十四日之ヲ廃止シ同時ニ本園ヲ創立セリ当時香川郡宮脇町字西原克軍寺ノ庫裡ヲ候園舎トシ現在ノ園長就任各種準備ニ着手シ翌四十三年一月始メテ生徒ヲ収容シ大正元年十一月現在ノ場所ニ園舎ヲ新築シ今日ニ至ル」
6)「香川の社会事業略年表」p.19
7)『讃岐養老院要覧』昭和三十一年五月，p.1
8)『昭和三年四月社会事業概要』p.25
9)「香川の社会事業略年表」，前掲書，p.19
10)『昭和三年四月社会事業概要』によると，「社団法人愛国婦人会香川支部児童健康相談所」について以下のように記してある。
　　「愛国婦人会香川支部ノ事業トシテ大正十年七月一日ヨリ高松市内町同支部事務所内ニ児童健康相談所ヲ開設シ嘱託医一名事務員一名ヲ置キ毎週土曜日ハ午後一時ヨリ午後四時ニ至ル時間ニ於テ六歳未満ノ乳幼児ノ健康診断ヲ為シ来リシカ大正十四年十月一日県下仲多度郡善通寺町ニ支部ヲ置キ同町議事堂ヲ以テ之ニ充テ嘱託医一名ヲ置キ毎月十五日及二十五日ノ両日午後一時ヨリ午後四時迄前期同様乳幼児ノ健康診断ヲ為スコトトシ大正十五年五月一日更ニ亦之ヲ拡張シテ県下各方面ニ移動巡廻シテ之カ診断ヲ為ス必要ヲ認メ巡廻相談班一班ヲ設ケ毎日曜日嘱託医一名事務員一名ヲ派遣シテ午前八時ヨリ午後四時迄乳幼児ノ健康診断ヲ開始シタルニ其ノ成績良好ニシテ左ノ如シ」
11)『社会事業関係法規集「附県内社会事業施設一覧」香川県』香川県社会課，昭和十五年四月一日，p.354
12) 同上書，p.356
13) なお，昭和2年に設置された「引田愛育園」は県内初の常設託児所であった。
14) 村山幸輝「香川の社会事業回顧」前掲書，p.17

第6章

島根県における社会事業施設・団体の形成史

◆ 第1節 『島根県社会事業要覧』をふまえて ◆

　本章の目的は，島根県社会課の『島根県社会事業要覧』を活用し[1]，明治期から昭和戦前期までに設立された個々の社会事業施設や団体の名称，設立年月日，所在地を整理し，年代ごとの形成過程の内容とその特色を整理することにある。なお，現時点では，島根県社会課『島根県社会事業要覧』（昭和九年二月一日）が，戦時中の中では最新のものである。この点を踏まえ，表6-4に示す「島根県の明治期から昭和戦前期までの社会事業施設と団体一覧」を基軸に文章化（分析）を行い，他の第一次史料及び第二次史料で施設（団体）の形成内容の補充を行った。また，『全国社会事業名鑑（昭和12年版）』を活用し，施設（団体）の整理の補充を行うと同時に，中国地方における島根県の傾向性（特性）について一部補完を行った。

　なお，戦前期において各道府県の施設（団体）の形成過程を検討する場合，その材料として，内務省の『社会事業要覧』（名称は年度によって異なる）が有効的である。ただし，例えば，内務省社会局『社会事業要覧（大正九年末調）』の「凡例」には「本書ノ材料ハ道府県ノ報告其他ノ調査ニ基キ」[2]と規定されている。また，昭和期に入っても，「本書ハ内務報告例ニ依リ道府県ヨリ報告ニ係ル昭和四年度ノ社会事業統計ヲ主トシ」[3]と規定されている。つまり，県単位における比較分析には役立つが，ひとつの県の形成史を整理する上では各県単位の『社会事業要覧』が精密的である。よって，本章では『島根県社会事業要覧』等の第一次史料を基本として分析を行った。

なお，先行研究として『島根県社会福祉史』(1986)[4]がある。同書は，先行研究としては，本章をまとめるにあたり参考になった。なお，同書は，「第一編社会事業の近代化」「第二編戦後の社会福祉」「第三編資料」「第四編年表」で構成されている。大半は「第二編戦後の社会福祉」に割かれており，戦前期の社会事業については「第一編」でまとめている。この「第一編」は「封建社会における慈善救済事業」から始まり，「江戸期の庶民生活」の視点から書かれており，資本主義確立期からの救貧事業以降に関して多くが書かれているわけではない。また，島根県の独自の施設（団体）を一部詳細に紹介しているが，県内の施設（団体）の数量を体系的に分析したものではない。本章では，島根県の戦前期の施設（団体）の年代ごとの形成過程の内容を明らかにするものであり，その意味では島根県社会課の『島根県社会事業要覧』を基本として分析することが有効であると考える。

第2節　明治期から昭和戦前期までの社会事業施設（団体）の全体像とその形成過程

1. 明治期から1880年代までの社会事業施設（団体）の概要

1880年代は，明治13年から明治22年の時期である。1880（明治13）年の政府は深刻な財政危機に見舞われていた。元来，苦しかった財政に西南戦争の

表6-1　島根県施設設立年代別の推移

	施設数
1880年代	3ヶ所
1890年代	3ヶ所
1900年代	5ヶ所
1910年代	14ヶ所
1920年代	83ヶ所
1930年代	71ヶ所
不明	74ヶ所
計	253ヶ所

表6-2 島根県内社会事業施設（団体）の設立年代別，種類別数の推移

	1880年代	1890年代	1900年代	1910年代	1920年代	1930年代	不明	合計
連絡統一					1ヶ所	3ヶ所		4ヶ所
方面委員制					8ヶ所	16ヶ所		24ヶ所
昼間保育	1ヶ所			1ヶ所	5ヶ所	2ヶ所	＊69ヶ所	11ヶ所
盲聾唖教育			1ヶ所	1ヶ所				2ヶ所
虚弱児保護					1ヶ所			1ヶ所
貧児教育		1ヶ所	1ヶ所					2ヶ所
感化教育			1ヶ所		1ヶ所			2ヶ所
小住宅					8ヶ所			8ヶ所
住宅組合				2ヶ所	23ヶ所	21ヶ所		46ヶ所
共同浴場						1ヶ所		1ヶ所
公設市場				2ヶ所	5ヶ所			7ヶ所
公益質屋						14ヶ所		14ヶ所
共済組合・互助組織				1ヶ所	1ヶ所			2ヶ所
職業紹介					1ヶ所	3ヶ所	3ヶ所	7ヶ所
院内救助（養老事業）					1ヶ所	1ヶ所		2ヶ所
窮民救助	1ヶ所							1ヶ所
盲唖者保護				1ヶ所				1ヶ所
救 助				1ヶ所				1ヶ所
司法保護					13ヶ所		1ヶ所	14ヶ所
軍人援護		1ヶ所						1ヶ所
施療病院		1ヶ所	1ヶ所	1ヶ所	3ヶ所		1ヶ所	7ヶ所
診療所					1ヶ所	3ヶ所		4ヶ所
健康相談					2ヶ所			2ヶ所
結核療養所				1ヶ所		4ヶ所		5ヶ所
産 婆					1ヶ所			1ヶ所
療養保護		1ヶ所						1ヶ所
教 化				1ヶ所	2ヶ所			3ヶ所
融 和					1ヶ所	1ヶ所		2ヶ所
釈放者保護								
隣保事業					3ヶ所	1ヶ所		4ヶ所
その他	1ヶ所			1ヶ所	2ヶ所	1ヶ所		5ヶ所
合 計	3ヶ所	3ヶ所	5ヶ所	14ヶ所	83ヶ所	71ヶ所	74ヶ所	253ヶ所

＊昼間保育年代不明69ヶ所の内農繁期託児所66ヶ所

費用が重なり，負債の利子だけで国庫収入の3分の1を越えているという劣悪な経済状況であった[5]。その対応策のひとつが同年11月から始まった官営工場の払下げであった。内務省，工部省，大蔵省，開拓使に対して，官営工場の民有化が開始された。1882（明治15）年7月には「京城事件」（壬午の変）が起こった。また，1884（明治17）年12月，「朝鮮甲申事変」が起きた。京城で親日派クーデターが起こり，日本軍は王宮を占領した[6]。1885（明治18）年12月

には太政官を廃し,内閣制度が制定された。1888 (明治21) 年4月には市制・町村制が公布され,同月,枢密院が設置された。そして,1889 (明治22) 年2月11日,「大日本帝国憲法」が発布された時代(時期)であった。

慈善救済に関連するものとしては,1880 (明治13) 年6月,「備荒儲蓄法」が制定された。同年7月には「伝染病予防規則」が公布された。1881 (明治14) 年4月,「流行病アル節貧民救療費支弁方」が制定された。1883 (明治16) 年9月には「陸軍恩給令」を改正し,「海軍恩給令」が制定された。1886 (明治19) 年7月,文部省は「訓盲唖院規則」を制定した。同年7月,「地方官官制」の公布があり,府県に衛生課,監獄課が設置された。社会事業家の観点から述べれば,1880 (明治13) 年10月,パリ外国宣教会司祭 J. F. マルマンによって長崎に「奥浦慈恵院」が設置された。1882 (明治15) 年7月奥田貫照によって「貧民養育院」,後の「大勧進養育院」が設立されたのもこの時代であった。1883 (明治16) 年10月には原胤昭が「東京出獄人保護所」を設立した。そして,1887 (明治20) 年9月には石井十次によって「岡山孤児院」が設立されたのであった。

1880年代,「島根県」においては,「昼間保育」として「折づる幼稚園」(1885 (明治18) 年,松江市殿町),「窮民救助」として「松江恵愛会」(1881 (明治14) 年,松江市役所内),「その他」として「松江市図書館」(1889 (明治22) 年,松江市殿町島根県庁内)が設置された。

上記の内,「折づる幼稚園」であるが,『松江市内社会事業要覧』の「沿革」によると「明治35年5月島根県師範学校附属幼稚園トシテ勧業展覧会場内ニ開園ス (中略) 昭和3年3月附属幼稚園廃止ニアタリ折づる会之ヲ継承シテ名称ヲ現在ノ折づる幼稚園ト改ム」[7]と記されている。上記「島根県師範学校附属幼稚園」は島根県の「昼間保育」の嚆矢と位置づけられるが,昭和期に入ってからは「折づる幼稚園」として定着していった。「従業員」は「保母 富田八千穂外2名,園医2名,衛生婦1名」,「収容定員120名」「在籍幼児120名」「制限年令4才－学令始期」[8]となっていた。なお,「折づる幼稚園」の「経営

主体」は「折づる会」であったが，経営（運営）を側面から支援する「後援主要団体」として「協賛会」「維持会」「松江母之会」[9]が存在した。また，「折づる幼稚園」では機関紙（広報紙）の機能を果たす『折づる』を発行していたが，例えば，『折づる』第四十一号の目次は「巻頭」「御挨拶」「講演」「思藻・文苑」「諸通信」「園内外報」「職員異動」「訃」「折づる会記事」「母の会彙報」「県保育会記事」「雑報」となっており，96頁の厚さであった[10]。また，『折づる』第四十二号の奥付の「御願」には「此の『折づる誌』が園報として，幼稚園と家庭との連絡を計り，御子様の保育上よりよき効果をもたらしたいと希つて居ります（中略）どうぞ今後共皆様には，保育御奨励の思召を以て御意見御感想若くは，御経験談，詩歌，其の他何にても御寄稿下さいまして，此の機関雑誌の使命を果す様御援助の程御願申上げます。」[11]と記載されており，71頁の厚さであった。『折づる』は単なる園報，広報紙としてではなく，啓発用の保育図書であり重厚な機関紙であった。島根県の「昼間保育」施設の運営に多面的に影響を与えたと考えられる。

　次に，島根県において，1880年代，「窮民救助」として「松江恵愛会」が存在した。『昭和七年刊松江市社会事業一覧』によると「窮民救恤」として位置づけられ，以下のような表記になっている。「創立　明治十四年二月六日　法人設立許可　明治三十五年一月八日　事務所　松江市役所内（中略）窮民救助ヲ目的トシ資産一万円ヲ蓄積ス」[12]。内藤正中の文章を引用すると「松江市殿町一六九番地に事務所を置く松江恵愛会は，明治十四年（一八八一）設立，同三十五年（一九〇二）に財団法人の認可を受けた。山内佐助と勝部健之助が代表者で，無給の理事三名が勤務して会務を処理していた」[13]。内藤の分析にも詳しい内容は書かれていないが，島根県における「窮民救助」の先駆け的存在であったことは否定できないであろう。

　次に，1880年代，表6-4において「その他」に位置づけられるが，1889（明治22）年10月，「松江図書館」（後の「松江市図書館」）が開設された。「沿革」の一部を示すと次のようになる。「従来本県下ニ於テ，社会教育ノ一機関タル

図書館ノ設置ナキヲ大ニ遺憾トナシ，明治三十二年初夏，木幡久右衛門，久保田竹次郎，信太英太郎，勝田孫太郎，草光万平ノ五氏相謀リ，同年八月八日，松江市母衣町ニ創立事務所ヲ置キ（中略）同所ヲ仮館舎ニ充テ，松江図書館ト称シ，（中略）大正八年二月設立者ヨリ本館建物及ビ蔵書全部ノ寄贈願書ヲ松江市長ニ提出シ，同年七月一日附ヲ以テ市長ヨリ受納ノ指令ヲ受ケ，松江市図書館ト改称セリ」[14]。上記のことからわかるように，1880年代は私設図書館であったが，大正期には公設図書館へと移行し，昭和期には『松江市図書館一覧』としたパンフレットを発刊している。この『松江市図書館一覧』には「一．沿革」「二．諸規定（一）松江市図書館規定（二）図書帯出手続」「三．蔵書冊数」「四．図書閲覧者職業別人員」「五．閲覧図書種別人員」「六．経費予算」「七．職員」が掲載されている。なお，「四．図書閲覧者職業別人員」を調べてみると，「昭和元年 教員三七二，学生生徒一三二二一，無職業三一九一」が「同五年 教員四一〇，学生生徒一〇九二五，無職業五七〇一」[15]となっており，「無職業層」の利用増加が目立っている。「松江市図書館」は『松江市内社会事業要覧』[16]の中でひとつの公共事業として位置付けられており，上記「沿革」を鑑みても上記の図書館は一種の「慈善事業」「社会事業」として機能していったと考えられる。

2．1890年代

1890年代であるが，明治23年から明治32年の時期である。第一次恐慌が起こり，経済界の不況が続いた。1894（明治27）年には，日本軍が朝鮮王宮を占拠し，日清戦争（1894年）へと突入していく時期であった。1897（明治30）年6月，「八幡製鉄所」が設立され，7月には日本最初の労働組合「労働組合期成会」が設立されたのもこの時期（時代）であった。慈善救済に関連するものとしては，軍国化の中で「軍人恩給法」が1890（明治23）年6月に公布されている。1891（明治24）年8月には「地方衛生会規則」が公布された。1895（明治28）年には日清戦争に従事し死亡傷痍疾病者に「特別賜金」を支給して

いる。民間社会事業の観点から述べれば，1891（明治24）年，石井亮一が東京下谷に「孤女学院」を設立，1892（昭和25）年，塘林虎五郎が「熊本貧児寮」を設立，同年，宮内文作が前橋に「上毛孤児院」を設立，1893（明治26）年，林可彦が大阪市に「愛隣夜学校」を設立。聖公会教師 E. ソーントンによって東京市芝に「聖ヒルダ養老院」（1895年）が設立されたのもこの時期であった。1895（明治28）年9月には「日本救世軍」が創設され，11月山室軍平が入軍している。その他，各種の施設（団体）が設立するが，いわば，明治20年代頃から民間社会事業の専門分化，多様化が出現した時代であった[17]。

島根県においては，「貧児教育」として「松江育児院」（1896（明治29）年，松江市北田町48），「施療病院」として「北田病院」（1898（明治31）年，松江市北田町36），「療養保護」として「松江市教育慈善会」（1895（明治28）年，松江市殿町，松江市役所学務課内）が設置された。まず，「松江育児院」であるが，内藤正中は「県下で最初に児童保護の育児施設を設立し，福祉事業の先駆者となったのは，財団法人松江育児院の福田平治であった」[18]と指摘している。「福田平治は，松江市殿町で島根県御用の第四活版所博広社の経営者であった（中略）明治二十六年（一八九三）松江に大水害があり，貧窮した孤児の惨状をみるに忍びなかった二八才の平治は，孤児を自宅に収容して松江育児院の看板をかけた」[19]。上記，孤児を自宅に収容し「松江育児院」としたのは，「明治二十六年」となっているが，正式の創設は明治二十九年と位置づけられる。島根県内務部庶務課発行の『島根県社会事業』には以下のように記載されている。「本院は松江市北田町に在り，基督教主義により経営す，明治二十九年二月五日現院主福田平治の創設せるものにして当時世人の救済事業に対する理解甚だ乏しく維持経営上多大の困難を嘗めしが院主は家族と共に献身的努力を捧げ，明治三十七年五月二十六日財団法人の許可を得，爾来院舎を建築し事業の拡大を図り漸次発展の域に進みたり」[20]。上記，「松江育児院」は「基督教主義により経営」されていたが，福田は「育児院の孤児の心のケアに苦慮していた事から岡山在住の親友：猪股静治（岡山医専）に岡山孤児院事業（石井十次）の調査報

告を依頼しキリスト教による信仰を知った。この後，赤山バックストン夫人が「松江育児院」を来訪し院内の状況を視察し数々の質問を試みて帰られた。松江教会牧師黒木洲尋より聖書紹介があり，神戸書店より旧約聖書購入。(中略) この後福田平治は洗礼を受けバックストンの教会員として活躍し，家族・知人・関係者多くの人々がバックストンの許に集まった」[21]と記録が残っている。

次に，「施療病院」としての「北田病院」である。『松江市内社会事業要覧』によると，「北田病院」の「経営主体」は「松江市」であり，「代表者」は「松江市長　高橋節雄」であった。「患者収容定員」は「36名」，「病室」は「普通病室2棟　上等病室1棟　快復期病室1棟」[22]であった。このことから，「北田病院」は島根県において公立の療養機関（病院）の先駆的存在であったと考えられる。

次に，1890年代，正確には1895（明治28）年1月，「松江市教育慈善会」が松江市役所学務課内に開設された。「経営主体」は，「松江市教育慈善会」であるが，「代表者」は「市長　高橋節雄」であった。「従業員」は「市内各小学校長」[23]と規定されており，「財団法人」ではあるが公立性の強い公的機関であった。「目的」は「市内初等教育ノ発達ヲ計ル目的ヲ以テ各小学校長ノ請求ニ基キ貧困ニ依リ就学困難ナル児童ニ対シテ教科書学用品被服食糧其ノ他ノ一部或ヒハ全部ヲ給与セントス」[24]機能であった。「現況」における「教育費支給児童学校別」を調べてみると「白潟小学校2人，北堀小学校5人，雑賀小学校9人，母衣小学校12人，内中原小学校13人」[25]となっている。このように「松江市教育慈善会」は民間団体としての「財団法人」ではあるが，松江市役所学務課内に設置された公共性の高い公的機関であり，「就学困難ナル児童」[26]を対象とした慈善事業団体でもあった。

3. 1900年代

次に，1900年代は明治33年から明治42年の時期である。1901（明治34）年2月には「八幡製鉄所」が創業を開始した。1902（明治35）年7月，呉海軍

工廠職工のストライキが起こった。1904（明治37）年2月にはロシアに宣戦，「日露戦争」が始まったのもこの時期であった。1906（明治39）年3月には「鉄道固有法」が発布された。社会事業の領域では，1900（明治33）年3月9日「感化法」が，1901（明治34）年12月3日には「日本赤十字社条例」が公布された。1904（明治37）年4月4日には「下士兵卒家族救助令」が公布された。また，1906（明治39）年3月東北地方大飢饉のため窮民の救済事業を実施したのもこの時期（時代）であった。施設・団体関係では1900（明治33）年1月野口幽香・森島峰によって東京麹町に「二葉幼稚園」が設立された。同年6月には熊本に「肥後慈恵会」が設立された。養老事業関係では1902（明治35）年12月1日，岩田民次郎によって「大阪養老院」が設立されたのもこの時期であった。

1900年代の島根県であるが，「盲聾唖教育」として「島根県立盲唖学校」（1905（明治38）年），「貧児教育」として「山陰慈育家庭学院」（1901（明治34）年，松江市内中原町），「感化教育」として「山陰慈育家庭学院感化部」（1901（明治34）年，松江市中原町），「軍人援護」として「愛国婦人会島根県支部」（1901（明治34）年，松江市殿町1），「施療病院」として「島根県立松江病院」（1902（明治35）年，松江市母衣町202）が設置された。

まず，「島根県立盲唖学校」であるが，1905（明治38）年5月，福田与志を中心として「私立松江盲唖学校」を開設した。同校は島根県下では最初のものであり，全国的にみても11番目の開校であった[27]。「私立松江盲唖学校」の職員には，校長事務取扱兼盲普通科担当福田与志，聾唖教育科山本茂樹，盲普通科井上久之丞，盲唱歌永野チカ，盲唖体操福田香太郎，同裁縫山本ミドリ，同図画村穂八三郎の七名で，無報酬で教育にあたった[28]。「私立松江盲唖学校」の「沿革」を示すと次のようになる。「明治三十八年五月二十日故福田ヨシ子の創立する所にして明治四十年五月松江婦人会の経営に移し私立松江婦人会盲唖学校と称したりが後明治四十四年九月財団法人の組織となし『私立松江盲唖学校』と改称して今日に至る」[29]。

福田与志が創設した「私立松江盲唖学校」であるが，その後，福田与志には校長の資格がないという理由から，島根県は県知事夫人を会長とする「松江婦人会」に学校経営を移管させ，「松江婦人会盲唖学校」と改称，県知事夫人を校長に任命した[30]。なお，「松江婦人会」に移管したことから，毎月六〇〇円ずつ県補助金が交付されるようになった。また，県有地三〇〇坪を借用して新校舎を落成した。「山陰盲唖教育保護会」[31]が設立され，広く募金を行っていた[32]。その後，1911（明治44）年9月，「財団法人山陰盲唖保護会」に経営移管し，「財団法人私立松江盲唖学校」と改称した。1923（大正12）年4月1日には島根県に移管，「島根県立盲唖学校」となった[33]。

なお，1905（明治38）年に「私立松江盲唖学校」が開設された当時は，全国的にも盲唖学校の学校・施設が設置されており，例えば，1905（明治38）年3月，金子徳十郎によって新潟県に「長岡盲唖学校」が設立された。同年9月には群馬県の「上野教育会」が失明した出征軍人のための訓盲所を設立した。1906（明治39）年8月には盲人貧困者の救済を目的として「神戸盲唖院」が設立された。同年10月には「真宗本派慈善会財団」が築地別院事務所内に「東京盲人教育会」を設立した。同年11月，「福島県教育会」が「磐城訓盲院」を設立した。翌1907（明治40）年4月，「大阪市立盲唖学校」が開設した。同年5月には「東京盲唖学校」で「第一回日本盲唖学校教員大会」が開催された。同年6月には「大分県立盲唖学校」が開設した。同年8月，「下関博愛婦人会」が「下関博愛盲唖学校」を設立した。同年12月，森正隆が「茨城盲唖学校」を設立した。同じく12月，「北陸訓盲院」が設立された[34]。

次に，「山陰慈育家庭学院」であるが，「創立」は「明治三十四年四月，仏教主義ニヨリ経営」[35]された。「本院は松江市内中原町に在り，（中略）育児感化，免囚保護，盲唖訓育等を事業として松江市洞光寺禅堂を借受け嘉本俊峰の創立」[36]による施設であった。『島根の教護五十年』によると，「山陰慈育家庭学院」には「感化部，育児部，訓育部」[37]が置かれたと記されている。松江市洞光寺禅堂時代の沿革の大要を示すと「嘉本師は夙夜寝食を忘れて奔走し，新宮梵顗，

関元松，藤原照渕，紫義賢，光田海満，池上観禅，玉田宗見，長田瀬学隣，亀山恵聡，藤岡止信の諸師等，極力之が支援に努められ，（中略）そして院主には嘉本師之に当ることとなった。本院設立の目的は，天下無告窮乏の孤児無頼不良少年を救済し，其父母に代り之を感化教養」[38]するものであった。こうした僧侶を中心として団結（組織化）によって「山陰慈育家庭学院」は発展していった。『島根県社会事業』によると，「明治三十七年十一月財団法人の組織と為す，同月出雲国各宗寺院協議の結果出雲国各宗寺院共同経営のことに決して以て今日に至る」[39]と記されている。表6-4には「財団法人山陰慈育家庭学院感化部」と表記した。「慈育家庭学院規則」には「慈育寮」「慈愛寮」「感化寮」[40]が規定されてあった。「山陰慈育家庭学院」は創立当初から感化教育に力を入れていたが，1900（明治33）年3月9日，「感化法」が公布された。1908（明治41）年4月7日には，「感化法」の改正により，道府県に「感化院」の設立が義務化された。これにより，「山陰慈育家庭学院」は，1910（明治43）年3月，「県に代用感化院に指定されて感化事業を行っていた。感化法は明治四十二年四月一日から県告示第六二号で施行，四月十四日には県令第二七号で『代用感化院規則』が公布された。『山陰慈育家庭学院』に対する代用感化院としての指定は，三月三十一日付の県告示第六四号で県知事から行われた」[41]。

上記のように「山陰慈育家庭学院」は代用感化院として運営されていった。これは前述のように，1908（明治41）年4月の「感化法」の改正により，道府県に感化院の設立が義務化されたことによる。中国地方では，鳥取県に1913（大正2）年4月，鳥取県代用感化院として「私立奨業園」が設立された。山口県では1909（明治42）年3月，下関市大坪了圓寺住職が経営していた「薫育寮」を代用感化院とした。岡山県では1888（明治21）年8月，「岡山感化院」を岡山市小原町に設立，明治31年7月「備作恵済会」を設立，同会経営として市内蔭源寺内に移転，明治42年3月，県代用感化院の指定を受けた。1934（昭和9）年10月には「少年教護法」に伴い「岡山県立成徳学校」と改称した[42]。

次に，『全国社会事業名鑑（昭和12年版）』の「医療保護事業」に「日本赤十

字社高知支部病院　昭和三年八月　日本赤十字社静岡支部病院　大正一五年二月」[43]と並列に「島根県立松江病院　島根県松江市母衣町二〇二　明治三五年三月」[44]が記載されている。「島根県立松江病院」は表6-4に示すように「施療病院」であり,「医療救護対策」として設置された。1902（明治35）年3月に創設された当初は「松江公立病院」であり,島根県における公立病院の先駆であった。「松江公立病院」に関する史料は乏しく,現在の「松江赤十字病院」の位置にあったこと,また,私立の「灘町病院」と「苧町病院」の医師が「松江公立病院」に院医として任命されたこと,10月22日から患者の診療を開始し,また医学生の養成にもあたっていた[45]。

4. 1910年代

1910年代は設立数と同時に種類が多くなっている。1910年代とは明治期の終わり（明治43年）から大正中期（大正8年）までを意味するが,1909（明治42）年2月に,内務省が全国の優良救済事業に奨励金を下附し,徐々に施設（団体）が増加し始める時期（時代）であった。大正期に入ると,1917（大正6）年8月,「内務省分課規程」の改正により地方局に救護課が新設され,1919（大正8）年12月には内務省地方局救護課は社会課に改称される。翌年8月には地方局社会課を独立させ,内務省に「社会局」が誕生する等,「社会事業」期へと移行する時期（時代）であった[46]。

施設・団体関係で全国をみると,1910（明治43）年4月から「岡山孤児院男子部」を「日向茶臼原孤児院」に移すことになった。翌,1911（明治44）年5月には渡辺海旭らによって東京で「浄土宗労働共済会」が設置され,簡易宿泊,職業紹介事業を開始した。同年5月30日には恩賜財団「済生会」が誕生した。「済生会」はその後,府県に各支部を設置していった。養老事業では岡山市に田淵藤太郎によって「報恩積善会」が設立された。また,養老事業として1916（大正5）年1月,「阿波養老院」が設立された。1918（大正7）年4月には,わが国最初の公設市場が大阪市で4箇所開設した。

1910年代の島根県の社会事業であるが，1900年代の5箇所から14箇所に施設・団体が増加した。「昼間保育」として「松江市白潟幼稚園」(1914 (大正3) 年，松江市灘町)，「盲聾唖教育」として「山陰盲唖保護会」(1911 (明治44) 年，松江市外中原43島根県立盲唖学校内)，「販売購買組合」として「保證責任出雲蓂蔗販売購買組合」(1913 (大正2) 年，松江市中原町42)，「有限責任熊野信用販売購買利用組合松江事務所」(1915 (大正4) 年，松江市雑賀町110)，「公設市場」として「松江市母衣公設市場」(1919 (大正8) 年，松江市)，「今市町公設市場」(1919 (大正8) 年，簸川郡今市町)，「共済組合・互助組織」として「島根県保證責任信用組合」(1912 (大正元) 年，松江市内中原町)，「施療病院」として「石見仏教興仁会」(1912 (明治45) 年，那珂郡濱田町原井2124)，「結核療養所」として「結核予防撲滅事業」(1913 (大正2) 年，松江市殿町 (日本赤十字社島根支部内))，「教化」として「島根県仏教奉公団」(1918 (大正7) 年，松江市役所内) 等であった。

　まず，1914 (大正3) 年4月に設立された「松江市白潟幼稚園」であるが，『松江市内社会事業要覧』(昭和四年四月現在) によると，「経営主体」は「白潟教育会」として「宗教」はなく，「園長」大久保五蔵，「保母」吉岡クン外3名，「園医及歯医」各1名，「衛生婦」1名であり[47]，上記，『松江市内社会事業要覧』が発刊された1929 (昭和4) 年4月現在では「収容定員」160名，「在籍幼児数」170名と記載されており，当時としては大規模といえる幼稚園であった。なお，「保育要目」は「躾方　唱歌　遊戯　談話　手技　観察等」であり，「入園資格」は「白潟小学校下ノ幼児」となっており，「備考」には「心身ノ健全ナル発達ヲ図リ，善良ナル性情ヲ涵養シテ，併セテ強イ子供ヲ養成スル」[48]と記載されており，「松江市白潟幼稚園」は，上記『松江市内社会事業要覧』で取り上げられているが，「社会事業」あるいは「育児事業」というよりも「幼児教育事業」と位置づけたほうが的確と考えられる。

　次に，「財団法人山陰盲唖保護会」であるが，「開設」が「明治44年4月23日」[49]との表記もあるが，『島根県立盲唖学校要覧』(昭和8年) に記載されて

第6章　島根県における社会事業施設・団体の形成史

表6-3　結核予防撲滅事業の講話実施状況

（委員部）	松江	八束	能義	仁多	大原	飯石	簸川	安濃	迩摩	邑智	那賀	美濃	鹿足	隠岐	計
（支部より指定した講話会場数）	五	一〇	五	四	四	五	一三	四	六	八	一二	七	四	四	九一
（大正三年実施回数）	五	一〇	六	四	四	九	一四	一二	九	一二	一二	七	四	二	九二
（大正四年実施回数）	四	四	四	○	四	○	九	一六	〇	七	六	七	四	一	六二

出所：『日本赤十字社島根県支部百年史』より筆者作成

いる「財団法人山陰盲唖保護会」の「総則」では，以下のようになっている。「第一条　本会ハ明治四十年　皇太子殿下山陰道行啓記念トシテ設立シタル山陰盲唖教育保護会ヲ大正十五年二月二十七日許可ヲ得テ法人組織トシ財団法人山陰盲唖保護会ト改称ス，其事務所ヲ島根県立盲唖学校内ニ置ク　第二条　本会ハ盲唖者ニシテ学資支弁ノ困難ナルモノニ対シ学資ヲ補助シ且盲唖保護ニ関スル諸種ノ事業ヲ遂行スルヲ以テ目的トス　第三条　島根県立盲唖学校生徒ニシテ学資支弁困難ナル者ニ対シ学資ヲ給与シ更ニ資金ノ増大ニ伴ヒテハ卒業者ノ後援並ニ一般盲唖者保護ノ機関タルモノトス」[50]。上記のことから「山陰盲唖保護会」は「島根県立盲唖学校」生徒及び卒業者の支援組織であり，事務所を学校内に置くことによって「島根県立盲唖学校」との連携組織体制を取っていた。

次に「松江市母衣公設市場」（1919（大正8）年），「今市町公設市場」（1919（大正8）年）であるが，これは「欧州大戦の影響により一般物価騰貴の為，庶民階級の私生活に及ぼす所少からざるを以て，良質廉価に之を供給し，一面一

般市価を牽制し，物価の調節に資する目を以て施設せるもの」[51]）であった。「公設市場」はその後，1920年代に入り松江市及び郡部に5箇所設置された。

1910年代，「施療病院」としては島根県では3番目の創設となる「石見仏教興仁会」（後の「石見仏教興仁会病院」）（1912（明治45）年，那珂郡濱田町原井2124）が誕生した。「社会事業団体県費補助金御下附請願書」（大正十四年）には次のように記されている。

「本会ハ其源泉ヲ石見国真宗弘講一部ノ事業タル一厘講ニ発セリ　抑々一厘講タルヤ明治三十七年ノ創立ニ係リ，其積立金ヲ以テ国内各地ニ施療券ヲ交付シ，貧民窮者ノ為施療施薬ヲナシ来レル也，然ルニ明治四十五年七月石見仏教興仁会ト改称シ，事業ノ徹底的遂行ヲ期センタメ，自ラ病院ヲ設置シ施療ニ併セテ一般患者ノ診療ニ従事セリ」[52]）

内藤正中によると，「石見仏教興仁会病院」について「基盤になった浄土真宗の弘宣講は，かねてより製炭や養蚕製糸などの生産奨励を行ってきていたが，（中略）生活困窮者に対する無料施薬と講員への薬価割引を行った。しかしながら，医師の診察なしで調剤投薬することはいけないとされたことから，四十五年七月に東京から医師を招いて診療を行うことにした。こうして一厘講は，仏教各宗派の協力を得て，石見仏教興仁会病院となり，宝福寺の住職であった野島忠孝を会長とした」[53]）。

上記，「石見仏教興仁会病院」は島根県浜田を中心とした西部地区の各仏教宗派の僧侶の組織化によって，誕生したものであり，当時の仏教徒の団結が地域化して形成された「施療病院」であったと考えられる。

次に，「日本赤十字社島根支部」は1888（明治21）年10月に創設された。大正期において，島根支部が実施した保健関係事業の主なものは，「結核予防撲滅」に関する事業及び「夏季海浜児童保養所」の開設運営の事業であった[54]）。『松江市内社会事業要覧』によると「結核予防撲滅事業」「場所」「松江市殿町（日本赤十字社島根支部内）」「経営主体」「日本赤十字社島根支部」「開設」「大正2年12月」「支部所管内居住者ニシテ徴兵検査，又ハ入営後ニ於テ結核モシク

ハ疑似者トシテ斥ケラレタル者，教員，職工，在郷軍人ソノ他ニシテ治療ニ窮シタル者ヲ無料又ハ補給ヲ以ツテ救済シ，早期診断所ヲ設置シテ其ノ任ニ当ル」「収療所及ビ早期診療所」「県立松江病院（早期診療所，県下ニ36箇所アリ）」55)となっている。「本社では，まず明治四十四年，伝染病研究所長の北里博士に依頼して『肺結核病ノ注意書』を作成し，これを当初六万部印刷し，各支部委員部，分区に配付すると共に，陸海軍関係者に配付した。次いで，大正二年一月，全国主事会を開いて，各支部が積極的に，結核予防撲滅運動に取組むよう指示した。（中略）島根支部においても，規程を制定し，啓蒙のための注意書を作って配付し，また各委員部毎に講演会を実施する一方，同病患者のための診断所或は療養所を設ける」56)ことを行った。上記のことから理解できるように，「結核予防撲滅事業」は診断所，療養所の事業もあるが，当初は予防撲滅のための啓蒙，啓発事業から実施された。「島根支部結核予防撲滅規程」には次のような条文がある。「第二条　支部ハ時期ヲ見計ヒ講師ヲ巡回セシメ結核予防撲滅ニ関スル講話ヲナサシムルモノトス　第三条　支部ハ結核予防及撲滅ニ関スル注意書ヲ印刷シテ結核又ハ其疑似症者其ノ他島庁，郡市役所，町村役場，学校警察官署工場青年会等其ノ必要ト認ムル向ヘ配付スルモノトス」57)

　上記のように，「結核予防撲滅ニ関スル講話」「注意書ヲ印刷（中略）配付」する活動から始動したと考えられる。表6-4に示すように，上記「講話」は県内各地で計画的に実施されていた。

　1918（大正7）年7月，松江市役所内に「島根県仏教奉公団」が創設された。これは「宗派をこえて県下仏教者を組織」58)した団体であった。『松江市社会事業一覧（昭和七年四月調）』では，「地方改良」の領域に位置づけられ，「各宗寺院ヲ団員トシ袖師ヶ浦ノ點燈（自殺予防）其他講演，講習会ヲ開催シ仏教主義ニヨリ一般地方改良ニ力ヲ竭セリ」59)と記載されていた。「島根県仏教奉公団規則」の第一条には「本団ハ県下仏教各宗寺院住職ヲ以テ組織シ」60)と規定されており，当時の篤志家（僧侶）の組織化であり，あるいは地域化である。この点は上記，「規則」の第二条から読み取れる。「本団ハ教育勅語及戊申詔書

ノ御趣旨ヲ遵奉シ仏教主義ニ依リ風教ノ維持改善ヲ図リ一般地方改良ヲ期スルヲ以テ目的トス」[61]。なお，本団体の総裁は知事であり，団長は内務部長が就任しており[62]，県行政側の強い支援によって「風教ノ維持改善其ノ他地方改良ニ関スル精神講話会」「救貧防貧及勤倹貯蓄ノ奨励」等[63]が展開された。

5. 1920年代

1920年代は，大正9年から昭和4年の時期である。先にも述べたが，1920（大正9）年8月，内務省官制の改正により内務省に社会局が設置された。これは地方局社会課を独立させるものであったが，国家による社会事業の強化を意図する狙いがあった。1920（大正9）年10月には内務省は各府県の理事官，嘱託，市区助役等約160名を集めて「社会事業打合会」を実施した[64]。この年から各府県に社会事業主管課が設置され，島根県は他府県に遅れをとり，1926（大正15）年に設置された。中国地方では岡山県が最も早く，1920（大正9）年，山口県が1921（大正10）年，広島県が1922（大正11）年，鳥取県が1926（大正15）年であった。

1921（大正10）年1月，「社会事業調査会官制」が公布された。なお，1924（大正13）年4月には「社会事業調査会」は廃止されている。これは「帝国経済会議」に社会事業関係が包含されたことによる。また，1921（大正10）年3月には「中央慈善協会」が「社会事業協会」へと改称された。いわば1920年代は，特に前期は「社会事業」期であるとともに，1930年代からの十五年戦争に突入する前哨戦の時代であった[65]。

島根県に視点を戻すが，1920年代から施設（団体）の設置数とともに種類の増加がみられた。1920年代に「方面委員制」が誕生した。1920（大正9）年9月には広島市で「方面委員設置規定」が公布され，翌年1921（大正10）年には岡山県では「済世委員設置規定」が公布された。東京市では1920（大正9）年11月に「東京市方面委員規定」が制定された。「方面委員制」は1918（大正7）年の大阪府における「方面委員設置規程」が基礎になっているが[66]，島根

県では表6-4の如く，1928（昭和3）年7月の「松江市方面委員会」が最初であり，1920年代，1930年代に増設されていった。

1920年代，数箇所の「昼間保育」の新設がみられた。『松江市内社会事業要覧』には「雑賀幼稚園」（1929（昭和4）年，松江市雑賀町）が記載されている。「雑賀幼稚園」は現在の「松江市立雑賀幼稚園」であるが[67]，昭和初期当時の概要は以下のようになっている。「名称」「雑賀幼稚園」「所在地」「松江市雑賀町556」「経営主体」「財団法人松南教育会」「開設」「昭和4年4月1日」「保母」「中原晴子外2名 医師1名 嘱託歯科医1名」「収容定員」「80名」「在籍幼児」「94名」「沿革」「大正6年9月1日雑賀町627番地ニ設置シ中田照氏経営ス 昭和4年4月1日雑賀町556ニ移転シ松南教育会ニ於テ経営ス」[68]。

次に，「津和野幼花園」であるが，『全国社会事業名鑑（昭和12年版）』の中では「五，児童保護事業 3，保育」の領域に位置づけられている[69]。創立の経緯は国技幸子の論文を借りれば次のようになる。「教育を誇る津和野町の歴史の中で当時の望月幸雄町長は，大正15年，県立津和野中学校を開校させたが，その直後より，幼稚園設置計画のため調査委員会を設置し，島根県内の幼稚園にアンケートをし，実際的な設置計画を立てた。その時の調査資料には，未知の幼児教育に対する疑問とそれに対する懇切丁寧な回答を見ることができる。しかし，その計画は実施されず，それに代えて，昭和4年9月に上記『津和野幼花園』が開設されることになった。それはこの地にカトリック教会があったことと関係があり，その源流には長崎，浦上から津和野藩へ流され迫害されたり，殉教して行ったキリシタンたちがいた。」[70]

上記，カトリック教会の存在によって「津和野幼花園」は創設された。なお，1930（昭和5）年，類焼により，教会ともども焼失してしまった。「教会は直ちに建設され現在の形となった。津和野幼花園も翌6年（1931）10月定員120名の新園舎を完成させる。」[71] 現在は鹿足郡津和野町後田口66に位置する。

『島根県社会事業要覧（昭和九年二月一日現在）』には「虚弱児保護」として1920（大正9）年7月設立の「日本赤十字社島根支部夏季保養所」が明記され

ている72)。正確には「日本赤十字社島根支部夏季児童保養所」である。この夏季児童保養所は，先の1910年代の部分で述べた「結核予防撲滅事業」と連動するものであり，「大正三年，京都支部では結核予防の関連事業として，夏休み中に，体質虚弱の小学児童を募って体質改善を目指して，海浜保養所を開設した。これが夏季児童保養事業の始まりである。京都支部に次いで，大正六年には，三重支部でも保養所が開始された。（中略）大正九年に，上記二支部に続いて，簸川郡杵築村に保養所を開始した。（中略）初回の応募者は，定員の一・五倍もあり，続いて二年目は二倍余に達するという盛況であったので，三年目の大正十一年から，保養所を石見部の迩摩郡馬路海岸に更に1ケ所増設して，主として石見部の児童を収容することを通して，広く県民の需に応えることにした。」73)

上記，大正初期の「日本赤十字社島根支部」の「結核予防撲滅事業」「夏季児童保養所事業」は島根県における組織化された地域の保健医療事業であり，保健医療システム事業としては嚆矢であった。なお，戦時下の中で「夏季児童保養所事業」は1943（昭和18）年に閉鎖となるが，「二十五年間に，四千名」74)の児童がその恩恵を受けたことになった。

次に，1910年代2箇所設置された「公設市場」が1920年代は5箇所増設された。「濱田町公設市場」「江津町公設市場」「安来町公設市場」「松江市堅町公設市場」「八束郡農会農産市場」であった。これら「公設市場」は大正初期中期頃から設置されていくようになるが，例えば，1918（大正7）年7月に京都市に「公設市場」が3箇所設置された75)。中国地方で設置された「公設市場」を『全国社会事業名鑑（昭和12年版）』から抽出すると以下のようになった。「米子市公設糀町市場」（市立，米子市，大正11年），「松江市母衣公設市場」（市立，松江市，大正8年），「松江市堅町公設市場」（市立，松江市，大正15年），「岡山市野田屋町公設市場」（市立，岡山市，大正8年），「岡山市旭東公設市場」（市立，岡山市，大正14年），「邑久公設市場」（村立，邑久村，昭和3年），「本荘村公設市場」（村立，本荘村，昭和5年），「広島市東松原公設市場」（市立，広島

市，大正9年），「広島市段原町公設市場」（市立，広島市，昭和2年），「広島市荒神町公設市場」（市立，広島市，昭和2年），「広島市天神町公設市場」（市立，広島市，大正12年），「広島市大手町9丁目公設市場」（市立，広島市，大正9年），「広島市河原町公設市場」（市立，広島市，大正9年），「呉市警古屋公設市場」（市立，呉市，昭和5年），「高森町農会公設市場」（高森町農会，山口県玖珂郡高森町，大正13年），「周南生産物公設市場」（佐波郡南部2町6ヶ村農会連合，山口県佐波郡防府町，大正13年），「小野田町公設市場」（町立，山口県厚狭郡小野田町，大正13年），「徳山町公設市場」（町立，山口県都濃郡徳山町，昭和2年），「宇部市緑橋公設市場」（市立，宇部市，昭和2年），「山口市公設市場」（市立，山口市，大正13年）[76]。上記，『全国社会事業名鑑（昭和12年版）』が正確なデータといえるかわからないが，各県によって設置数に開きがあり，かつ，山陰地方に設置が少ないことが理解できる。

　次に，1926（大正15）年4月，松江市役所構内に「松江市職業紹介所」が設置された。所長は松江市助役福田源次郎であった[77]。これが島根県の「職業紹介所」の嚆矢であった。第一次世界大戦後の世界的不況は，わが国にも波及し，軍需工業をはじめとする各産業での大量解雇は失業問題を顕在化させた。政府は，大正8年3月3日の「救済事業調査会」の答申を基に，大正9年4月21日には職業紹介所の設置，多数失業者発生地における土木事業等の起工等の失業対策を地方長官に指示した。大正10年4月9日には「職業紹介法」を公布し，公立職業紹介所での無料職業紹介について法令の整理を図った[78]。中国地方ではこの「職業紹介法」が公布された翌年の1922（大正11）年3月には，岡山県で「岡山市職業紹介所」（市立，岡山市）が，同じく広島県で「尾道市職業紹介所」（市立，尾道市，大正11年3月），「呉市職業紹介所」（市立，呉市，大正11年9月）が設置された。また，山口県でも1924（大正13）年4月に「下関市職業紹介所」（市立，下関市），「宇部市職業紹介所」（市立，宇部市）が設置された。なお，山陰地方は遅れをとり，「松江市職業紹介所」が1926（大正15）年4月，「米子市職業紹介所」が1913（大正2）年12月，「鳥取市職業紹介

所」は1930（昭和5）年6月[79]と出遅れた。

次に，島根県の養老院の先駆は表6-4の如く，「愛隣社老人ホーム」である。1920（大正9）年11月に創立された。小笠原祐次は「大正期の養老院の創設の一つの特徴は組織的支援母体をもっていたこと」[80]と指摘しているが，同時に大正期に「老人ホームの名称の施設も誕生」[81]したと述べている。「全国養老事業団体一覧（昭和十一年末現在）」では施設の固有名詞に「養老院」が多い中で「老人ホーム」を名称につけた施設は「東京老人ホーム」と「愛隣社老人ホーム」のみであった[82]。また，「最新全国養老事業団体調（昭和十年九月調）」では「老人ホーム」の名称を付けた施設は，「日本福音ルーテル教会東京老人ホーム」と「愛隣社老人ホーム」のみであった[83]。「全国養老事業概観（昭和十三年六月三十日現在）」から「愛隣社老人ホーム」の「沿革大要」を示すと以下のようになる。「大正九年十一月創立，同九年松江育児院創立満二十五年記念事業トシテ愛隣社ヲ設立シ，同社ノ一部事業トシテ同年十一月本ホームヲ開設」[84]。つまり，福田平治が創設した「松江育児院」の関連施設として設置された「ホーム」であり，「宗教関係」は「基督教（聖公会）」[85]であった。上記，「東京老人ホーム」も「宗教関係」は「基督教，日本福音ルーテル教会」[86]であり，キリスト教信者が創設する施設に「老人ホーム」が付けられたのが始まりといってもよいであろう。

6. 1930年代

1930年代は，昭和5年から昭和14年の時期である。この1930年代は「満州事変」（1931年9月8日）が起こり，1932（昭和7）年1月28日「上海事変」，同年3月1日「満州国建国宣言」，1933（昭和8）年3月27日「国際連盟脱退」，1937（昭和12）年7月7日「日華事変」，1939（昭和14）年9月1日には「第二次世界大戦」が始まるという戦時下の時代であった[87]。

1937（昭和12）年9月，近衛内閣は内閣告諭号外及び内閣訓令外を出して「挙国一致，尽忠報国，堅君持久」の三指標を掲げ国民精神総動員運動を開始し

た。この国民精神総動員運動は、「国家総動員法」の議会通過と運用に正当性を与える役割を果たしたと位置づけられている[88]。

島根県に視点をもどすが、「連絡統一」として1933（昭和8）年3月、島根県庁社会課内に「島根県方面委員連盟」が設置された。島根県では「方面委員制」は1920年代、1930年代に設置されるが、「方面委員事業助成会」は表6-4の如く、主に1930年代に各町村役場内に置かれた。なお、方面委員の活動は1932（昭和7）年施行の「救護法」によって市町村長の補助機関として位置づけられ、その後の公私の二面性から事業活動が「救護法」によって推進され、結果的に1936（昭和11）年11月、「方面委員令」の公布に繋がっていった。なお、島根県における方面委員の開始は「昭和三年六月三十日委員嘱託七月一日ヨリ事務開始」[89]となっており、1928（昭和3）年7月には4箇所で「方面委員会」が設置されており、「連絡統一」の「島根県方面委員連盟」が創設される以前に方面委員の活動は開始されていた。

次に、大正末期から昭和にかけて農村には託児所が設置される傾向があった。その大部分は農繁期（または託児所、季節託児所）という形態をとり、一時的、応急的なものであった[90]。島根県内の農繁期託児所は、表6-4の如く『島根県社会事業要覧（昭和九年二月一日現在）』から抽出できるが[91]、66箇所は明らかとなっている。ただし、設立年は上記『要覧』には記載がない。なお、表6-4の邇摩郡大家村の「大家愛児園」の記事を調べてみると、以下のように1929（昭和4）年となっている。「大家村の託児所は昭和四年その第一回を開始し、引続き農会が主催して本年に至つて居るが、本年は経費の関係上、農会にて経費の支弁をする事が出来なかつたが、原田氏の熱心なる犠牲奉仕にて、自ら寺費を投じて開設せられたのである」[92]。また、表6-4の邑智郡東仙道村の「アソカ園託児所」に関しては、「本園は昭和四年六月一日より開設しているが、村及村農会当局小学校の容易ならぬ後援や、利用して戴く保護者の方に感謝すると同時に、従事者として働く私等家族三人は懸命に奉仕するを惜まぬ。」[93]とあり、上記の2箇所ともに1929（昭和4）年の開設となっている。農繁期託

児所は，1931（昭和6）年に全国で1,081箇所の新設がみられ，前年度の新設536箇所から急激に数を伸ばしていったとの指摘もあるが[94]，先に示したように，大正末期から昭和期にかけて，農繁期託児所は開設されていった。島根県も上記の記事から理解できるように同様の傾向にあったと考えられる。

また1930年代は「公益質屋」が増設された。1932（昭和7）年から「公益質屋」の整備に要する経費が国庫補助対象とされるとともに，経費に必要な資金を低利で融資する途を開くなど公益質屋制度の普及発展に力が注がれた。これにより，法制定時，全国に81箇所であった設置数は昭和10年には1,052箇所，昭和14年には1,142箇所に達した[95]。島根県においては，表6-4の如く，14箇所の「公益質屋」が1930年代（昭和7年から昭和9年）に設置された。

1930年代，郡部に「職業紹介所」が設置された。「失業保護の柱は職業紹介所事業と労働宿泊所などの施設，公共土木工事，事業主による保護，そして帰農策であった。職業紹介法により，各地の都市に公益職業紹介所が設置」[96]された。1920年代の部分でも示したが，島根県における「職業紹介所」の嚆矢は「松江市職業紹介所」（1926（大正15）年4月）であったが，中国地方の観点からみると，山陰地方における「職業紹介所」の設置は出遅れたと考えられる。

次に，「養老事業」であるが，1931（昭和6）年5月に「島根仏教養老院」が設立された。「沿革大要」を示すと以下のようになる。「本院ハ元島根県仏教奉公団養老院ト称シ，昭和六年五月一日島根県仏教奉公団ノ経営トシテ島根県那賀郡ノ現在地ニ創立セルモノニシテ爾後経営ノ都合上島根仏教養老院ト改称シ，同九年一月一日渡邊惠何継承ノ認可ヲ受ケ個人経営トナシ」[97]。上記のように，先の1910年代の部分で述べた「仏教奉公団」から「個人経営」[98]に変わっている。なお，「収容定員」は「十五名」であり，「現在員」「五名男三女二」[99]であり，小規模な養老院であった。同じ島根県に創設された「愛隣社老人ホーム」の「収容定員」は「三十三名」[100]であった。

1930年代，島根県内に4箇所「健康相談所」が設置された。これは「結核予防撲滅事業ヲ為シタル」[101]ものであった。わが国において「結核予防法」

表6-4　島根県の明治期から昭和戦前期までの社会事業施設と団体一覧

種類		施設団体の名称	設立年月日	所在地	確認年
社会事業に関する機関	連絡統一	島根県学務部社会課	1926（大正15）年7月	島根県庁	昭和4年
		島根県社会事業協会	1933（昭和8）年3月	島根県庁社会課内	昭和12年
		島根県方面委員連盟	〃　〃	島根県庁社会課内	昭和12年
		島根県私設社会事業連盟	〃　〃	松江市北田町松江育児院内	昭和12年
	方面委員制	松江市方面委員会	1928（昭和3）年7月	松江市	昭和7年
		簸川郡今市町方面委員会	〃　〃	簸川郡今市町	昭和7年
		那珂郡濱田町方面委員会	〃　〃	那珂郡濱田町	昭和7年
		周吉郡西郷町方面委員会	〃　〃	周吉郡西郷町	昭和7年
		松江市方面事業助成会	1929（昭和4）年1月	松江市役所内	昭和7年
		濱田町方面事業助成会	〃　〃	濱田町役場内	昭和7年
		今市方面委員事業助成会	〃　3月	今市町役場内	昭和7年
		西郷町方面事業助成会	〃　〃	西郷町役場内	昭和7年
		安来町方面事業助成会	1930（昭和5）年11月	安来町役場内	昭和12年
		江津町方面委員助成会	〃　12月	江津町役場内	昭和12年
		大社町方面事業助成会	1931（昭和6）年1月	大社町役場内	昭和12年
		大田町方面事業助成会	〃　6月	大田町役場内	昭和12年
		平田町方面事業助成会	〃　12月	平田町役場内	昭和12年
		木次町方面事業助成会	〃　〃	木次町役場内	昭和12年
		加茂町方面事業助成会	1932（昭和7）年4月	加茂町役場内	昭和12年
		石見村方面事業助成会	〃　6月	石見村役場内	昭和12年
		大津村方面事業助成会	〃　〃	大津村役場内	昭和12年
		津和野方面事業助成会	〃　7月	津和野町役場内	昭和9年
		三刀屋町方面事業助成会	1933（昭和8）年8月	三刀屋町役場内	昭和12年
		出羽村方面事業助成会	1934（昭和9）年2月	出羽村役場内	昭和12年
		都野津町方面事業助成会	〃　7月	都野津町役場内	昭和12年
		荒島村方面事業助成会	〃　12月	荒島村役場内	昭和12年
		西須佐村方面事業助成会	〃　〃	西須佐村役場内	昭和12年
		吉田村方面事業助成会	〃　〃	吉田村役場内	昭和12年
児童保護	昼間保育	折づる幼稚園	1885（明治18）年5月	松江市殿町	昭和4年
		松江市白鴎幼稚園	1914（大正3）年4月	松江市灘町	昭和4年
		愛隣幼稚園	1925（大正14）年3月	松江市材木町	大正14年
		眞報園	1926（大正15）年6月	松江市角盤町1の31	昭和12年
		雑賀幼稚園	1929（昭和4）年4月	松江市雑賀町556	昭和4年
		正道寺託児所	〃　〃	邇摩郡五十猛村	昭和12年
		津和野幼花園	〃　9月	鹿足郡津和野町	昭和12年
		高津保育林	1930（昭和5）年8月	美濃郡高津町	昭和12年
		三保幼稚園	1932（昭和7）年4月	那賀郡三保村湊浦	昭和12年
		隠岐共生学園託児所		周吉郡西郷町	昭和12年
		大喜庵幼稚園		美濃郡吉田村	昭和12年
		私立萬歳幼稚園		美濃郡益田町	昭和9年
	農繁期託児所	江角託児所		八束郡恵曇村	昭和9年
		明音託児所		八束郡片江村	昭和9年
		伊野託児所		八束郡伊野村	昭和9年
		大野村農繁期託児所		八束郡大野村	昭和9年
		愛児の家託児所		八束郡大庭村	昭和9年
		浄土寺愛児園		八束郡出雲郷村	昭和9年
		布部託児所		能義郡布部村	昭和9年
		宇賀荘村農繁期託児所		能義郡宇賀荘村	昭和9年
		西谷農繁期託児所		能義郡山佐村	昭和9年
		吉田農繁期託児所		能義郡大塚村	昭和9年

第2節　明治期から昭和戦前期までの社会事業施設（団体）の全体像とその形成過程　　187

種　類	施設団体の名称	設立年月日	所　在　地	確認年
	殿門内農繁期託児所		能義郡大塚村	昭和9年
	宝泉寺託児所		大原郡大東村	昭和9年
	農会農繁期託児所		大原郡神原村	昭和9年
	上之段託児所		飯石郡飯石村	昭和9年
	田井村農繁期託児所		飯石郡田井村	昭和9年
	田岐村農繁期託児所		簸川郡田岐村	昭和9年
	昌慶託児所		簸川郡檜山村	昭和9年
	保壽寺愛児園		簸川郡出東村	昭和9年
	和江島農繁期託児所		簸川郡乙立村	昭和9年
	向名農繁期託児所		簸川郡乙立村	昭和9年
	中ノ島農繁期託児所		簸川郡平田町	昭和9年
	久木村農繁期託児所		簸川郡久木村	昭和9年
	農繁期子供預り所		簸川郡伊波野村	昭和9年
	志学農繁期託児所		安濃郡佐売村	昭和9年
	波根東村農繁期託児所		安濃郡波根東村	昭和9年
	専念寺託児所		安濃郡富山村	昭和9年
	川合託児所		安濃郡川合村	昭和9年
	大田農繁期託児所		安濃郡大田町	昭和9年
	太田季節託児所		邇摩郡井田村	昭和9年
	八代姫農繁期託児所		邇摩郡八代村	昭和9年
	仁万村託児所		邇摩郡仁万村	昭和9年
	大家愛児園	1929（昭和4）年	邇摩郡大家村	昭和9年
	正定寺託児園		邇摩郡五十猛村	昭和9年
	正福寺託児所		邇摩郡川平村	昭和9年
	本明家族会託児所		邇摩郡有福村	昭和9年
	産業組合託児所		邇摩郡二宮村	昭和9年
	大内村託児所		邇摩郡大内村	昭和9年
	農繁期都治託児所		邇摩郡都治村	昭和9年
	正和園託児所		邇摩郡都治村	昭和9年
	三隅農繁託児所		邇摩郡三隅町	昭和9年
	善友保育園		邇摩郡国分村	昭和9年
	鹿賀農繁期託児所		邑智郡川超村	昭和9年
	濱原農繁期託児所		邑智郡濱原村	昭和9年
	横田託児所		邑智郡豊田村	昭和9年
	水雲鳥託児所		邑智郡安田村	昭和9年
	川登極楽寺託児所		邑智郡中西村	昭和9年
	妙霊寺農繁期託児所		邑智郡中西村	昭和9年
	神田託児所		邑智郡高城村	昭和9年
	東傳寺託児所		邑智郡鎌手村	昭和9年
	アソカ園託児所	1929（昭和4）年	邑智郡東仙田村	昭和9年
	誘楽園託児所		邑智郡美濃村	昭和9年
	丸茂農繁期託児所		邑智郡都茂村	昭和9年
	養蚕期託児所		邑智郡吉田村	昭和9年
	明星山愛児園		邑智郡吉田村	昭和9年
	福王寺託児所		邑智郡吉田村	昭和9年
	柿木村繁託児所		鹿足郡柿木村	昭和9年
	直地農繁託児所		鹿足郡小川村	昭和9年
	青原農繁託児所		鹿足郡青原村	昭和9年
	興隆園託児所		鹿足郡畑迫村	昭和9年
	都万農繁期託児所		穏地郡都万村	昭和9年
	護国遊園		海士郡海士村	昭和9年
	護国幼児園		周吉郡中條村	昭和9年
	今津愛児園		周吉郡磯村	昭和9年
	布智農繁託児所		簸川郡布智村	昭和9年

第6章 島根県における社会事業施設・団体の形成史

種類		施設団体の名称	設立年月日	所在地	確認年
		農繁期託児所		安濃郡長久村	昭和9年
		農繁期託児所		鹿足郡六日市村	昭和9年
	盲聾唖教育	島根県立盲唖学校	1905（明治38）年5月	島根県外中原町43（M40.5婦人会経営，M44.9財団法人，T12県に移管）	昭和4年
		財団法人山陰盲唖保護会	1911（明治44）年4月	松江市外中原町43 島根県立盲唖学校内	昭和4年
	虚弱児保護	日本赤十字社島根支部夏季児童保養所	1920（大正9）年7月	松江市殿町	昭和9年
	貧児教育	財団法人松江育児院	1896（明治29）年2月	松江市北田町48	昭和7年
		財団法人山陰慈育家庭学院	1901（明治34）年4月	松江市内中原町	昭和7年
	感化教育	財団法人山陰慈育家庭学院感化部	1901（明治34）年4月	松江市中原町（M37.11財団法人，M42.3代用感化院指定）	昭和7年
		島根報恩会奨学園	1924（大正13）年1月	松江市内中原町	昭和7年
経済保護	小住宅	愛隣社宿泊部	1921（大正10）年	松江市北田町48	昭和4年
		松江市公営住宅	1920（大正9）年2月	松江市	昭和4年
		大田町公営住宅	1922（大正11）年8月	安濃郡大田町	昭和4年
		濱町公営住宅	1923（大正12）年9月	那珂郡濱田町	昭和4年
		益田町公営住宅	1924（大正13）年4月	美濃郡益田町	昭和4年
		川本町公営住宅	1926（大正15）年3月	巴智郡川本町	昭和4年
		島根県営住宅	1927（昭和2）年3月	松江市	昭和4年
		津和野町公営住宅	〃 4月	鹿足郡津和野町	昭和4年
	販売購買組合	保證責任出雲蕘産販売購買組合	1913（大正2）年10月	松江市中原町42	昭和4年
		有限責任熊野信用販売購買利用組合松江事務所	1915（大正4）年9月	松江市雑賀町110	昭和4年
	住宅組合	保證責任松江第一住宅組合	1922（大正11）年4月	松江市	昭和4年
		有限責任松江市北堀住宅組合	〃 〃	松江市	昭和4年
		有限責任鹽冶村住宅組合	〃 〃	簸川郡鹽冶村	昭和4年
		有限責任柳谷住宅組合	〃 〃	簸川郡佐香村	昭和4年
		有限責任平田住宅組合	1923（大正12）年3月	簸川郡平田町	昭和4年
		有限責任廣瀬住宅組合	〃 〃	能義郡廣瀬町	昭和4年
		有限責任松江市住宅組合	〃 〃	松江市	昭和4年
		有限責任松江共益住宅組合	〃 〃	松江市	昭和4年
		有限責任坂浦第一・第二住宅組合	〃 〃	簸川郡佐香村	昭和4年
		有限責任千鳥住宅組合	〃 7月	松江市	昭和4年
		有限責任八千代住宅組合	〃 〃	松江市	昭和4年
		有限責任松江市共栄住宅組合	1924（大正13）年2月	松江市	昭和4年
		松江利用組合	〃 7月	松江市	昭和4年
		有限責任島根住宅組合	1926（大正15）年12月	松江市	昭和4年
		有限責任親和住宅組合	1928（昭和3）年1月	松江市	昭和4年
		有限責任昭和住宅組合	〃 〃	松江市	昭和4年
		有限責任灘町昭和住宅組合	〃 4月	松江市	昭和4年
		有限責任寺町罹災地住宅組合	〃 〃	松江市	昭和4年
		有限責任天神町住宅組合	〃 〃	松江市	昭和4年
		有限責任安来住宅組合	〃 12月	能義郡安来町	昭和4年
		有限責任慶福住宅組合	〃 〃	松江市	昭和4年
		有限責任共和住宅組合	〃 〃	松江市	昭和4年
		有限責任平田第二・第三平田住宅組合	〃 〃	簸川郡平田町	昭和4年
		有限責任共保住宅組合	1931（昭和6）年1月	松江市	昭和9年

第2節 明治期から昭和戦前期までの社会事業施設（団体）の全体像とその形成過程　　189

種　類	施設団体の名称	設立年月日	所　在　地	確認年
	有限責任今市住宅組合	〃　　　〃	簸川郡今市町	昭和9年
	有限責任津和野官場丁住宅組合	〃　　　〃	鹿足郡津和野町	昭和9年
	有限責任阿井村山根住宅組合	〃　　9月	仁多郡阿井村	昭和9年
	有限責任恵美須住宅組合	〃　　12月	松江市	昭和9年
	有限責任栄立住宅組合	〃　　　〃	松江市	昭和9年
	有限責任大松住宅組合	〃　　　〃	松江市	昭和9年
	有限責任日ノ出住宅組合	〃　　　〃	松江市	昭和9年
	有限責任協親住宅組合	〃　　　〃	松江市	昭和9年
	有限責任福興住宅組合	〃　　　〃	松江市	昭和9年
	有限責任紙友住宅組合	〃　　　〃	松江市	昭和9年
	有限責任振興住宅組合	〃　　　〃	松江市	昭和9年
	有限責任旭栄住宅組合	〃　　　〃	松江市	昭和9年
	有限責任互信住宅組合	〃　　　〃	松江市	昭和9年
	有限責任相親住宅組合	〃　　　〃	松江市	昭和9年
	有限責任共興住宅組合	〃　　　〃	松江市	昭和9年
	有限責任甦盛住宅組合	〃　　　〃	松江市	昭和9年
	有限責任昭栄住宅組合	〃　　　〃	松江市	昭和9年
	有限責任共存住宅組合	〃　　　〃	松江市	昭和9年
	有限責任親栄住宅組合	〃　　　〃	松江市	昭和9年
	有限責任親友住宅組合	〃　　　〃	松江市	昭和9年
共同浴場	松尾町共同浴場	1932（昭和7）年10月	松江市松尾町720	昭和4年
公設市場	松江市母衣公設市場	1919（大正8）年10月	松江市	昭和4年
	今市町公設市場	〃　　8月	簸川郡今市町	昭和4年
	濱田町公設市場	1921（大正10）年12月	那賀郡濱田町	昭和4年
	江津町公設市場	1924（大正13）年2月	那賀郡江津町	昭和4年
	安来町公設市場	1926（大正15）年8月	能義郡安来町	昭和4年
	松江市堅町公設市場	〃　　10月	松江市	昭和4年
	八束郡農会農産市場	1926（大正15）年7月	松江市	昭和4年
公益質屋	粕淵村公益質屋	1932（昭和7）年11月	邑智郡粕淵村	昭和12年
	八束村公益質屋	1933（昭和8）年2月	八束郡八束村	昭和12年
	富山村公益質屋	〃　　　〃		昭和12年
	長濱町公益質屋	〃　　　〃	那賀郡長濱町	昭和12年
	知夫村公益質屋	〃　　　〃	知夫郡知夫村	昭和12年
	五箇村公益質屋	〃　　　〃	穏岐郡五箇村	昭和12年
	江津町公益質屋	〃　　3月	那賀郡江津町	昭和12年
	中村公益質屋	〃　　6月	周吉郡中村	昭和12年
	川平村公益質屋	〃　　11月	那賀郡川平村	昭和9年
	海士村公益質屋	1934（昭和9）年5月		昭和12年
	七日市村公益質屋	〃　　　〃		昭和12年
	波根東村公益質屋	〃　　　〃		昭和12年
	掛屋村公益質屋	〃　　7月		昭和12年
	中野村公益質屋	〃　　12月		昭和12年
共済組合・互助組織	島根県保証責任信用組合	1912（大正元）年10月	松江市内中原町	昭和4年
	有限責任松江利用組合	1926（大正15）年10月	松江市朝日町	昭和4年
失業救済及び防止	職業紹介			
	松江市職業紹介所	1926（大正15）年4月	松江市役所内	昭和4年
	今市町職業紹介所	1930（昭和5）年7月	簸川郡今市町役場内	昭和12年
	西郷村職業紹介所	1933（昭和8）年6月	隠岐支庁内	昭和9年
	隠岐国職業紹介所		周吉郡西郷町大字西町字八尾の1	昭和12年
	川本町職業紹介所		邑智郡川本町大字川本522	昭和12年
	仁萬村職業紹介所		邇摩郡仁萬村役場内	昭和12年

第6章　島根県における社会事業施設・団体の形成史

種類		施設団体の名称	設立年月日	所在地	確認年
救護		財団法人大日本職業指導協会島根支部	1934（昭和9）年1月	島根県社会課	昭和9年
	院内救助（養老事業）	愛隣社老人ホーム	1920（大正9）年11月	松江市北田町48番地	昭和4年
		島根佛教養老院	1931（昭和6）年5月	那賀郡石見村長澤476	昭和12年
	窮民救助	財団法人松江恵愛会	1881（明治14）年2月	松江市役所内	昭和7年
	盲唖者保護	山陰盲唖保護会	1911（明治44）年4月	島根県立盲唖学校内	昭和4年
	救助	愛隣社年末救助	1918（大正7）年12月	松江市北田町松江育児院内	昭和9年
	司法保護	那賀保護会	1921（大正10）年10月	那賀郡濱田町心覚寺内	昭和12年
		邇摩保護会	1922（大正11）年9月	邇摩郡大森町榮泉寺内	昭和12年
		大原保護会	〃　〃	大原郡加茂町正輝寺内	昭和12年
		美濃保護会	〃　〃	美濃郡益田町萬福寺内	昭和12年
		簸川保護会	〃　〃	簸川郡今市町大念寺内	昭和12年
		松江保護会	1922（大正11）年10月	松江市寺町	昭和7年
		安濃保護会	〃　〃	安濃郡長久村	昭和12年
		飯石保護会	〃　〃	飯石郡三刀屋町浄土寺内	昭和12年
		隠岐保護会	〃　〃	周吉郡西郷町中町眞行寺内	昭和12年
		鹿足保護会	〃　〃	鹿足郡津和野町常光寺内	昭和12年
		八束保護会	〃　〃	松江市中原町家庭学院内	昭和12年
		邑智保護会	〃　〃	邑智郡川本町法隆寺内	昭和12年
		仁多保護会	〃　11月	仁多郡三澤村鴨倉光善寺内	昭和12年
		能義保護会	〃　〃	能義郡飯梨村誓願寺内	昭和12年
	軍人援護	愛国婦人会島根県支部	1901（明治34）年3月	松江市殿町1	昭和12年
医療保障	施療病院	北田病院	1898（明治31）年	松江市北田町36	昭和4年
		島根県立松江病院	1902（明治35）年3月	松江市母衣町202	昭和12年
		石見佛教興仁会	1912（明治45）年7月	那珂郡濱田町原井2124	昭和12年
		仁多郡医師会施療部	1923（大正12）年1月	仁多郡三成村	昭和12年
		大原郡医師会無料診療	〃　5月	大原郡大東町	昭和12年
		能義郡医師会救療事業	1928（昭和3）年11月	能義郡安来町	昭和12年
		恩賜財団済生会		県衛生課	昭和9年
	診療所	佛教慈友会実費診療所	1927（昭和2）年3月	松江市雑賀本町55番地	大正14年
		松江市軽費診療	1930（昭和5）年4月	松江市	昭和12年
		谷村診療所	1935（昭和10）年4月	邑智郡谷村	昭和12年
		磯村診療所	〃　6月	周吉郡磯村	昭和12年
	健康相談	島根健康保健所	1926（大正15）年10月	松江市南田街	大正14年
		松江簡易保険健康相談所	〃　〃	松江市寺町199番地1	大正14年
	結核療養所	結核予防撲滅事業	1913（大正2）年12月	松江市殿町（日本赤十字社島根支部内）	昭和4年
		島根県健康相談所	1934（昭和9）年10月	松江市殿町（日本赤十字社島根支部内）	昭和12年
		濱田健康相談所	〃　〃	那賀郡濱田町川下病院内	昭和12年
		浦郷健康相談所	1935（昭和10）年4月	知夫郡浦郷村浦郷病院内	昭和12年
		西郷健康相談所	〃　〃	周吉郡西郷町	昭和12年
	産婆	愛国婦人会島根県支部無料産婆	1922（大正11）年1月	松江市殿町	昭和9年
	療養保護	財団法人松江市教育慈善会	1895（明治28）年1月	松江市殿町　松江市役所学務課内	昭和4年

種　類		施設団体の名称	設立年月日	所　在　地	確認年
社会教化	教化（民衆啓蒙・矯風）	島根佛教奉公団	1918（大正7）年7月	松江市役所内	昭和7年
		島根県生活改善同盟会	1921（大正10）年7月	松江市	大正14年
		島根県教化団体連合会	1925（大正14）年6月	島根県庁内	昭和12年
	融　和	島根県和敬会	1925（大正14）年2月	島根県庁内	昭和4年
		島根県協和会	1931（昭和6）年8月	松江市	昭和12年
釈放者保護	釈放者保護	財団法人島根授産会（T2.5.8法人許可）	1911（明治44）年2月	松江市奥谷町306-1	昭和4年
	隣保事業	島根県報恩会	1924（大正13）年1月	松江市山陰家庭学院内	昭和12年
		隠岐共生学園	〃　　　　　4月	周吉郡	昭和12年
		安部倉済世会館	1926（大正15）年10月	御津郡	昭和12年
		国府隣保館	1930（昭和5）年5月	那賀郡	昭和12年
その他	その他	松江市図書館	1889（明治22）年10月	松江市殿町　島根県庁内	昭和4年
		愛隣社歳末慰安会	1918（大正7）年12月	松江市北田町48	昭和4年
		松江子供会	1922（大正11）年7月		昭和4年
		堅町子供会	1925（大正14）年11月	松江市堅町	昭和5年
		島根県海外移住組合	1933（昭和8）年10月	県社会課	昭和9年

は1919（大正8）年3月に公布され，9月に施行されたが，島根県においては，1928（昭和3）年に「島根県結核予防協会」が設立され，「結核相談所」が郡市医師会の協力で開設された[102]。また，「日本赤十字社島根支部」等により，「島根県健康相談所」「濱田健康相談所」が1934（昭和9）年に，「浦郷健康相談所」「西郷健康相談所」が1935（昭和10）年に設置された。上記4箇所は「日本放送協会ラジオ納付金ニ依リ」[103]設置が可能となったものであった。

◆ 第3節　施設史の固有性の検討 ◆

　ここでは本章でまとめた島根県の施設（団体）の年代ごとの固有性を整理・検討しておく。

　1880年代，「島根県師範学校附属幼稚園」が設立されるが，これが島根県における「昼間保育」の嚆矢と位置づけられる。昭和期に入ってからは，「折づる幼稚園」として定着していった。「折づる幼稚園」の経営主体は「折づる会」であったが，経営（運営）を側面から支援する後援主要団体として「協賛会」「維持会」「松江母之会」が存在した。また，「折づる幼稚園」では機関紙（広報紙）の機能を果たす『折づる』を発行していたが，この機関紙は島根県の「昼間保育」施設の運営に多面的に影響を与えたと考えられる。

1880年代,「窮民救助」として「松江恵愛会」が存在した。創立は1881 (明治14) 年2月6日であり,「事務所 松江市役所内 (中略) 窮民救助ヲ目的トシ資産一万円ヲ蓄積ス」[104]との記載があるが,島根県における「窮民救助」の先駆け的存在であったことは否定できないであろう。1889 (明治22) 年10月,「松江図書館」(後の「松江市図書館」) が開設された。「松江図書館」は1880年代には私設図書館であったが,大正期には公設図書館へ移行し,利用者には「無職業層」[105]が多く,「松江市図書館」は『松江市内社会事業要覧』[106]の中で紹介されており,一種の「慈善事業」「社会事業」として機能していった。

「県下で最初に児童保護の育児施設を設立し,福祉事業の先駆者となったのは,財団法人松江育児院の福田平治であった」[107]との指摘がある。福田が孤児を自宅に収容し「松江育児院」としたのは「明治二十六年」との記載もあるが,正式の創立は「明治二十九年」と位置づけられる。「松江育児院」はキリスト教主義による実践を展開したが,福田は当初,「岡山孤児院」の情報を収集し,その後,洗礼を受け,バックストンの教会員として活躍した。

次に1880年代,「施療病院」として「北田病院」が開設した。「北田病院」の経営主体は「松江市」であり,代表者は「松江市長」であった。「北田病院」は島根県において公立の療養機関 (病院) の先駆的存在であったと考えられる。

1890年代であるが,1895 (明治28) 年1月,「松江市教育慈善会」が松江市役所学務課内に開設された。経営主体は「松江市教育慈善会」であるが,代表者は市長であった。「松江市教育慈善会」は民間団体として「財団法人」ではあるが,松江市役所学務課内に設置された公共性の高い公的機関であり,「就学困難ナル児童」[108]を対象とした慈善事業団体であった。

1900年代であるが,1905 (明治38) 年5月,福田与志を中心として「私立松江盲唖学校」が開設された。同校は島根県下では最初のものであり,全国的にみても11番目の開校であった[109]。福田与志が創設した「私立松江盲唖学校」であるが,その後,島根県は県知事夫人を会長とする「松江婦人会」に学校経

営を移管させ，「松江婦人会盲唖学校」と改称，県知事夫人を校長に任命した。その後，1911（明治44）年9月，「財団法人山陰盲唖保護会」に経営移管し，「財団法人私立松江盲唖学校」と改称した。1923（大正12）年4月1日には島根県に移管，「島根県立盲唖学校」となった。

次に，「山陰慈育家庭学院」であるが，1901（明治34）年4月，仏教主義により経営された。育児感化，免囚保護，盲唖訓育等を事業として松江市洞光寺禅堂を借り受け嘉本俊峰が創設した施設であった。「山陰慈育家庭学院」は創立当初から感化教育に力を入れていた。1908（明治41）年4月7日，「感化法」が改正され，道府県に「感化院」の設立の義務化がなされた。これにより，「山陰慈育家庭学院」は1909（明治42）年3月，県より，代用感化院に指定されて感化事業を行っていった。

1900年代，「施療病院」として「医療救護対策」として「島根県立松江病院」が設立された。1902（明治35）年3月に設立された当初は「松江公立病院」であった。「松江公立病院」に関する史料は乏しいが，現在の「松江赤十字病院」の位置にあったこと，また私立の「灘町病院」と「苧町病院」の医師が「松江公立病院」に院医として任命されたこと，また医学生の養成にもあたっていた[110]。

1910年代は施設（団体）設立が1900年代の5箇所から14箇所に増加した。1914（大正3）年4月，「松江市白潟幼稚園」が設立された。経営主体は「白潟教育会」であった。宗教色はなかった。「松江市白潟幼稚園」は『松江市内社会事業要覧』で取り上げられているが，「社会事業」あるいは「育児事業」というよりも「幼児教育事業」と位置づけたほうが的確と考えられる。

1910年代，「山陰盲唖保護会」が開設した。「本会ハ明治四十年（中略）設立シタル山陰盲唖教育保護会ヲ大正十五年（中略）財団法人山陰盲唖保護会ト改称ス，其事務所ヲ島根県立盲唖学校内」[111]に置いた。「山陰盲唖保護会」は「島根県立盲唖学校」生徒及び卒業者の支援組織であり，事務所を学校内に置くことによって，「島根県立盲唖学校」との連携を図っていた。1910年代，島根県内に2箇所の「公設市場」が置かれた。「松江市母衣公設市場」「今市町公

設市場」であった。「公設市場」はその後，1920年代に入り，松江市及び郡部に5箇所設置された。

「施療病院」として島根県では3番目となる「石見仏教興仁会」（後の「石見仏教興仁会病院」）が1912（明治45）年に創設された。「石見仏教興仁会病院」は，島根県浜田を中心に西部地区の各仏教宗派の僧侶の組織化によって誕生したものであり，当時の仏教徒の団結が地域化して形成された「施療病院」であったと考えられる。

大正期に入って「日本赤十字社島根支部」の実施した保健事業として「結核予防撲滅」に関する事業があった。「結核予防撲滅事業」は診療所，療養所の事業もあるが，当初は予防撲滅のための啓蒙，啓発事業から実施された。次に，1918（大正7）年7月，松江市役所内に「島根県仏教奉公団」が創設された。「島根県仏教奉公団規則」の第一条には「本団ハ県下仏教各宗寺院住職ヲ以テ組織シ」[112]と規定されており，当時の篤志家（僧侶）の組織化であり，あるいは地域化であった。上記，「奉公団」の団長は内務部長が就任しており，県行政側の支援によって「風教ノ維持改善其ノ他地方改良」[113]等を展開していった。

島根県では1920年代から施設（団体）の設置数とともに種類の増加がみられた。1920年代に島根県に「方面委員制」が誕生した。1928（昭和3）年7月の「松江市方面委員会」が最初であり，1920年代，1930年代に増設されていった。

また，「虚弱児保護」として1920（大正9）年7月，「日本赤十字社島根支部夏季保養所」が誕生した。正確には「日本赤十字社島根県支部夏季児童保養所」である。保養所は，1910年代の部分で述べたが，「結核予防撲滅事業」と連動するものであり，大正初期の「日本赤十字社島根支部」の「結核予防撲滅事業」「夏季児童保養所事業」は島根県における組織化された地域の保健医療事業であり，保健医療システム事業としては嚆矢であった。

1910年代に2箇所設置された「公設市場」が1920年代には5箇所増設された。「公設市場」は大正初期中期頃から設置されていくようになるが，『全国社

会事業名鑑（昭和12年版）』が正確なデータとはいえないが，山陰地方に設置が少ないことが結果として出ている。

1926（大正15）年3月，松江市役所構内に「松江市職業紹介所」が設置された。これは島根県における「職業紹介所」の嚆矢であった。1921（大正10）年4月9日，「職業紹介法」が公布され，公立の職業紹介所での無料職業紹介について法令の整理を図った[114]。中国地方では1922（大正11）年3月には，岡山県で「岡山市職業紹介所」が，同じく広島県で「尾道市職業紹介所」「呉市職業紹介所」が設置された。山陰地方は遅れを取り，「松江市職業紹介所」が1926（大正15）年3月，「鳥取市職業紹介所」は1930（昭和5）年6月[115]と出遅れた。

次に，島根県の養老院の先駆は「愛隣社老人ホーム」である。大正期に「老人ホーム」の名称は誕生した。「全国養老事業団体一覧（昭和十一年末現在）」では施設の固有名称に「老人ホーム」の名称を付けた施設は「東京老人ホーム」と「愛隣社老人ホーム」のみであった[116]。上記2施設ともキリスト教主義による施設であった。

1930年代であるが，「連絡統一」として1933（昭和8）年3月，島根県庁社会課内に「島根県方面委員連盟」が設置された。島根県では「方面委員制」は1920年代，1930年代に設置されるが，「方面委員事業助成会」は主に1930年代に各市町村役場内に置かれた。なお，方面委員の活動は1932（昭和7）年施行の「救護法」によって市町村長の補助機関として位置づけられ，その後の公私の二面性から事業活動が「救護法」によって推進され，結果的に1936（昭和11）年11月，「方面委員令」の公布に繋がっていった。なお，島根県における方面委員の開始は「昭和三年六月三十日」[117]となっており，1928（昭和3）年7月には4箇所で「方面委員会」が設置されており，「島根県方面委員連盟」が創設される以前に方面委員の活動は開始されていた。

島根県内の農繁期託児所は，『島根県社会事業要覧（昭和九年二月一日現在）』から抽出できるが[118]，66箇所は，表6-4の如く，明らかになっている。た

だし、設立年は上記『要覧』には記載されていない。表6-4の邇摩郡大家村の「大家愛児園」の記事を調べてみると、「大家村の託児所は昭和四年」[119]に開設されている。また、邑智郡東仙道村の「アソカ園託児所」に関しては、「本園は昭和四年六月一日より開設」[120]となっている。全国的に農繁期託児所は大正末期から昭和期にかけて開設されているが、島根県においても、上記の記事から理解できるように、全国と同様の傾向にあったと考えられる。

1930年代は表6-4の如く、「公益質屋」が増設された。1932（昭和7）年から「公益質屋」の整備に要する経費が国庫補助対象となったこともあって、法制定当時、全国に81箇所であった設置数は1935（昭和10）年には1,052箇所、1939（昭和14）年には1,142箇所に増設された[121]。島根県においては、表6-4の如く、14箇所の「公益質屋」が1930年代（昭和7年から昭和9年）に設置された。島根県における「職業紹介所」の嚆矢は、「松江市職業紹介所」（1926（大正15）年4月）であったが、中国地方の観点からみると、山陰地方における「職業紹介所」の設置は出遅れたと考えられる。

1930年代、「養老事業」として1931（昭和6）年5月に「島根仏教養老院」が設立された。当初は1910年代の部分で述べた「仏教奉公団」が経営していたが、「個人経営」[122]に変わっている。「収容定員」は「十五名」[123]で小規模な養老院であり、戦後消滅した。1930年代、島根県内に4箇所「健康相談所」が設置された。これは「結核予防撲滅事業ヲ為シタル」[124]ものであった。「結核予防法」は、1919（大正8）年3月に公布され、9月に施行されたが、島根県においては1928（昭和3）年に「島根県結核予防協会」が設立され、「結核相談所」が郡市医師会の協力で開始されたという経緯があった[125]。

〈注〉
1) 島根県の社会事業概要には以下のものがある。
　　島根県社会課『島根県社会事業要覧』昭和九年二月一日現在
　　『昭和六年六月島根県社会事業概要』
　　島根県社会課『島根県社会事業要覧』昭和四年三月十日現在

島根県内務部庶務課『島根県社会事業』大正十四年五月二十日
　　島根県内務部『大正十三年三月島根県社会事業概要』島根県内務部
　　島根県内務部『大正十年三月島根県社会事業概要』島根県内務部，大正十年三月三十一日
　　松江市役所『昭和七年刊松江市社会事業一覧』昭和七年四月調
　　松江市役所『松江市社会事業一覧』昭和六年三月調
　　『松江市内社会事業要覧』昭和四年四月現在
　　『松江市社会事業一覧』昭和四年三月調
 2)　『社会事業要覧（昭和九年末調）』内務省社会局，大正十二年五月三十日，「凡例」
 3)　『第十回社会事業統計要覧』内務省社会局社会部，昭和七年三月三十一日，「凡例」
 4)　島根県社会福祉協議会編『島根県社会福祉史』島根県，1986年
 5)　奈良本辰也監修『読める年表・日本史』自由国民社，2001年，p.845
 6)　同上書，p.852
 7)　『松江市内社会事業要覧』松江市社会事業調査会，昭和四年八月二十八日，p.7
 8)　同上書，p.6
 9)　同上書，p.7
10)　『折づる』第四十一号，折づる幼稚園，昭和十年十二月三十日
11)　『折づる』第四十二号，折づる幼稚園，昭和十二年五月二十五日，奥付
12)　『昭和七年刊松江市社会事業一覧』松江市役所
13)　内藤正中「松江恵愛会の窮民救助」『島根県社会福祉史』島根県社会福祉協議会，1986年，p.200
14)　『松江市図書館一覧』昭和六年九月
15)　同上書
16)　前掲，『松江市内社会事業要覧』p.43
17)　井村圭壮「地方行政における社会事業施設と団体の形成史研究」『日本福祉図書文献学会研究紀要』第7号，2008年，pp.49-50
18)　内藤正中「福田平治と松江育児院」前掲書，p.136
19)　同上書，p.139
20)　『島根県社会事業』島根県内務部庶務課，大正十四年五月二十日，p.20
21)　http://ja.wikipedia.org/wiki
22)　前掲，『松江市内社会事業要覧』p.34
23)　同上書，p.14
24)　同上書，p.14
25)　同上書，p.14
26)　同上書，p.14
27)　『島根県近代教育史』第1巻，島根県教育委員会，1978年，p.691
28)　内藤正中「福田与志と松江盲唖学校」前掲書，p.140

29）『大正十年三月島根県社会事業概要』島根県内務部，大正十年三月三十一日，p. 6
30）内藤正中「福田与志と松江盲唖学校」前掲書，p. 141
31）「山陰盲唖教育保護会」は「学資に窮する盲唖児童を補助し併せて本校施設を後援する」団体であった（『大正十二年八月盲唖教育概要』島根県立盲唖学校，大正十二年八月十五日，p. 34）。
32）内藤正中「福田与志と松江盲唖学校」前掲書，p. 141
33）http://www.shimanet.ed.jp
34）池田敬正・土井洋一編『日本社会福祉綜合年表』法律文化社，2000年，pp. 53-57
35）『松江市社会事業一覧（昭和四年三月調）』
36）前掲，『島根県社会事業』p. 23
37）『島根の教護五十年』島根県立八雲学院，1965年，p. 1
38）同上書，p. 5
39）前掲，『島根県社会事業』p. 23
40）「慈育家庭学院規則」
41）内藤正中「感化事業」前掲書，p. 148
42）『全国社会事業名鑑（昭和12年版）』中央社会事業協会社会事業研究所，昭和十二年四月，pp. 827-828
43）同上書，p. 427
44）同上書，p. 427
45）『島根県医師会史』島根県医師会，1972年，p. 93
46）井村圭壯「地方行政における社会事業施設と団体の形成史研究」前掲書，p. 53
47）前掲，『松江市内社会事業要覧』p. 8
48）同上書，pp. 8-9
49）同上書，p. 15
50）『島根県立盲唖学校要覧』島根県立盲唖学校，昭和八年，p. 20
51）『大正十年三月島根県社会事業概要』島根県内務部，大正十年三月三十一日，p. 28
52）「社会事業団体県費補助金御下附請願書」大正十四年四月十八日
53）内藤正中「浜田の石見仏教興仁会病院」前掲書，p. 127
54）日本赤十字社島根県支部創設百周年記念事業支部百年史編集委員会編『日本赤十字社島根県支部百年史』日本赤十字社島根県支部，平成2年，p. 418
55）前掲，『松江市内社会事業要覧』p. 38
56）前掲，『日本赤十字社島根県支部百年史』p. 418
57）「日本赤十字社島根県支部結核予防撲滅規程」
58）内藤正中「仏教奉公団」前掲書，p. 254
59）『昭和七年刊　松江市社会事業一覧』松江市役所
60）『島根県仏教奉公団概要』島根県内務部庶務課，大正七年七月，p. 9
61）「島根県仏教奉公団規則」第二条

第 3 節　施設史の固有性の検討　*199*

62)　同上，第四条
63)　同上，第三条
64)　井村圭壯「地方行政における社会事業施設と団体の形成史研究」前掲書，p. 56
65)　同上書，p. 56
66)　井村圭壯「愛媛県における社会事業施設・団体の形成整理史」『福祉図書文献研究』第 12 号，p. 25
67)　『雑賀幼稚園開園 70 周年記念誌』松江市立雑賀幼稚園，1987 年
68)　前掲，『松江市内社会事業要覧』p. 10
69)　前掲，『全国社会事業名鑑（昭和 12 年版）』p. 610
70)　国枝幸子「島根県の「津和野幼花園」の創設についての一考察」『聖園学園短期大学研究紀要』No. 33，2003 年，p. 37
71)　「津和野幼花園」『島根県の近代化遺産　島根県近代化遺産（建造物等）総合調査報告書』島根県教育委員会，平成 14 年 3 月，p. 95
72)　『島根県社会事業要覧（昭和九年二月一日現在）』
73)　前掲，『日本赤十字社島根県支部百年史』p. 423
74)　同上書，p. 427
75)　前掲，『日本社会福祉綜合年表』p. 79
76)　前掲，『全国社会事業名鑑（昭和 12 年版）』pp. 905-906
77)　前掲，『松江市内社会事業要覧』p. 20
78)　厚生省五十年史編集委員会『厚生省五十年史（記述篇）』厚生問題研究会，1988 年，p. 301
79)　前掲，『全国社会事業名鑑（昭和 12 年版）』pp. 991-994
80)　小笠原祐次「大正期創設の養老院とその特徴」『老人福祉施設協議会五十年史』全国社会福祉協議会老人福祉施設協議会，1984 年，p. 44
81)　同上書，p. 45
82)　「全国養老事業団体一覧（昭和十一年末現在）」『昭和十三年十月全国養老事業調査（第二回）』全国養老事業協会，昭和十三年十二月二十五日，pp. 1-5
83)　「最新全国養老事業団体調（昭和十年九月調）」『昭和十一年二月全国養老事業調査（第一回）』全国養老事業協会，昭和十一年二月二十日，pp. 39-44
84)　「全国養老事業概観（昭和十三年六月三十日現在）」『昭和十三年十月全国養老事業調査（第二回）』全国養老事業協会，昭和十三年十二月二十五日，p. 82
85)　同上書，p. 82
86)　同上書，p. 49
87)　井村圭壯「地方行政における社会事業施設と団体の形成史研究」前掲書，p. 64
88)　高澤武司「翼賛体制と社会事業の軍事的再編成」『社会福祉の歴史―政策と運動の展開―〔新版〕』2001 年，p. 278
89)　前掲，『島根県社会事業要覧（昭和九年二月一日現在）』

90）一番ヶ瀬康子ほか『日本の保育』ドメス社，1962年，p. 92
91）前掲，『島根県社会事業要覧（昭和九年二月一日現在）』
92）「農繁托児所愛児園」『島根県農会の郷土誌〔Ⅰ〕』松江文庫，1977年，p. 137
93）「農繁托児所アソカ園」同上書，p. 69
94）前掲，『日本の保育』p. 92
95）前掲，『厚生省五十年史（記述篇）』p. 288
96）永岡正己「社会事業の政策と実践」『日本社会福祉の歴史』ミネルヴァ書房，2003年，p. 86
97）前掲，「全国養老事業概観（昭和十三年六月三十日現在）」p. 83
98）同上書，p. 83
99）同上書，p. 83
100）同上書，p. 82
101）前掲，『全国社会事業名鑑（昭和12年版）』p. 438
102）『出雲医師会史』出雲医師会，1981年，p. 204
103）前掲，『全国社会事業名鑑（昭和12年版）』p. 438
104）前掲，『昭和七年刊松江市社会事業一覧』
105）前掲，『松江市図書館一覧』昭和六年九月
106）前掲，『松江市内社会事業要覧』p. 43
107）内藤正中「福田平治と松江育児院」前掲書，p. 136
108）前掲，『松江市内社会事業要覧』p. 14
109）前掲，『島根県近代教育史』第1巻，p. 691
110）前掲，『島根県医師会史』島根県医師会，1972年，p. 93
111）前掲，『島根県立盲唖学校要覧』
112）前掲，『島根県仏教奉公団概要』p. 9
113）「島根県仏教奉公団規則」第三条
114）前掲，厚生省五十年史編集委員会『厚生省五十年史（記述篇）』p. 301
115）前掲，『全国社会事業名鑑（昭和12年版）』pp. 991-994
116）前掲，「全国養老事業団体一覧（昭和十一年末現在）」pp. 1-5
117）前掲，『島根県社会事業要覧（昭和九年二月一日現在）』
118）同上書
119）前掲，「農繁託児所愛児園」『島根県農会の郷土誌〔Ⅰ〕』p. 137
120）「農繁託児所アソカ園」同上書，p. 69
121）前掲，『厚生省五十年史（記述篇）』p. 288
122）前掲，「全国養老事業概観（昭和十三年六月三十日現在）」p. 83
123）同上書，p. 83
124）前掲，『全国社会事業名鑑（昭和12年版）』p. 438
125）前掲，『出雲医師会史』p. 204

第7章

静岡県における社会事業施設・団体の形成史

◆ 第1節 『静岡県社会事業要覧』をふまえて ◆

　本章の目的は，静岡県社会課の『静岡県社会事業要覧』を活用し[1]，明治期から昭和戦前期までに設立された個々の社会事業施設や団体の名称，設立年月日，所在地等を整理し，年代ごとの形成過程の内容とその特色を整理することにある。なお，現時点では『静岡県社会事業概覧』（昭和十六年九月二十日）が戦前期の中では最新のものである。この点を踏まえ，表7-3に示す「静岡県の明治期から昭和戦前期までの社会事業施設と団体一覧」を基軸に文章化を行い，他の第一次史料及び第二次史料で施設（団体）の形成内容の補充を行った。

　なお，戦前期において各道府県の施設（団体）の形成過程を検討する場合，その材料として，内務省の『社会事業要覧』（名称は年度によって異なる）が有効的である。ただし，例えば，内務省社会局『社会事業要覧（大正九年末調）』の「凡例」には「本書ノ材料ハ道府県ノ報告其他ノ調査ニ基キ」[2]と規程されている。また，昭和期に入っても，「本書ハ内務報告例ニ依リ道府県ヨリ報告ニ係ル昭和四年度ノ社会事業統計ヲ主トシ」[3]と規程されている。つまり，県単位における比較分析には役立つが，ひとつの県の形成史を整理する上では，各県単位の『社会事業要覧』が精密的である。よって，本章は『静岡県社会事業要覧』等の第一次史料を基本として分析を行った。

第2節　明治期から昭和戦前期までの社会事業施設（団体）の全体像とその形成過程

1. 明治期から1900年代までの社会事業施設（団体）の概要

1870年代であるが，明治3年から明治12年の時期である。1873（明治6）年1月，「徴兵令」が公布された。同年7月には「地租改正条例」が公布された。1874（明治7）年1月，警視庁が置かれ，同月，板垣退助らが民選議院設立の建白書を提出したのもこの時期であった。1875（明治8）年5月には「樺太・千島交換条約」が出され，9月には「江華島事件」が起きた。翌1876（明治9）年2月には「日鮮修好条規」（江華条約）が成立している。1878（明治11）年7月には「郡区町村編成法」・「府県会規則」・「地方税規則」が制定された。そして，1879（明治12）年4月には琉球藩を廃し，沖縄県が成立した。

慈善事業関連では1871（明治4）年6月，「行旅病人取扱規則」を布告，行旅病人及び行旅死亡人について不実な扱いをしないよう定めた。同年6月，「棄児養育米給与方」を達し，所預り貰受けにかかわらず，15歳まで毎年7斗の養育米を支給することとした。1873（明治6）年3月には「三子出生ノ貧困者ヘ養育米ノ給与方」を定めた。また，1874（明治7）年7月，「恤救規則按」に

表7-1　静岡県施設設立年代別の推移

	施設数
1870年代	1ヶ所
1880年代	1ヶ所
1890年代	3ヶ所
1900年代	5ヶ所
1910年代	14ヶ所
1920年代	79ヶ所
1930年代	87ヶ所
1940年代	2ヶ所
不明	25ヶ所
計	217ヶ所

ついて太政官から下問を受けていた大蔵省は同規則を布達すべきことなどを回答し，12月8日「恤救規則」が布達された。1875（明治8）年6月には衛生行政事務が文部省から内務省に移管された。1879（明治12）年7月には内務省に「中央衛生会」が設置された[4]。

静岡県においては表7-2に示すように1870年代に「教化」が1箇所創設された。表7-3に示す「大日本報徳社」（1875（明治8）年11月，小笠郡掛川町）

表7-2　静岡県内社会事業施設（団体）の設立年代別，種類別数の推移

	1870年代	1880年代	1890年代	1900年代	1910年代	1920年代	1930年代	1940年代	不明	合計
連絡統一				1ヶ所	1ヶ所	2ヶ所	6ヶ所			10ヶ所
方面委員制						5ヶ所				5ヶ所
産婆						2ヶ所				2ヶ所
昼間保育						8ヶ所	11ヶ所	1ヶ所	2ヶ所	22ヶ所
貧児教育			1ヶ所	2ヶ所						3ヶ所
感化教育					1ヶ所					1ヶ所
感化保護						3ヶ所				3ヶ所
児童相談						2ヶ所				2ヶ所
小住宅						4ヶ所				4ヶ所
共同宿泊所						2ヶ所	1ヶ所		2ヶ所	5ヶ所
公設食堂						4ヶ所				4ヶ所
共同浴場						2ヶ所				2ヶ所
公設市場					1ヶ所	4ヶ所				5ヶ所
公益質屋						3ヶ所	20ヶ所			23ヶ所
共同作業所							1ヶ所			1ヶ所
共済組合・互助組織					1ヶ所	2ヶ所				3ヶ所
職業紹介						6ヶ所	1ヶ所			7ヶ所
院内救助（養老事業）				1ヶ所		2ヶ所				3ヶ所
盲唖者保護			1ヶ所	1ヶ所	1ヶ所					3ヶ所
司法保護							1ヶ所	1ヶ所	6ヶ所	8ヶ所
軍人遺家族援護			1ヶ所				4ヶ所		1ヶ所	6ヶ所
施療病院					1ヶ所	1ヶ所	1ヶ所		1ヶ所	4ヶ所
診療所						5ヶ所	25ヶ所		3ヶ所	33ヶ所
精神病院									3ヶ所	3ヶ所
結核療養所						1ヶ所	1ヶ所			2ヶ所
らい療養所			1ヶ所							1ヶ所
教化	1ヶ所				2ヶ所	5ヶ所	1ヶ所		3ヶ所	12ヶ所
融和						6ヶ所	10ヶ所		3ヶ所	19ヶ所
釈放者保護					6ヶ所		1ヶ所			7ヶ所
隣保事業						2ヶ所	1ヶ所			3ヶ所
移住組合						1ヶ所	1ヶ所			2ヶ所
その他					1ヶ所	6ヶ所	2ヶ所		1ヶ所	9ヶ所
合計	1ヶ所	1ヶ所	3ヶ所	5ヶ所	14ヶ所	79ヶ所	87ヶ所	2ヶ所	25ヶ所	217ヶ所

であった。幕末から明治に至る日本の黎明期，二宮尊徳の唱えた報徳思想の普及をめざし，道徳と経済の調和・実践を説き，困窮にあえぐ農民の救済をめざした報徳運動が全国に広まった。1875（明治8）年，二宮尊徳の弟子であった岡田佐平治が「大日本報徳社」の前進である「遠江国報徳社」を設立したことに始まる。後に岡田良一郎が社長となり，全国各地に支社を設け，1911（明治44）年に「大日本報徳社」と改称したのであった。『静岡県社会事業要覧』には次のように示されている。「教化団体は国民的信念を涵養し，国民道徳の向上を図り，社会教化の実を挙ぐる為め活動し，会員から修養すると共に，各団体夫々施設する所あり，大日本報徳社，賀茂郡竹麻教化団の如き活動写真をして民衆教化に努め，其他講師の派遣講習会の開催，印刷物の配布其の他の方法により国民精神の作興に努む，就中大日本報徳社は，殆んど全国に亘り其の社員並に所属社員を有し殊に本県には，約六百の所属社を有し最近本社に職務の外に社会部を設けて定款を改正して大に活動の歩を進めつつあり」[5]。なお，『大日本報徳社概要』には創立当時の沿革が記されているので記載しておく。「明治初年岡田佐平治は静岡藩の命を受けて，佐野郡幡鎌村（小笠郡原谷村），山名郡中野村（磐田郡豊浜村）に難村旧復の仕法を行って，二村の面目を一新し，大にその功を賞せられた。茲に於て報徳の道更生の機運に向い，在来の社徒が相謀って各社の連絡統制を保ち，斯道の研究を行わんが為に，遠江国報徳社を創立して本社となし，明治八年十一月十二日浜松県庁の許可を得て，岡田佐平治社長となり，（中略）毎月十一日を以て集会日とし，浜松町玄忠寺に会合した。同年佐平治は任を辞し，男良一郎が嗣で社長に選ばれた。爾来結社益々多く同十年見付町に第二集会所を設け，二十日を以て定日とし，（中略）報徳の道義並に農商経済の法を講じた。毎回集まるもの数百人に及んだ。」[6]

1880年代であるが，明治13年から明治22年の時期である。1882（明治15）年7月，「京城事件」（壬午の変）が起きた。1884（明治17）年3月には「制度取調局」が置かれた。同年7月，「華族令」が制定された。翌，1885（明治18）年12月には太政官を廃し，内閣制度を制定した（第一次伊藤博文内閣成

立)。1887（明治20）年12月には「保安条例」を公布し，翌1888（明治21）年4月，市制・町村制が公布された。同年には枢密院が設置された。5月には枢密院で憲法制定会議が開かれた。そして，1889（明治22）年2月11日，「大日本帝国憲法」が発布された。

慈善事業関連では，1880（明治13）年6月に「備荒儲蓄法」が制定された。1882（明治15）年9月，「行旅死亡人取扱規則」が布告された。翌1883（明治16）年1月内務省衛生局に保健・医事の二課が置かれた。同年9月には「陸軍恩給令」が改正され，「海軍恩給令」が制定され，陸海軍の恩給制度がほぼ同一となった。1889（明治22）年2月には内務省は迷児も棄児に準じて養育米を給付することを指示した。また同年，帝国憲法発布式に当たり，88歳以上の高齢者に祝金を下賜した[7]。

この時代から施設（団体）の設置及び種類も多くなっていくが，例えば，1880（明治13）年10月，パリ外国宣教会司祭J. F. マルマンが長崎に「奥浦慈恵院」を設置した。1882（明治15）年7月，奥田貫照が長野県善光寺に「貧民養育院」を設立した。1883（明治16）年10月には原胤昭が自宅で「東京出獄人保護所」を開設した。同年12月には「高知育児院」，後の「高知博愛園」が設立された。1884（明治17）年5月，目賀田栄らが貧民施療等の目的で神戸に「兵神明道会」を結成した。後の「神戸報国義会」である。同年6月には池上雪枝が大阪市北区の「神道祈祷所」に不良児を収容保護した。翌1885（明治18）年10月，高瀬真卿が東京本郷に「私立予備感化院」を設立した。1887（明治20）年9月には石井十次が「岡山孤児院」を設立した。翌1888（明治21）年12月には二宮わからが「横浜婦人慈善会」を結成した[8]。

静岡県においては，表7-2に示すように「らい療養所」が設立された。表7-3に示す「神山復生病院」（1889（明治22）年5月）であった。「神山復生病院」は日本に既存する最古のハンセン病療養所である。パリ外国宣教会の神父・テストウィドによって設立された。「神山復生病院」の「沿革」を示すと次のようになる。

「明治十八九年頃仏国公教宣教師テストウィド氏東京ヨリ名古屋間ヲ徒歩布教ニ従事シタル際，御殿場附近ニ於テ癩病者ノ窮状ヲ目撃シ，痛ク同情ノ涙ヲ濺キ惻隠ノ情禁スル能ハズ遂ニ意ヲ決シ，コノ可憐ナル病者ヲ救助セント在留同国人ニ訴ヘ，其義捐ニヨリ御殿場町鮎澤ニ一家ヲ借リ受ケ救護所ニ当テ癩病者六名ヲ収容シテ救護ニ努メタリシニ東西ヨリ来リ救護ヲ求ムル者漸ク増加スルノ状況ニシテ遂ニ部落民ノ反対立退請求ニ遭ヒ此所ニ止ルヲ得ス，明治二十年地ヲ箱根山麓ナル富士岡村神山ニ相シ荒蕪地七町八反三畝十歩ヲ買入レ，明治二十二年五月其筋ノ許可ヲ得テ病舎ヲ建築シテ之ニ収容ス，テストウィド氏ハ更ニ仏国其他ノ外国人間ヲ奔走シテ資金調達ヲナシ，同年六月ニ至リテハ二十三名ヲ収容シ得ルノ設備ヲ見ルニ至レリ。」[9]

なお，上記の内容を噛み砕いて紹介した文章があるので述べておく。

「歩く宣教師であったテストウィド師は，恐らくこれまでもしばしば路上でらい者の悲惨な姿を目撃しており，この遅れた日本の現状に対して大いに胸を痛めておられたにちがいない。水車小屋に病む一婦人を見舞い，これに洗礼を施すことによって，この悲惨な状態から彼女を根本的に救うために自分は今なにを為すべきかを，師はこの時，明瞭に悟ったのではあるまいか。長い間師の胸にうずいていた哀れみの心が，この一婦人を通して一挙に現実的な姿として造型したというべきであろう。すなわち，この人びとの霊肉の救いの拠りどころとしての病院（収容施設）設立の計画と，これを直ちに実行に移すことである。明治十九年，師は鮎澤村（現御殿場市新橋）に一家屋を借用，そこに五，六名の患者を収容することによってその思いはすでに第一歩を踏み出すことになる。（中略）師が使命感にもえて第一歩を踏み出した翌年のことであった。明治二十年せっかく借り入れた借家から立退きを求められたのである。患者が増加するにつれ近隣からの苦情がつのり，転居を迫られた。（中略）ともかくテストウィド師は断腸の思いで患者を一時各自の家へ帰らせる。（中略）そこでテストウィド師の『自分の土地に自分の病院を』と願いはいよいよ切実な祈りとなってくるのである。そののちこのフィロメ

ナ聖堂は解体され，明治二十一年神山の地に運ばれることになる。」10)

1890年代であるが，明治23年から明治32年の時期である。第一次恐慌が起こり，経済界の不況が続いた。1894（明治27）年には，日本軍が朝鮮王宮を占拠し，「日清戦争」（1894年）へと突入していく時代であった。1897（明治30）年6月，「八幡製鉄所」が設立され，7月には日本最初の労働組合「労働組合期成会」が設立されたのもこの時期（時代）であった。慈善事業に関連するものとしては，軍国化の中で「軍人恩給法」が1890（明治23）年6月に公布されている。1891（明治24）年8月には「地方衛生会規則」が公布された。1895（明治28）年には日清戦争に従事した死亡傷痍疾病者に「特別賜金」を支給している。民間社会事業の観点から述べれば，1891（明治24）年，石井亮一が東京下谷に「孤女学院」を設立，1892（明治25）年，塘林虎五郎が「熊本貧児寮」を設立，同年，宮内文作が前橋に「上毛孤児院」を設立，1893（明治26）年，林可彦が大阪市に「愛隣夜学校」を設立，同年，「カナダ外国婦人伝道会社」によって金沢市に「川上授産館」を設立，1895（明治28）年，五十嵐喜廣が「飛騨育児院」を設立，同年，聖公会教師 E. ソーントンによって東京市芝に「聖ヒルダ養老院」が設立されたのもこの時期であった。1895（明治28）年9月には「日本救世軍」が創設され，11月に山室軍平が入軍している。その他，各種の施設（団体）が設立するが，いわば明治20年代頃から民間社会事業の専門分化，多様化が出現した時代であった11)。

静岡県においては，「貧児教育」として「遠江救護院」（1899（明治32）年，引佐郡井伊谷村），「盲唖者保護」として「東海訓盲院」（1898（明治31）年，小笠郡掛川町），「軍人遺家族援護」として「帝国軍人後援会静岡県支会」（1896（明治29）年）が設立された。上記における「遠江救護院」であるが『静岡県社会事業要覧』から引用すると次のようになる。

「遠江救護院　事業　育児　位置　引佐郡井伊谷村井伊谷　組織　本院は正泉寺内にあり住職にして院長たる鈴木大隆氏夫妻は其家族として収容児童を教養す　沿革　明治三十二年九月十日浜松市高町に創立せられたる遠江育児院

は一時六十余人を収容して相当の成績を挙げたるも経営困難の為め同四十三年十月現在の地に移転改称したものなり」[12]

「遠江救護院」は「県内では養護施設の最初のものではないか。」と位置づけられている。「富士育児院」(明治36年設立)[13]、「静岡ホーム」(明治40年設立) とともに静岡県の児童養護施設の嚆矢として考えられる。

次に上記の「東海訓盲院」であるが、後の「静岡盲学校」「静岡聾唖学校」である。沿革を記しておく。

「明治三十一年三月二日東海訓育院と称して小笠郡掛川町に創立、大正六年一月安倍郡安東村北安東に移転し静岡盲唖学校と改称して唖生部を増設し、同年十月更に静岡市二番町に移転し、大正八年七月十三日財団法人たることを許可せられ、同年三月内務省令鍼按営業取停規則に依る指定学校として本県より指定され、大正十一年三月市内北番町に唖生部を移転し、大正十三年四月静岡盲唖学校廃止の件許可と同時に盲唖学校令により静岡盲学校を二番町三十六番地に、静岡聾唖学校を北番町二十三番地に設立の認可を得。」[14]

また、「軍人遺家族援護」として「帝国軍人後援会静岡県支会」が1896(明治29)年1月に設立された。概要を記せば以下のようになった。

「一、目的　本会ハ帝国軍人ノ後援ト為リ軍人ヲシテ後顧ノ憂ナカラシメ且ツ義男奉公ノ精神ヲ涵養スルヲ以テ目的トス　二、事業ノ大要　前項ノ目的ヲ達スル為左ノ事業ヲ行フ　(一)本部ニ於テ実施スル事業左ノ通リ　1，直接実施ノ必要アル保護慰籍　2，軍人、軍人タリシ者並其ノ家族、遺族ノ善行推奨　各支会、陸海軍々隊、官衙、学校又ハ帝国在郷軍人会等ヨリノ通報ニ基キ表彰状ヲ贈リ又ハ金品ヲ贈呈シ之ヲ推奨ス　3，職業輔導　本部ニ講習所ヲ置キ別ニ定ムル所ノ規定ニ依リ在郷軍人ヲシテ将来警察官吏又ハ刑務所官吏タラントスルモノノ為其ノ採用試験ニ必要ナル準備教育ヲ施ス」[15]

次に、1900年代は明治33年から明治42年の時代である。1901(明治34)年2月には「八幡製鉄所」が創業を開始した。1902(明治35)年7月，呉海軍工廠職工のストライキが起こった。1904(明治37)年2月にはロシアに宣戦、

「日露戦争」が始まったのもこの時代であった。社会事業の領域では，1900（明治33）年3月9日，「感化法」が公布された。1901（明治34）年12月3日には「日本赤十字社条例」が公布された。1904（明治37）年4月4日，「下士兵卒家族救助令」が公布された。また，1906（明治39）年3月，東北地方大飢饉のため窮民の救済事業を実施したのもこの時期（時代）であった。施設・団体関係では1900（明治33）年1月，野口幽香・森島峰によって東京麹町に「二葉幼稚園」が設立された。同年6月には熊本に「肥後慈恵会」が設立された。養老事業関係では1902（明治35）年12月1日，岩田民次郎によって「大阪養老院」が設立されたのもこの時期であった。

静岡県においては，「連絡統一」として「社団法人救護会本部」（1907（明治40）年，静岡市西門町），「貧児教育」として「財団法人静岡ホーム」（1907（明治40）年，安東村），「院内救助」として「静岡市救護所」（1901（明治34）年，静岡市田町），「盲唖者保護」として「沼津訓盲院」（1907（明治40）年，沼津市）が設立された。

上記の内「社団法人救護会本部」は「軍人遺家族救護の目的を以て」[16] 事業展開した全国団体（組織）であったが，「本部を静岡市に置き，東京，大阪を始め全国主要の府県に支部を設置し其区域三府三十二県」[17] に及んだ。

上記の「貧児教育」としての「財団法人静岡ホーム」は，現在の「社会福祉法人静岡ホーム」である。「静岡ホーム」は1907（明治40）年4月に創設され100年を超える児童福祉の歴史を歩んできたが，キリスト教精神に基づく児童養護の実践を展開してきた。『静岡県社会事業要覧』から概要を示すと次のようになる。

「事業　育児　位置　静岡市井宮町　組織　北米カナダ，メソヂスト伝道会社経営にして官公署補助，有志寄附，農園収入を以て維し持総理，ホーム長，保母を置く。　沿革　明治三十七年日露の戦役に当り出征軍人の遺孤を救済せんために幼児保管所と称して創立せられ，同四十年四月五日静岡ホームと改称し最初市外安東村に開き四十四年十月五日現在の位置に移転す。」[18]

「静岡ホーム」は 1937（昭和 12）年 3 月 26 日に財団法人の認可を得るが[19]，その実践は「キリスト教ノ主義精神ニ則リ児童ノ保護教養ヲ為スヲ以テ目的トス」[20]るものであった。

静岡県における慈善事業の展開は，「貧児・孤児救済や障害児教育，保育など児童保護に関する施設・団体がまず設立」[21]されたとの指摘があるが，「静岡ホーム」は「静岡盲唖学校」（明治 31 年），「沼津訓盲院」（明治 40 年），「遠江救護院」（明治 32 年），「富士育児院」（明治 36 年）とともに静岡県の児童保護の先駆的実践であった。

次に，「院内救助」としての「静岡市救護所」であるが，現在，静岡市葵区吉津にある「社会福祉法人　静岡市厚生事業協会　救護施設　静岡救護所」である。1901（明治 34）年 8 月静岡市誉田町に救護所を設立，窮民とともに行旅病人等を救護した。1913（大正 2）年 10 月，市内田町 4 丁目に移転した。戦後は旧「生活保護法」の制定により「保護施設」となり，戦後の混乱期には，孤老，孤児，母子などを収容，老人ホーム，乳児院，母子寮などの開設の間，応急救護を行った[22]。『静岡県社会事業要覧』から当時の概要を示すと次のようになる。「名称　静岡市救護所　位置　静岡市田町二六二番地　組織　静岡市の施設にして管理人一人，嘱託医二人，同調剤員一人，嘱託看護人一人，常置看護人二人，沿革　明治三十四年八月当市誉田町に市救護所を創設し主として市窮民を救助すると共に兼て精神病者の監置，行旅病者其他の救護に努め来りしが爾来年と共に被救護者漸やく増加し設備拡張の必要あるに至れるに依り大正二年中現在の場所に新築移転せしものにして更に大正十四年中病舎改築と共に内部組織を改め同所に診療機関新設する等多少面目を一新し以て今日に至れり」[23]。

2. 1910 年代

1910 年代は，設置数と同時に種類が多くなっている。1910 年代とは明治期の終わり（明治 43 年）から大正中期（大正 8 年）までを意味するが，1909（明

治42）年2月に，内務省が全国の優良救護事業に奨励金を下附し，徐々に施設（団体）が増加し始める時期（時代）であった。大正期に入ると，1917（大正6）年8月，「内務省分課規程」の改正により地方局に救護課が新設され，1919（大正8）年12月には内務省地方局救護課は社会課に改称される。翌年8月には地方局社会課を独立させ，内務省に「社会局」が誕生する等，「社会事業」期へと移行する時期（時代）であった[24]。

　静岡県においては以下の施設（団体）が創設された。「感化教育」として1910（明治43）年2月に「静岡県立三保学院」が設立された。1900（明治33）年に「感化法」は公布された。「感化法」は道府県に感化院の設置を義務づけながらも附則第十四条で施行の期日は道府県の決議を経るとあったため，公立感化院の設立は当初，極めて少なかった[25]。上記「静岡県三保学院」は，1908（明治41）年4月，「感化法」の改正により，道府県の感化院設立義務化と国庫補助の規定によって設立されたものであった。

　1910年代初めて「公設市場」として「静岡市鷹匠町公設市場」（1919（大正8）年）が静岡市東北鷹匠町に設置された。これは「大正七年七，八月以降物価高騰等国民生活の状況に鑑み経済的福利事業として生活必需品を廉価に供給するため内務省は全国に公設市場の設置を奨励せらるるに至り本県に於ても大正八年十二月静岡市に設置せられたる」[26]ものであった。大阪市では1918（大正7）年4月に市内4箇所に「公設市場」が設置されたが，これがわが国の最初の「公設市場」とされている。同年7月には京都市で3箇所設置された。静岡県ではその翌年に設置されたことになる。静岡県では「公設市場」はその後，1920年代に入り，表7－3の如く静岡市，浜松市，富士郡大宮町で設置された。

　1910年代，「労働者共済団体」として「静岡製材職工組合」が組織された。これは「製材職工を以て組織し組合員百五十余人大正七年四月一日設置せり就業中負傷し一週間以上休業する場合及疾病により休業一ヶ月以上に亘る場合に救済し，即ち医療救済，死亡救済，罹災救済，互助救済の方法を講ず」[27]ものであった。「労働者共済団体」は，後，1920年代，2箇所設置された。「静岡

印刷工扶助組合」(1922 (大正11) 年8月, 静岡市鷹匠町1丁目),「静岡鉄工労働組合」(1924 (大正13) 年3月, 静岡市安西5丁目) であった。

3. 1920年代

1920年代は, 大正9年から昭和4年の時期である。1920 (大正9) 年8月, 内務省官制の改正により社会局が設置された。これは地方局社会課を独立させるものであったが, 国家による社会事業の強化を意図する狙いがあった。同年10月には内務省は各道府県の理事官, 嘱託, 市区助役等約160名を集めて「社会事業打合会」を実施した。この年から各道府県に社会事業主管課が設置され, 静岡県には岡山県, 三重県, 愛知県, 宮城県, 京都府, 和歌山県, 長崎県とともに社会事業主管課が設置された。

1921 (大正10) 年1月,「社会事業調査会官制」が公布された。なお, 1924 (大正13) 年4月には「社会事業調査会」は廃止された。これは「帝国経済会議」に社会事業関係が包含されたことによる。また, 1921 (大正10) 年3月には「中央慈善協会」が「社会事業協会」へと改称された。いわば1920年代, 特に前期は「社会事業」期であるとともに, 1930年代からの十五年戦争に突入する前哨戦の時代であった[28]。

表7-2の如く静岡県においてはこの時期 (時代) から社会事業施設, 団体の種類と同時に数が急激に増加する。1920年代,「連絡統一」として「静岡県社会事業協会」が1920 (大正9) 年3月に設立された。概要は以下のようになる。「目的　静岡県内ニ於ケル社会事業ノ健全ナル発達ヲ期スルヲ目的トス　事業　社会事業ニ関スル調査研究, 社会事業ノ連絡統制, 社会事業ノ奨励助成, 社会事業ニ関スル講習会, 講演会懇談会ノ開催, 社会事業ニ関スル印刷物ノ刊行配布」[29]。近県の「社会事業協会」の設立年を調べてみると,「愛知県社会事業協会」大正6年7月,「長野県社会事業協会」昭和3年10月,「岐阜県社会事業協会」大正13年6月,「山梨県社会事業協会」昭和6年12月となっており[30], 各県によってばらつきがみられた。

1920年代には静岡県では「方面委員制」が誕生している。1920（大正9）年9月には広島市で「方面委員設置規定」が公布され，翌年の1921（大正10）年10月には岡山県では「済生委員設置規定」が公布された。東京市では1920（大正9）年11月に「東京市方面委員規定」が制定された。「方面委員制」は1918（大正7）年の大阪府における「方面委員設置規程」が基礎になっているが，静岡県では1922（大正11）年3月に「方面委員」が設置され，大正後期から始動し，昭和初期から拡がりをみせた。また，「連絡統一」として，1922（大正11）年4月に地方官官制改正により10道府県に社会事業主任理事官が配置されたが，静岡県もその10道府県内に入っていた[31]。

　1920年代，初めて「巡回産婆」が誕生した。「静岡市巡回産婆」（静岡市役所）と「勝間田村巡回産婆」（榛原郡勝間田村役場内）であった。『静岡県社会事業要覧』には次のように記載されている。「本県の巡回産婆は，大正十一年六月静岡市に設置せるを嚆矢とし，次で大正十二年四月勝間田村報徳社之を設置し，爾来漸次施設するもの多きを加へ，今や市町村経営に属するもの二十一，団体の経営するものを算するに至れり」[32]。上記からも理解できるように静岡市を巡回した「静岡市巡回産婆」と，農村部を対象とした「勝間田村報徳社」が静岡県の「巡回産婆」の嚆矢と位置づけられる。「勝間田村報徳社」の沿革を示すと次のようになる。「大正十二年四月一日勝間田村報徳社の事業として設置せり，之れ本県の農村に於ける巡回産婆の嚆矢とす，而して巡回産婆の事業に加えて乳幼児の健康診断，学童保護等の施設を行ひつつあり」[33]。

　第一次大戦後，経済保護事業は，異常なまでの発展を示した。しかしながら，この期に入るとこの事業は全体的に停滞から衰退へという下降現象を示している。この傾向の中で，「公益質屋」だけは，（中略）年々増加し，飛躍的な発展を示している。この背景には，恐慌下における労働者や少額所得者に対する経済保護を目的として1927（昭和2）年に制定された「公益質屋法」があった[34]。静岡県においては1929（昭和4）年9月，「静岡第一公益質舗」が設置された。同年12月には「静岡第二公益質舗」「清水市公益質舗」が設置され

た。なお，「公益質屋」は表7-3の如く，1930年代に飛躍的に浸透したといえる。『昭和十年十一月静岡県社会事業要覧』には以下のような文章がある。「本県ニ於ケル公益質屋ハ昭和四年九月静岡市ニ第一公益質舗開設セラレ爾来逐次其ノ数ヲ増加シ昭和十年十月現在ニ於テハ二十六ヶ所ノ多キニ上リ其ノ地方庶民間ニハ不可欠ノ機関トシテ大イニ機能ヲ発揮シツツアル状況ナリ」[35]。

「職業紹介」として1922（大正11）年2月，「浜松市職業紹介所」が設置された。「失業保護の柱は職業紹介事業と労働宿泊所などの施設，公共土木事業，事業主による保護，そして帰農策であった」[36]が，1921（大正10）年4月に「職業紹介法」が公布された。これにより「各地の都市に公益職業紹介所が設置」[37]された。静岡県では1920年代に，「三島町職業紹介所」（大正12年），「静岡市職業紹介所」（大正13年），「富士職業紹介所」（大正13年），「沼津市職業紹介所」（大正13年），「清水市職業紹介所」（大正14年）が設置された。

1921（大正10）年12月，「院内救助（養老事業）」として「富士育児院養老部」が創設された。「富士育児院養老部」は1903（明治36）年6月に創設された「富士育児院」の「養老部」として設置されたものであるが，静岡県の養老院の嚆矢と位置づけられる。概略を示すと次のようになる。

「位置　富士郡島田村依田原　組織　富士育児院内に養老部を設け，院長，医師，幹事等育児院従事員これに当る　沿革　院長渡辺代吉氏は自殺者の調査研究をなし，頼辺なき老人の自殺するものの少なからざるを憂ひ，之等不幸の老者を収容して，救護慰安の方法を講ぜんとし，実施するに至れり」[38]。「収容条件」は「年齢六十歳以上ノ老衰，不具廃疾，精神耗弱等ニ依リ自活不能且ツ寄辺ナキ者」[39]であった。1928（昭和3）年5月には名称を「富士育児養老院」に改称した。

1920年代，同じく「院内救助（養老事業）」として1928（昭和3）年10月，昭和天皇の御大典記念事業として「浜松仏教会」が「浜松仏教養老院」を創設した。現在の「社会福祉法人浜松仏教養護院，養護老人ホーム光音寮」である。「創立年月日及沿革大要」を示すと次のようになる。

表7−3　静岡県の明治期から昭和戦前期までの社会事業施設と団体一覧

種類		施設団体の名称	設立年月日	所在地	確認年
社会事業に関する機関	連絡統一	社団法人救護会本部	1907（明治40）年12月	静岡市西門町4番地	昭和16年
		財団法人静岡県連合会保護会	1919（大正8）年2月	静岡市追手町612番地静岡地方裁判所検事局内	昭和16年
		財団法人静岡県社会事業協会	1920（大正9）年3月	静岡県内	昭和16年
		静岡県方面事業助成会	1923（大正12）年4月	静岡県庁社会課内	昭和16年
		静岡県融和団体連合会	1931（昭和6）年	静岡県庁社会課内	昭和16年
		静岡県方面委員連盟	1932（昭和7）年11月	静岡県庁内	昭和16年
		静岡県佛教会	1934（昭和9）年3月	静岡県庁社会課内	昭和16年
		静岡県少年教護会	1938（昭和13）年3月	静岡県庁社会課内	昭和16年
		大日本傷痍軍人会静岡県支部	〃	静岡県庁社会課内	昭和16年
		静岡県協和会	1939（昭和14）年12月	静岡県学務部社会課内	昭和16年
	方面委員制	震災追憶浜松慈善会	1924（大正13）年9月		昭和16年
		小山町方面事業後援会	1927（昭和2）年1月	駿東郡小山町役場内	昭和2年
		松崎町方面事業助成会	〃　　　　 5月	賀茂郡松崎町役場	昭和2年
		沼津市方面事業助成会	〃　　　　10月	沼津市役所	昭和2年
		静岡市方面事業助成会（県内116箇所）	1927（昭和2）年12月		昭和16年
児童保護	産婆	静岡市巡回産婆	1922（大正11）年6月	静岡市役所	昭和2年
		勝間田村巡回産婆	1923（大正12）年4月	榛原郡勝間田村役場内	昭和2年
	昼間保育	静岡托児所	1920（大正9）年8月	静岡市住吉町	昭和2年
		静岡こども相談所附属保育園	1922（大正11）年4月	静岡市宮ヶ崎町報土寺中（こども相談所内）	昭和16年
		浜松市海老塚保育園	1924（大正13）年	浜松市海老塚町	昭和16年
		清水市宮加三保育園	1925（大正14）年		昭和16年
		浜松市立下池川托児所	1926（大正15）年	浜松市下池川町164番	昭和2年
		庵原郡由比町花園保育園	大正末期	庵原郡由比町	昭和16年
		清水隣保館托児所	1927（昭和2）年1月	清水市受新田字向島	昭和2年
		福地町曙保育園	1928（昭和3）年4月	浜松市福地町953番地	昭和16年
		私立焼津保育園	1930（昭和5）年3月	志太郡焼津町焼津499の5	昭和16年
		私立嶋田托児所	〃　　　　 5月	志太郡嶋田町8328番地の5	昭和16年
		静岡市新富町保育園	〃	静岡市新富町3丁目21番地	昭和16年
		社団法人救護会清水保育園	1931（昭和6）年7月		昭和16年
		駿東郡原町保育園	1932（昭和7）年11月	駿東郡原町原199番の1	昭和16年
		磐田郡豊浜保育園	1933（昭和8）年4月	豊浜村中野725番地	昭和16年
		藤枝町融和会保育園	〃　　　　 6月	浜松市藤枝町	昭和16年
		啓世社愛国保育園	1934（昭和9）年10月	静岡市東鷹匠町76番地	昭和16年
		鷹岡保育園	1935（昭和10）年4月	富士郡鷹岡町	昭和16年
		有度十七夜山保育園	1937（昭和12）年5月	安倍郡有度村上原174の11	昭和16年
		静岡市八幡保育園	1938（昭和13）年5月	静岡市八幡本町2の34	昭和16年
		日之出保育園	1940（昭和15）年5月	浜名郡阿美村東明神下16番地	昭和16年
		農漁繁期託児所（昭和10年度県下156箇所）			昭和10年
		清水保育園		清水市松原町1丁目16番地	昭和10年
	貧児教育	遠江救護院	1899（明治32）年9月	引佐郡井伊谷村井伊谷	昭和2年
		財団法人静岡ホーム	1907（明治40）年4月	安東村北安東	昭和16年
		富士育児院	1903（明治36）年8月	富士郡島田村依田原	昭和2年
	感化教育	静岡県立三保学院（昭10，三方原学園に改称）	1910（明治43）年2月	清水市三保3970番地	昭和10年
	感化保護	静岡市児童保護協会	1921（大正10）年12月	静岡市宮ヶ崎町	昭和2年

第7章　静岡県における社会事業施設・団体の形成史

種類		施設団体の名称	設立年月日	所在地	確認年
経済保護	児童相談	沼津市児童愛護会	1922（大正11）年7月	沼津市女子尋常高等小学校内	昭和2年
		三島子供会	1924（大正13）年4月	三島町	昭和2年
		静岡こども相談所	1920（大正9）年8月	静岡市宮ヶ崎町報土寺内	昭和16年
		婦人子供相談所	1922（大正11）年1月	静岡市追手町愛国婦人会静岡県支部	昭和2年
	小住宅	沼津市営住宅甲	1927（昭和2）年4月	沼津市本田町	昭和16年
		沼津市営住宅乙	〃	〃 三枚橋造道	昭和16年
		沼津市営住宅丙	〃	〃 本田町	昭和16年
		県営住宅	1928（昭和3）年3月	静岡市上足洗	昭和10年
	共同宿泊所	社団法人救護会自助館	1922（大正11）年1月	清水市入江受新田	昭和2年
		静岡市宿泊所	1924（大正13）年7月	静岡市職業紹介所附設	昭和2年
		私設明治渇無料宿泊所	1930（昭和5）年9月	浜松市相生町449番地の3	昭和16年
		浜松市無料宿泊所		浜松市田町職業紹介所内	昭和2年
		清水自助館		清水市松原町1丁目16番地	昭和10年
	公設食堂	浜松市公衆食堂	1922（大正11）年3月	浜松市田町	昭和2年
		自助館附属簡易食堂	〃 8月	清水市入江受新田自助館内	昭和2年
		静岡簡易食堂	1924（大正13）年7月	浜松市相生町職業紹介所附設	昭和2年
		沼津市第一公設食堂	1925（大正14）年3月	沼津市城内418番地の1	昭和2年
	共同浴場	沼津市公設浴場	1925（大正14）年1月	沼津市我入道東町	昭和16年
		小室村公設浴場	〃 6月		昭和2年
	公設市場	静岡市鷹匠町公設市場	1919（大正8）年12月	静岡市東北鷹匠町	昭和2年
		静岡市番町公設市場	1920（大正9）年1月	静岡市五番町	昭和16年
		浜松市公設市場（3箇所）	1922（大正11）年3月	浜松市内3箇所（常盤，三組，砂山）	昭和16年
		産業組合日用品販売所	〃 11月	静岡市鷹匠町1丁目	昭和16年
		大宮町公設市場	1923（大正12）年5月	富士郡大宮町	昭和16年
	公益質屋	静岡第一公益質舗	1929（昭和4）年9月	静岡市	昭和10年
		静岡第二公益質舗	〃 12月	静岡市	昭和10年
		清水市公益質舗	〃 〃	清水市	昭和10年
		須走村公益質舗	1931（昭和6）年2月	須走村	昭和10年
		浜松市公益質舗	〃 12月	浜松市	昭和10年
		三島町公益質舗	1932（昭和7）年11月	三島町	昭和10年
		焼津町公益質舗	〃 12月	焼津町	昭和10年
		川崎町公益質舗	〃 〃	川崎町	昭和10年
		森町公益質舗	〃 〃	森町	昭和10年
		下田町公益質舗	〃 〃	下田町	昭和10年
		大宮町公益質舗	1933（昭和8）年2月	大宮町	昭和10年
		新居町公益質舗	〃 3月	新居町	昭和10年
		横須賀町公益質舗	〃 〃	横須賀町	昭和10年
		掛川町公益質舗	〃 5月	掛川町	昭和10年
		二俣町公益質舗	〃 12月	二俣町	昭和10年
		新野村公益質舗	1934（昭和9）年1月	新野村	昭和10年
		島田町公益質舗	〃 3月	島田町	昭和10年
		堀之内町公益質舗	〃 4月	堀之内町	昭和10年
		水窪町公益質舗	〃 〃	水窪町	昭和10年
		御殿場町公益質舗	〃 7月	御殿場町	昭和10年
		網代町公益質舗	〃 〃	網代町	昭和10年
		中泉町公益質舗	〃 12月	中泉町	昭和10年
		仁科村公益質舗	1935（昭和10）年2月	仁科村	昭和10年

第2節　明治期から昭和戦前期までの社会事業施設（団体）の全体像とその形成過程

種類		施設団体の名称	設立年月日	所在地	確認年
失業救済及び防止	共同作業所	沼津市共同作業所	1938（昭和13）年3月	沼津市上香貫御幸町139番地の2	昭和16年
	共済組合・互助組織	静岡製材職工組合	1918（大正7）年4月	静岡市3番町36	昭和2年
		静岡印刷工扶助組合	1922（大正11）年8月	静岡市鷹匠町1丁目	昭和2年
		静岡鉄工労働組合	1924（大正13）年3月	静岡市安西5丁目	昭和2年
	職業紹介	浜松市職業紹介所	1922（大正11）年2月	浜松市田町13の1	昭和2年
		三島町職業紹介所	1923（大正12）年12月	田方郡三島町役場内	昭和2年
		静岡市職業紹介所	1924（大正13）年7月	静岡市相生町36、39番地	昭和2年
		富士職業紹介所	〃　　　　　9月	富士郡今泉村今泉1409　本国寺内	昭和2年
		沼津市職業紹介所	〃　　　　10月	沼津市城内字條内町481番地の1	昭和2年
		清水市職業紹介所	1925（大正14）年2月	清水市清水字茶園場3番地	昭和2年
		職業協会静岡県支部	1939（昭和14）年10月	静岡県学務部職業課内	昭和16年
救護	院内救助（養老事業）	静岡市救護所	1901（明治34）年8月	静岡市田町262番地	昭和16年
		富士育児院養老部	1921（大正10）年12月	富士郡島田村依田原	昭和2年
		浜松佛教養老院	1928（昭和3）年11月	浜松市鴨江町394の1	昭和16年
	盲唖者保護	東海訓盲院	1898（明治31）年3月	小笠郡掛川町	昭和2年
		（静岡盲学校大正7年改称）		静岡市二番町36番地	
		（静岡聾唖学校大正11年改称）		静岡市北番町23番地	
		沼津訓盲院	1907（明治40）年4月	沼津市本町	昭和2年
		私立浜松盲学校及浜松聾唖学校	1922（大正11）年4月	浜松市鴨江419	昭和2年
	司法保護	静岡司法保護委員会	1939（昭和14）年9月	管内25保護区	昭和16年
		啓沃会	1940（昭和15）年4月	清水市水落町一丁目1番地静岡保護観察所内	昭和16年
		静岡昭徳会（元財昭徳会静岡支部）			昭和16年
		静岡県連合保護会		静岡刑務所内	昭和10年
		静岡県勧善会		静岡市長谷町40	昭和10年
		岳南保護会		沼津市宮町437	昭和10年
		駿豆佛教保護連合会		静岡市北安東町297	昭和10年
		遠州佛教積善会		浜松市鴨江町347ノ3	昭和10年
	軍人遺家族援護	帝国軍人後援会静岡県支会	1896（明治29）年1月		昭和10年
		恩賜財団軍人援護会静岡県支部	1938（昭和13）年12月		昭和16年
		大日本傷痍軍人会静岡県支部			
		傷痍軍人相談所	1939（昭和14）年2月	静岡県庁社会課	昭和16年
		〃　浜松傷痍軍人相談所	〃　　　　〃	浜松市役所	昭和16年
		〃　沼津傷痍軍人相談所	〃　　　　〃	沼津市役所	昭和16年
医療保障	施療病院	恩賜財団済生会静岡県	1911（明治44）年5月	静岡県社会課	昭和16年
		深良村立病院	1927（昭和2）年	駿東郡深良村	昭和2年
		恩賜財団済生会静岡県支部	1931（昭和6）年7月		昭和2年
		静岡私立静岡病院		静岡市屋形町	昭和2年
	診療所	吉野村風俗改善同盟会　吉野村無料診療所	1922（大正11）年4月		昭和16年
		静岡市巡回衛生婦	〃　　　　6月	静岡市役所	昭和2年
		浜松市診療所	1924（大正13）年4月	浜松市鴨江町浜松病院内	昭和2年
		沼津市医師会診療所	1924（大正13）年8月	沼津市本字山神道43の3	昭和16年
		静岡診療所	1926（大正15）年4月	静岡市西草深町2丁目	昭和2年
		静岡市医師会診療所		静岡市追手町	
		清水市医師会診療所		清水市辻相生町	昭和10年
		恩賜財団済生会濱松診療所		浜松市常盤町155	昭和10年

第7章　静岡県における社会事業施設・団体の形成史

種　類	施設団体の名称	設立年月日	所　在　地	確認年
【出張診療所】	浜名郡神久呂村出張診療所	1932（昭和7）年10月	神久呂村役場側	昭和10年
	駿東郡須走村出張診療所	〃　　　　　11月	須走村日向16小学校前	昭和10年
	周智郡一宮村出張診療所	〃　　　　　12月	一宮村役場前	昭和10年
	磐田郡大藤村出張診療所	〃　　　　　〃	大藤村役場議事室	昭和10年
	小笠郡東山村出張診療所	〃　　　　　〃	東山村役場裏	昭和10年
	榛原郡上川根村出張診療所	〃　　　　　〃	上川根村大間1319	昭和10年
	浜名郡知波田村出張診療所	1933（昭和8）年2月	知波田村大知波1122	昭和10年
	小笠郡原泉村出張診療所	〃　　　　　〃	原泉村出張診療所	昭和10年
	引佐郡伊平村出張診療所	〃　　　　　7月	伊平川名489	昭和10年
	小笠郡原田村出張診療所	〃　　　　　8月	原田村原里1034	昭和10年
	駿東郡富岡村出張診療所	〃　　　　　〃	富岡村下和田44	昭和10年
	賀茂郡中川村出張診療所	〃　　　　　〃	中川村役場裏	昭和10年
	周智郡天方村出張診療所	〃　　　　　11月	天方村鍛冶島善蔵方	昭和10年
	富士郡袖野村出張診療所	〃　　　　　〃	袖野村上稲子字カウチ1442	昭和10年
	浜名郡五島村出張診療所	1934（昭和9）年7月	五島村役場前	昭和10年
	賀茂郡岩科村雲見区出張診療所	〃　　　　　8月	岩科村雲見392ノ1	昭和10年
	磐田郡浦川村吉澤区出張診療所	〃　　　　　9月	浦川村吉澤	昭和10年
	磐田郡山香村上平山区出張診療所	〃　　　　　10月	山香村上平山小学校側	昭和10年
	周智郡城西村相月区出張診療所	〃　　　　　〃	城西村相月字ヒヨ284	昭和10年
	富士郡北山村出張診療所	〃　　　　　〃	北山村北山533	昭和10年
	周智郡水窪村有本区出張診療所	〃　　　　　〃	水窪村地頭方有本字ドモト2626	昭和10年
	駿東郡富士岡村大坂区出張診療所	〃　　　　　11月	富士岡村大坂33	昭和10年
	田方郡函南村丹那出張診療所	〃　　　　　〃	函南村丹那字町田337	昭和10年
	安倍郡大河内村有東木出張診療所	〃　　　　　12月	大河内村有東木字孫ダ井戸73	昭和10年
	周智郡熊切村田河内区出張診療所	1935（昭和10）年1月	熊切村田河内33	昭和10年
精神病院	静岡脳病院		静岡市	昭和2年
	浜松保養院		浜松市	昭和2年
	沼津脳病院		沼津市	昭和2年
結核療養所	静岡市結核療養所	1926（大正15）年6月	静岡市大里村中野新田	昭和2年
	聖隷保養農園	1930（昭和5）年5月	浜名郡三方原村968-3	昭和16年
らい療養所	財団法人神山復生病院	1889（明治22）年5月	駿河国駿東郡富士岡村神山109番地甲1	昭和16年
社会教化	教化（民衆啓蒙・矯風）	大日本報徳社	1875（明治8）年11月	小笠郡掛川町	昭和2年
	榛原郡佛教積善会	1913（大正2）年2月	榛原郡川崎町釣公学院内	昭和2年
	護国親善会	〃　　　　　6月	富士郡加島村平垣金正寺内	昭和2年
	浜名郡佛教報国会	1921（大正10）年6月	浜松市高町浜名郡町村長会事務所内	昭和2年
	岳南佛教会	1923（大正12）年3月	沼津市本638乗運寺内	昭和2年
	安倍郡社会教化会	1924（大正13）年4月	静岡市追手町安倍郡公会堂内	昭和2年
	庵原郡佛教奉旨会	〃　　　　　6月	清水市江尻	昭和2年
	（その他19団体）			
	廓清会静岡支部	1927（昭和2）年12月	静岡市西草深町55青年会館	昭和2年
	禁酒会		県下11箇所	昭和2年
	静岡婦人矯風会		静岡市西草深町英和女学校内	昭和2年
	新興生活館（昭和10年度現在県下103箇所）			昭和10年
	静岡県佛教会	1934（昭和9）年3月	静岡県庁内	昭和10年
融和	榛原郡融和会	1928（昭和3）年3月	川崎町　榛原郡団体事務所	昭和10年
	藤枝町同和会	〃　　　　　8月	志太郡藤枝町役場	昭和10年
	川崎町融和会	〃　　　　　11月	榛原郡川崎町役場	昭和10年

第2節　明治期から昭和戦前期までの社会事業施設（団体）の全体像とその形成過程

種類		施設団体の名称	設立年月日	所在地	確認年
		可美村融和会	〃　　　　〃	浜名郡可美村役場	昭和10年
		中泉町融和会	〃　　　　12月	磐田郡中泉町役場	昭和10年
		浜松市融和協会	〃　　　　〃	浜松市役所	昭和10年
		五和村融和会	1930（昭和5）年1月	榛原郡五和村役場	昭和10年
		浜名郡融和会	〃　　　　3月	浜名郡吉野村役場	昭和10年
		相良町融和会	〃　　　　5月	榛原郡相良町役場	昭和10年
		南山村融和会	1931（昭和6）年3月	小笠郡南山村役場	昭和10年
		小笠郡融和会	〃　　　　4月	掛川町　小笠郡団体事務所	昭和10年
		静岡県融和団体連合会	〃　　　　12月	県社会課	昭和10年
		島田町同和会	1933（昭和8）年3月	志太郡島田町役場	昭和10年
		志太郡同和会	〃　　　　7月	藤枝町　志太郡団体事務所	昭和10年
		引佐郡融和会	1935（昭和10）年4月	引佐郡三ヶ日町役場	昭和10年
		袋井町融和会	〃　　　　5月	磐田郡	昭和10年
		相愛会静岡県本部		浜松市	昭和10年
		清水内鮮同和会		清水市	昭和10年
		静岡東協会		静岡警察署内	昭和10年
釈放者保護	釈放者保護	財団法人静岡県勧善会	1911（明治44）年3月	静岡市長谷町40番地	昭和16年
		遠州佛教善会	1912（明治45）年3月	浜松市三組171番地	昭和16年
		遠州佛教積善会　磐田郡支部	1913（大正2）年2月	磐田郡内42町村	昭和16年
		沼津市岳南保護会	〃　　　　10月	沼津市	昭和16年
		駿豆佛教保護会	〃　　　　12月	静岡市安東1丁目1番地	昭和16年
		静岡県友愛会	1914（大正3）年6月	静岡市西草深町	昭和2年
		清水市清新会	1935（昭和10）年10月	清水市上清水306番地	昭和16年
その他	隣保事業	新居町隣保協会（町内28箇所）	1924（大正13）年4月	新居町役場内	昭和16年
		私立清水隣保館	1927（昭和2）年1月	清水市	昭和16年
		原島新興生活館共栄会	1934（昭和9）年3月	浜名郡	昭和16年
	移住組合	静岡県海外協会	1927（昭和2）年7月	静岡県庁内	昭和16年
		静岡県海外移住組合	1933（昭和8）年2月	静岡市追手町251番地　静岡県庁内	昭和16年
	その他	静岡市本通七丁目児童遊園場	1918（大正7）年8月	静岡市本通1丁目	昭和2年
		浜松市児童遊園場	1920（大正9）年10月		昭和2年
		積志村児童遊園場	1922（大正11）年6月	浜名郡積志村蔵泉寺内	昭和2年
		横須賀児童遊園	1923（大正12）年	小笠郡横須賀町普門寺内	昭和2年
		静岡市西草深児童遊園	1927（昭和2）年1月	静岡市西草深町60ノ1	昭和2年
		三島町児童遊園	〃　　　　12月	田方郡三島町字鷹部屋外1番地内	昭和2年
		財団法人震災追憶浜松慈善会	1924（大正13）年9月	静岡県庁内	昭和16年
		財団法人駿豆興民協会		静岡県庁内	昭和10年
		新興生活館（県内市町村103ヶ所）	1932（昭和7）年		昭和10年

「昭和三年十一月十日御大典記念トシテ浜松市内仏教各宗寺院一致団結シテ本院創立，当初ハ遠州仏教積善会ノ一部ヲ借リ受ケ収容セシモ，同五年十一月中浜松市鴨江町三九四ノ一市有地ヲ借受ケ宅地トシ建築収容セリ」[40]。「収容定員」は「十名」[41] と小規模施設からスタートしたが，上記「富士育児院養老部」とともに静岡県の養老院の先陣となった。

1922（大正11）年1月，「宿泊保護」の先駆として「救護会自助館」が設置

された。「救護会」については1900年代の部分でふれたが,廃疾及び軍人遺家族そして貧窮民の救済事業を目的とする「救護会」は静岡市に事務所を置き,篤志家の寄贈による廃品を募集,其ノ益金をもって事業をすすめ,全国に支部が置かれていった。1908（明治41）年には東京府支部が置かれ,印刷授産所と無料診療所をはじめたのを皮切りに,1916（大正5）年までには3府30県に支部がつくられたことはよく知られている[42]。1921（大正10）年には,表7-3にも示しているが,同じく「宿泊保護」として「救済会」は「清水自助館」を開設した。1935（昭和10）年には母子収容施設も創設したが,いずれも1945（昭和20）年の清水大空襲で焼失した[43]。

第3節　施設史の全体事象の展望

ここでは,本章でまとめた静岡県の施設（団体）の設立年代,静岡県の全体的事象を整理しておく。

1870年代,「教化」が1箇所創立した。「大日本報徳社」（1875（明治8）年11月,小笠郡掛川町）であった。幕末から明治に至る日本の黎明期,二宮尊徳の唱えた報徳思想の普及をめざし,道徳と経済の調和・実践を説き,困窮にあえぐ農民の救済をめざした報徳運動が全国に広まった。1875（明治8）年,二宮尊徳の弟子であった岡田佐平治が「大日本報徳社」の前身である「遠江国報徳社」を設立したことに始まる。後に,岡田良一郎が社長となり,全国各地に支社を設け,1911（明治44）年に「大日本報徳社」と改称した。

1880年代,「らい療養所」が設立された。「神山復生病院」（1889（明治22）年5月）であった。「神山復生病院」は,日本に現存する最古のハンセン病療養所である。パリ外国宣教会の神父・テストウィドによって設立された。

1890年代,「貧児教育」として「遠江救護院」（1899（明治32）年,引佐郡井伊谷村）,「盲唖者保護」として「東海訓盲院」（1898（明治31）年,小笠郡掛川町）,「軍人遺家族援護」として「帝国軍人後援会静岡県支会」（1896（明治29）年）が設立された。「遠江救護院」は「県内では養護施設の最初のものではな

いか。」[44]と位置づけられている。「富士育児院」(明治36年)，「静岡ホーム」(明治40年)とともに静岡県の児童養護施設の嚆矢として考えられる。

1900年代，「連絡統一」として「社団法人救護会本部」(1907 (明治40) 年，静岡市西門町)，「貧児教育」として「財団法人静岡ホーム」(1907 (明治40) 年，安東村)，「院内救助」として「静岡市救護所」(1901 (明治34) 年，静岡市田町)，「盲唖者保護」として「沼津訓盲院」(1907 (明治40) 年，沼津市) が設立された。「社団法人救護会本部」は「軍人遺家族救護の目的を以て」[45]事業展開した全国団体（組織）であったが，「本部を静岡市に置き，東京，大阪を始め全国枢要の府県に支部を設置し，其区域三府三十二県」[46]に及んだ。「貧児教育」としての「財団法人静岡ホーム」は，現在の「社会福祉法人静岡ホーム」である。「静岡ホーム」は1907 (明治40) 年4月に創設され，100年を超える児童福祉の歴史を歩んできたが，キリスト教精神に基づく児童養護の実践を展開してきた。

静岡県における慈善事業の展開は「貧児・孤児救済や障害児教育，保育など児童保護に関わる施設・団体がまず設立」[47]されたとの指摘があるが，「静岡ホーム」は「静岡盲唖学校」(明治31年)，「沼津訓盲院」(明治40年)，「遠江救護院」(明治32年)，「富士育児院」(明治36年)とともに静岡県の児童保護の先駆的実践であった。

次に，「院内救助」としての「静岡市救護所」であるが，現在，静岡市葵区吉津にある「社会福祉法人　静岡市厚生事業協会　救護施設　静岡市救護所」である。1901 (明治34) 年8月，静岡市誉田町に救護所を設立，窮民とともに行旅病人等を救護した。

1910年代は，設置数と同時に種類が多くなっていた。1910 (明治43) 年代，初めて「公設市場」として「静岡市鷹匠町公設市場」(1919 (大正8) 年) が静岡市東北鷹匠町に設置された。これは「大正七年七，八月以降物価高騰等国民生活の状況に鑑み経済的の福祉事業として生活必需品を廉価に供給するため内務省は全国に公設市場の設置を奨励せらるるに至り本県に於ても大正八年十二月

静岡市に設置せられたる」[48]ものであった。大阪市では1918（大正7）年4月に市内4箇所に「公設市場」を設置したが，これがわが国の最初の「公設市場」であった。静岡県では「公設市場」はその後，1920年代に入り，静岡市，浜松市，富士郡大宮町で設置された。

1910年代，「労働者共済団体」として「静岡製材職工組合」が組織された。「労働者共済団体」は，1920年代に2箇所設置された。「静岡印刷工扶助組合」（1922（大正11）年8月，静岡市鷹匠町1丁目），「静岡鉄工労働組合」（1924（大正13）年3月，静岡市安西5丁目）であった。

1920年代，静岡県においては，この時期（時代）から社会事業施設，団体の種類と同時に数が急激に増加した。1920年代，「連絡統一」として「静岡県社会事業協会」が1920（大正9）年3月に設立された。

「方面委員制」は1918（大正7）年の大阪府における「方面委員設置規程」が基礎になっているが，静岡県では1922（大正11）年3月に「方面委員」が設置され，大正後期から始動し，昭和初期から拡がりをみせた。また，「連絡統一」として，1922（大正11）年4月に地方官官制改正により，10道府県に社会事業主任理事官が配置されたが，静岡県もその10道府県に入っていた。

1920年代，初めて「巡回産婆」が誕生した。「静岡市巡回産婆」（静岡市役所）と「勝間田村巡回産婆」（榛原郡勝間田村役場内）であった。

一方，「経済保護事業」は全体的に停滞から衰退へという下降現象を示した。この傾向の中で「公益質屋」だけは発展を示した。1927（昭和2）年には「公益質屋法」が制定された。静岡県においては1929（昭和4）年9月，「静岡第一公益質舗」が設置された。同年12月には「静岡第二公益質舗」「清水市公益質舗」が設置された。「公益質屋」は1930年代に飛躍的に浸透していった。

1920年代，「職業紹介」として1922（大正11）年2月，「浜松市職業紹介所」が設置された。それに先立ち，1921（大正10）年4月に「職業紹介法」が公布された。これにより，「各地の都市に公益職業紹介所設置」[49]された。静岡県では，1920年代に「三島町職業紹介所」（大正12年），「静岡市職業紹介所」（大

正13年),「富士職業紹介所」(大正13年),「沼津市職業紹介所」(大正13年),「清水市職業紹介所」(大正14年) が設置された。

　1921 (大正10) 年12月,「院内救助 (養老事業)」として「富士育児院養老部」が創設された。「富士育児院養老部」は1903 (明治36) 年6月に創設された「富士育児院」の「養老部」として設置されたものであるが,静岡県の養老院の嚆矢と位置づけられる。1920年代,同じく「院内救助 (養老事業)」として1928 (昭和3) 年10月,昭和天皇の御大典記念事業として「浜松仏教会」が「浜松仏教養老院」を創設した。現在の「社会福祉法人浜松仏教養老院　養護老人ホーム光音寮」である。当院も「富士育児院養老部」とともに静岡県の養老院の先陣となった。

　1922 (大正11) 年1月,「宿泊保護」の先駆として「救護会自助館」が設置された。廃疾及び軍人遺家族そして貧窮民の救済事業を目的とする「救護会」は静岡市に事務所を置き,篤志家の寄贈による廃品を募集,その益金をもって事業をすすめ,全国に支部が置かれていった。

〈注〉
1)『社会事業要覧』には以下のものがある。
　『大正十一年八月静岡県社会事業要覧』静岡県社会課
　『大正十四年二月静岡県社会事業要覧』静岡県社会課
　『静岡県社会事業要覧』静岡県社会課,大正十四年十一月
　『静岡県社会事業要覧』静岡県社会課,昭和二年十二月三十日
　『昭和十年十一月静岡県社会事業施設要覧』静岡県学務部社会課,昭和十年十一月二十五日
　『皇紀二千六百年記念静岡県社会事業概覧』静岡県社会事業協会,昭和十六年九月二十日
　『静岡市社会事業要覧』静岡市役所社会課,昭和十四年十二月
2)『社会事業要覧 (大正九年末調)』内務省社会局,大正十二年五月三十日,「凡例」
3)『第十回社会事業統計要覧』内務省社会局社会部,昭和七年三月三十一日,「凡例」
4) 池田敬正・土井洋一編『日本社会福祉綜合年表』法律文化社,2000年,pp. 12–20
5)『静岡県社会事業要覧』静岡県社会課,昭和二年十二月三十日,p. 102
6)『大日本報徳社概要』大日本報徳社,昭和五年七月二十九日,p. 16

7）前掲，『日本社会福祉綜合年表』pp. 22 - 30
8）同上書，pp. 23 - 31
9）『皇紀二千六百年記念静岡県社会事業概覧』静岡県社会事業協会，昭和十六年九月二十日，pp. 129 - 130
10）百年史編集委員会『神山復生病院の一〇〇年』春秋社，1989年，pp. 12 - 13
11）井村圭壯「地方行政における社会事業施設と団体の形成史研究」『日本福祉図書文献学会研究紀要』第7号，2008年，pp. 49 - 50
12）『静岡県社会事業要覧』静岡県社会課，大正十四年十一月，pp. 3 - 4
13）http://www.shizuoka-wel.jp
14）前掲，『静岡県社会事業要覧』昭和二年十二月三十日，p. 99
15）『昭和十年十一月静岡県社会事業施設要覧』静岡県，昭和十年十一月二十五日，p. 162
16）前掲，『皇紀二千六百年記念静岡県社会事業概覧』p. 218
17）同上書，p. 218
18）『大正十一年八月静岡県社会事業要覧』静岡県社会課，p. 21
19）前掲，『皇紀二千六百年記念静岡県社会事業概覧』p. 261
20）同上書，p. 261
21）足立洋一郎「静岡県慈善事業の特質」『静岡県近代史研究』第二五号，1999年，p. 103
22）http://www1.ocn.ne.jp/~s.kousei/kyuugosho/sisetu/enkaku.html
23）前掲，『静岡県社会事業要覧』昭和二年十二月三十日，p. 34
24）井村圭壯「地方行政における社会事業施設と団体の形成史研究」前掲書，p. 53
25）足立洋一郎「静岡県慈善事業の特質」前掲書，p. 103
26）前掲，『静岡県社会事業要覧』昭和二年十二月三十日，p. 49
27）同上書，pp. 58 - 59
28）井村圭壯「地方行政における社会事業施設と団体の形成史研究」前掲書，p. 56
29）前掲，『皇紀二千六百年記念静岡県社会事業概覧』p. 33
30）『全国社会事業名鑑（昭和12年版）』中央社会事業協会社会事業研究所，昭和十二年四月二十六日，pp. 26 - 28
31）10道府県とは，北海道，東京，大阪，京都，神奈川，兵庫，愛知，静岡，長野，福岡である。
32）前掲，『静岡県社会事業要覧』昭和二年十二月三十日，p. 75
33）同上書，p. 82
34）菊池正治「社会事業政策の動向」『日本社会福祉の歴史』ミネルヴァ書房，2003年，p. 111
35）『昭和十年十一月静岡県社会事業施設要覧』静岡県，昭和十一年十一月，p. 10
36）永岡正己「社会事業の政策と実践」『日本社会福祉の歴史』ミネルヴァ書房，

2003年, p. 86
37) 同上書, p. 86
38) 前掲, 『静岡県社会事業要覧』昭和二年十二月三十日, p. 35
39) 「全国養老事業概観」(昭和十三年六月三十日現在) 全国養老事業協会, p. 69
40) 同上書, p. 69
41) 同上書, p. 69
42) http://www.shizuoka-wel.jp/michishirube/post-1.php
43) 同上
44) http://www.shizuoka-wel.jp
45) 前掲, 『皇紀二千六百年記念静岡県社会事業概覧』p. 218
46) 同上書, p. 218
47) 足立洋一郎「静岡県慈善事業の特質」前掲書, p. 103
48) 前掲, 『静岡県社会事業要覧』昭和二年十二月三十日, p. 49
49) 永岡正己「社会事業の政策と実践」前掲書, p. 86

おわりに

「石井記念愛染園附属愛染橋保育所」の初代主任（園長）であった人物が冨田象吉（1878-1943）である。

冨田象吉は石井十次と精通する中で、石井の行住坐臥より流れ出る「人格的反映」に眼を向けていた。人格から人格への影響を、冨田は、「先生のパーソナルインフルーエンスは確かにこの種のものであったのである。」と指摘している。この冨田の発言は、1929（昭和4）年に発刊された冨田象吉著『愛の使徒石井十次』の中に記されている。冨田の言う「パーソナルインフルーエンス」(personal influence) とは、いわゆる無意図的感化であり、意図的な性格のものではなかったと考えられる。無意識のうちに感化される、影響を受けるという人間関係は、まさにひとりの人物の行住坐臥からにじみ出るものであり、福祉実践においては信頼関係という人間関係の本質を意味するものである。

私は、冨田の著『愛の使徒石井十次』を学生時代（昭和57年）に岡山県立総合文化センター郷土資料室で熟読した。複写が可能であったので、下宿に持ち帰り、私の人生のバイブル的意味合いとして大切にしていた。この『愛の使徒石井十次』が私の冨田象吉研究、最終的には社会福祉学の歴史研究へと導いてくれた。

冨田は晩年、戦時下の中で肺結核を患いこの世を去った。実は私自身も学生時代に肺結核で1年5ヶ月の強制入院を経験し、その後、退院した生活状況の中での上記の本との出会いであったため、心情的に惹きつけられるものがあったのかもしれない。心情的とは主観性であり、客観性に欠けるという点では科学的ではないが、研究とのきっかけ、出会いとはこのようなものかもしれないと私は考えている。

久保紘章先生が他界されて久しい。久保先生は、研究室で早朝勉強会を開い

ておられ，私はパンを持っていき，友人達とコーヒーを飲みながら勉強をしていた。勉強会の時，久保先生が何気なく話される自己の体験話が実に愉快で，冬は手を凍らせながら久保研究室へ自転車を走らせたことを思い出す。

先日，母校を訪問した。社会福祉学科のある「友愛館」がこんなにも小さな建物だったのかと不思議に思った。社会福祉学を学んだキャンパスをゆっくり噛みしめるように歩いてみた。私達を教授してくださった先生は亡くなられたが，このキャンパスが私にとって研究者，大学教員としての出発点であることを改めて意識させてくれた。

なお，本書を作成（構成）するにあたって既発表の論文は以下のとおりである。第1章「地方行政における社会事業施設と団体の形成史研究―福岡県の形成過程を通して―」（『日本福祉図書文献学会研究紀要』第7号，2008），第2章「大分県における社会事業施設・団体の形成整理史―明治期から昭和戦前期までの形成過程を通して―」（『福祉図書文献研究』第13号，2014），第3章「愛媛県における社会事業施設・団体の形成整理史―明治期から昭和戦前期までの形成過程を通して―」（『福祉図書文献研究』第12号，2013），第4章「高知県における明治期から昭和戦前期の社会事業施設（団体）の形成史」（『中国四国社会福祉史研究』第6号，2007），第5章「香川県における明治期・昭和戦前期の社会事業施設と団体に関する考察」（『中国四国社会福祉史研究』第4号，2005），第6章「島根県における社会事業施設・団体の形成史の検討」（『社会福祉科学研究』第3号，2014），第7章「地方行政単位における社会事業施設・団体の形成史の検討―静岡県の明治期から昭和戦前期までの形成過程を通して―」（『草の根福祉』第43号，2014）。本文において構成上の統一を図るため論文に記したⅠ，Ⅱは節に変えている。表の表記も統一を図り，一部の文章は修正し，割愛したところもある。また，論理上，内容の重複が防げなかったことをお断りしておきたい。

本書は，県社会課の『社会事業概要』を基盤とした研究方法をとった。字数の関係もあり，7つの県（福岡県，大分県，愛媛県，高知県，香川県，島根県，静

おわりに

岡県）にとどめたが，上記『社会事業概要』及び県社会課が発行した出版物による明治期から昭和戦前期における施設（団体）の形成史は構成上可能であった。なお，地域（県）の施設（団体）は多様なファクター（要素，要因）から多面的な分析も必要であり，今後の資料収集と同時に施設（団体）への内在的アプローチを深めていきたい。

2015年6月30日

早苗がそよぐ田園風景を望む書斎にて　　井村圭壯

索 引

あ 行

愛国婦人会香川支部救護部　149
愛国婦人会香川支部善通寺児童健康相談所　153
愛国婦人会香川支部高松児童健康相談所　153
愛国婦人会高知県支部　115
愛国婦人会妊産婦相談所　126
愛国婦人会福岡県支部　10
愛隣社老人ホーム　183
青森県結核予防協会　110
石井十次　169
石井亮一　7
茨城県結核予防協会　110
今市町公設市場　176
今治市救護院　91
今治市社会課　87
石見仏教興仁会　177
石見仏教興仁会病院　177
内田守　1
宇和島済美婦人会保育園　83
宇和島市社会課　87
愛媛県　78
愛媛県学務部社会課　87
愛媛県教化連盟　89, 91
愛媛県方面委員連盟　90
愛媛県立家庭実業学校　83, 85
愛媛慈恵会　84
愛媛保護会　82
愛媛養老院　88
大分育児院　52
大分県　49
大分県保護会　51
大分県立盲唖学校　53
大分市公設市場　57
大分市方面事業後援会　63
大分少年教護院　55
大分婦人会　53
大家愛児園　184
大島療養所　150
太田家報徳会　27
太田清藏　27
小笠原祐次　33
岡田佐平治　204
岡田良一郎　204
岡山孤児院事業　169
沖縄感化院　10
『折づる』　167
折づる幼稚園　166
恩賜財団済生会高知県病院　124
恩賜財団済生会福岡病院　15

か 行

海員児童保護事業　20
海南救済会　118
鏡川学園　113
香川県　146
香川県社会事業協会　155
香川県方面委員連盟　155
賀川豊彦　125
夏季海浜児童保養所　177
鹿児島県社会事業協会　22
勝間田村巡回産婆　213
勝間田村報徳社　213
桂太郎　56
神山復生病院　205
神澤キワ子　62
甘露育児園　8
菊池義昭　1
北田病院　170
木村武夫　29
救護会福岡有隣館　12

救護会本部　209
救護法　30
救護法実施期成同盟会　30
九州帝国大学セツルメント　11
矯風会高知支部矯風会診療所　125
矯風会篤志施療所　125
基督教婦人矯風会高知支部　114
基督教婦人矯風会東京婦人ホーム　125
錦江学院　10
国枝幸子　180
久万凶荒予備組合　80
軍事扶助法　33
群馬県衛生協会　110
結核予防撲滅　177
県立斯道学園　150
県立代用病院大西脳病院　150
県立松山病院　86
上野教育会　53
高知育児会　109
高知県　107
高知県衛生会　110
高知県社会事業協会　119
高知県方面事業助成会連合会　119
高知市　107
高知市江ノ口公設市場　123
高知市帯屋町公設市場　115
高知市帯屋町公設質屋　123
高知自彊会　117
高知慈善協会　117
高知慈善協会高知博愛園　109
高知慈善協会診療所　125
高知女学会　112
高知博愛園養老部　116
高知報徳学校　113
神戸盲唖院　54
高野寺密教婦人会　125
行旅死亡人取扱規則　4
小倉市西山寮　28
孤女学院　7
国家総動員法　29

さ　行

雑賀幼稚園　180
佐伯公設市場　57
済世顧問制度　117
埼玉県衛生協会　110
佐賀仏教婦人会　62
佐賀養老院　62
佐世保仏教婦人救護会　62
佐世保養老院　62
讃岐修済会　150
讃岐養老院　151
山陰慈育家庭学院　172
山陰盲唖教育保護会　172
山陰盲唖保護会　172, 175
自彊学園　84
静岡印刷工扶助組合　211
静岡県　201
静岡県社会事業協会　212
静岡県立三保学院　211
静岡市救護所　210
静岡市巡回産婆　213
静岡市鷹匠町公設市場　211
静岡製材職工組合　211
静岡第一公益質舗　213
静岡ホーム　209
慈善奉公会教養院　52
七里順之　8
島根県　163
島根県結核予防協会　191
島根県仏教奉公団　178
島根県方面委員連盟　184
島根県立松江病院　174
島根県立盲唖学校　171
島根仏教養老院　185
社会事業法　29
住宅組合　122
住宅組合法　122
住宅資金貸付規程　122
上毛孤児院　7

索引　*231*

私立鶏鳴学館　150
私立松江盲唖学校　171, 172
私立松山夜学校　80
進徳学館　10
杉山博昭　1
星華婦人会　28
全国養老事業協会　28
曹洞宗連合婦人会　28
外崎光広　114

　　た　行

大日本帝国憲法　4
大日本報徳社　203
田岡寿子　125
高石史人　27
高岡町農繁期託児所　120
高橋節雄　170
高松共済会高松職業紹介所　153
高松市公益質屋　153
高松市公設市場　150
田淵藤太郎　174
地域社会福祉史研究会連絡協議会　1
千葉県衛生協会　110
中国四国社会福祉史研究会　1
津田明導　8
津和野幼花園　180
帝国養老救済院　116
東海訓盲院　208
東京老人ホーム　183
遠江救護院　207
遠江国報徳社　204
土佐婦人会　113
鳥取市職業紹介所　182
戸畑金原寮　30

　　な　行

内藤正中　169
長岡盲唖学校　53

長崎県社会事業協会　22
長崎大師会　62
長崎養老院　62
中津市方面事業後援会　63
長浜町公益質屋　88
長浜町児童健康相談所　89
新潟県結核予防協会　110
日州学院　10
二宮尊徳　204
日本海員会館戸畑海員ホーム　26
日本救世軍　7
日本赤十字社愛媛支部児童健康相談所　89
日本赤十字社愛媛支部病院　85
日本赤十字社大分支部産院　60
日本赤十字社香川支部病院　150
日本赤十字社高知支部　112
日本赤十字社高知支部高知病院　123
日本赤十字社島根支部　177
日本赤十字社島根支部夏季児童保養所　181
日本赤十字社福岡支部　4
日本福音ルーテル教会東京老人ホーム　183
農村社会事業　120
直方市方面委員助成会養老院　32
野口幽香　8

　　は　行

波止浜町児童健康相談所　90
華園保育園　155
浜松市職業紹介所　214
浜松仏教会　214
浜松仏教養老院　214
備荒儲蓄法　4
平尾道雄　107
福岡医科大学佛教青年会　12
福岡学園有終会　21
福岡県　1

福岡県社会事業協会　22
福岡県立福岡学園　9
福岡県連合保護会　13
福岡市産婆会附属無料産院　23
福岡市職業紹介所　33
福岡市方面事業助成会　17
福岡市労働紹介所　33
福岡仏心会　28, 62
福岡養老院　28, 62
福田平治　169
福田与志　171
富士育児院　208
富士育児院養老部　214
富士育養老院　214
二葉幼稚園　8
古野義雄　29
別府市職業紹介所　61
別府市方面事業後援会　63
別府養老院　62
報恩積善会　174
方面委員令　30
方面事業助成会　30
北信越社会福祉史研究会　1

ま 行

松江育児院　169
松江恵愛会　167
松江公立病院　174
松江市教育慈善会　170
松江市職業紹介所　182
松江市白瀉幼稚園　175
松江市母衣公設市場　176
松江赤十字病院　174
松江図書館　167
松江婦人会盲唖学校　172
松江婦人会　172
松江盲唖学校　53
松山市教化連盟　91
松山市公設市場　85
松山市社会課　87
松山市診療所　89
丸亀市公益質屋　153
丸亀市公設市場中市場　150
丸亀市方面委員助成会　155
丸亀職業紹介所　153
満州事変　29
密教婦人会健康相談所　127
宮内文作　7
村山幸輝　146
門司港艀船自衛組合附属無料産院　25
森町公益質屋　61

や 行

矢島楫子　125
矢野嶺雄　62
山室軍平　7
八幡宿泊所　31
養老婦人会　62
浴風園　28
横川豊野　125
米子市職業紹介所　182

ら 行

龍華孤児院　7

著者紹介

井村圭壯（いむら・けいそう）
　　　　1955 年生まれ
現　在　岡山県立大学保健福祉学部教授
　　　　博士（社会福祉学）
著　書　『社会福祉調査論序説』（学文社，2001 年，単著）
　　　　『養老事業施設の形成と展開に関する研究』
　　　　　　（西日本法規出版，2004 年，単著）
　　　　『戦前期石井記念愛染園に関する研究』
　　　　　　（西日本法規出版，2004 年，単著）
　　　　『日本の養老院史』（学文社，2005 年，単著）
　　　　『日本の社会事業施設史』（学文社，2015 年，単著）
　　　　　　　　　　　　　　　　　　その他，多数

社会事業施設団体の形成史
―戦前期の県社会課の『社会事業概要』を基盤として―

2015 年 10 月 1 日　第一版第一刷発行

　　　　著　者　井　村　圭　壯

　　　　発行者　田　中　千　津　子

発行所　株式会社　**学　文　社**

〒153-0064　東京都目黒区下目黒 3-6-1
　　　　電話 03(3715)1501 代・振替 00130-9-98842

（落丁・乱丁の場合は本社でお取替します）　検印省略
（定価はカバーに表示してあります）　印刷／新灯印刷
　　　　　　ISBN 978-4-7620-2560-0
　　　© 2015 IMURA Keiso Printed in Japan